www.ingramcontent.com/pod-product-compliance
Lightning Source LLC
La Vergne TN
LVHW011814060526
838200LV00053B/3772
*9780228877738*

جانشینان نفرین شده

-۲-

# زیر سایهٔ شمشیرها

نگرشی بر «جنگهای ارتداد» و دورهٔ خلافت ابوبکر

نوشتهٔ
## هاله الوردی

ترجمهٔ
## حمید سیماب

**TRADUCTION AUTORISÉE EN FARSI (PERSAN)**

Les Califes maudits
# À L'OMBRE DES SABRES
**PAR**
### Hela Ouardi
**TRADUIT PAR**
### Hamid Simab

gostaresh.e.aagaahi@gmail.com

به نام پیروزی روشنایی بر تاریکی

**شناسنامهٔ کتاب:**

نام: جانشینان نفرین شده – جلد ۲ – زیر سایهٔ شمشیرها
نویسنده: هاله الوردی
مترجم: حمید سیماب
تایپ، صفحه آرایی و دیزاین پشتی: حمید سیماب
سال نشر: ۲۰۲۲
انتشارات: تل ول Tellwell Talent, Canada
شمارگان: نامعین / حسب تقاضا


همه حقوق طبع و نشر مخصوص و محفوظ مترجم است

**جانشینان نفرین شده – جلد ۲ – زیر سایهٔ شمشیرها**
(Farsi translation of *Les Califes maudits – vol. 2– À l'Ombre des Sabres* by Hela Ouardi)


Copyright © 2022 by Hamid Simab

All rights reserved. No part of this publication may be reproduced, distributed, or transmitted in any form or by any means, including photocopying, recording, or other electronic or mechanical methods, without the prior written permission of the author, except in the case of brief quotations embodied in critical reviews and certain other non-commercial uses permitted by copyright law.

tellwell

Tellwell Talent
www.tellwell.ca

ISBN
9780228877738

## از همین نویسنده

- واپسین روزهای زندگی محمد
  نگرشی بر مرگ مرموز پیامبر اسلام
  ترجمۀ حمید سیماب، انتشارات تل ول، ۲۰۲۰

- جانشینان نفرین شده – جلد اول – کشمکش
  نگرشی بر نزاع بر سر جانشینی پیامبر اسلام
  ترجمۀ حمید سیماب، انتشارات تل ول، ۲۰۲۱


هاله الوردی استاد ادبیات و تمدن فرانسوی در دانشگاه تونس و عضو وابستۀ پژوهشگاه ادیان توحیدی مرکز ملی تحقیقات علمی تونس می‌باشد. وی در سال ۲۰۲۱ عضویت افتخاری اکادمی سلطنتی بلژیک را حاصل کرد.

## فهرست فصل‌ها

آهن و آتش ............................................. ۱۱
باغ مرگ ............................................... ۷۵
پرچم سیاه بر فراز عراق و سوریه ........................ ۱۳۷
مرگ یک مرد حق ........................................ ۱۹۳

## منابع مورد استفاده

- الف) منابع عربی .................................... ۲۳۵
- ب) منابع غربی ...................................... ۲۴۵

## نقشه‌ها

نقشهٔ عمومی عربستان در عصر صدر اسلام ................... ۱۲
نقشهٔ عراق در عصر صدر اسلام ........................... ۱۳۸
نقشهٔ سوریه در عصر صدر اسلام .......................... ۱۷۶

اعْلموا أن الجنة تحت ظلال السيوف

«بدانید که بهشت زیر سایهٔ شمشیرهاست»

# - ۱ -
## آهن و آتش

Damas
Euphrate
Ctésiphon
Tigre
al-Hîra
Mu'ta
Dûmat al-Jandal
Ubulla
Tabûk
Kâdhima
Taymâ'
Golfe Persique
Buzâkha
Butâh
Qatîf (Khatt)
Dârîn
WADÎ L-QURÂ
BAHRAYN
Dhafar
Juwâtha
Dabâ
Dhû l-Qassa
NAJD
Hajar
Médine
Dhû l-Hussa
Samîrâ'
Rabadha
'Aqrabâ'
Suhâr
HIJÂZ
Yamâma
OMAN
La Mecque
YAMÂMA
Tâ'if
Mer Rouge
AL-RUB' AL-KHÂLÎ
Najrân
MAHRA
Tarîm
Mer
Ma'rib
San'â'
HADRAMAOUT
d'Oman
YÉMEN
Aden
500 km

**اعْلموا أن الجنة تحت ظلال السيوف**

(بدانید که بهشت زیر سایهٔ شمشیرهاست)

(حدیث پیغمبر[1])

عایشه از قالمقالی که از اتاق پهلو شنیده می شد شگفت زده شد. گوش‌ها را تیز کرد تا بشنود ماجرا چیست. پدرش ابوبکر باز هم با نزدیکترین یار و یاورش عمر دعوا داشت. عایشه به دعوا کردن‌ها و عربده‌های آن دو عادت کرده بود. از زمانی که پدرش در سقیفهٔ بنی‌ساعده خلیفه شد، و به خصوص پس از آنکه فاطمه او را در مسجد دعای بد نمود و لعنت کرد و پسرش عبدالله ناگهان مُرد، ابوبکر با اندکترین حرفی از کوره بدر می‌رفت. عایشه را وسواسِ دانستن دلیل این دعوای کنونی آنها فراگرفت، پس از روی عادت دیرینهٔ جاسوس‌مَنِشی[2] که داشت دروازه را آهسته به گونه‌یی که کسی متوجه نشود اندکی باز کرد. صحنه‌یی که در برابر چشمانش هویدا شد او را از حیرت خشکاند. پدر خُرد جثه‌اش به ریش عمر با آن تنهٔ دیوآسایش چنگ انداخته و داد می‌زد «تو هنوز جرئتِ آن کنی که از من خواهی تا از دستور پیغمبر

---

[1] سنن ابو داود ۲۴۷/۲؛ مسند ابویعلیٰ ۳۱۴/۱۳؛ سنن بیهقی ۷۷/۹؛ صحیح بخاری ۱۰۳۷/۳؛ مستدرک حاکم ۸۷/۲؛ مصنف ابن ابی شیبه ۳۶۷/۱۱؛ مسند ابن حنبل ۳۰۹/۳۲؛ صحیح ابن حبان ۴۷۸/۱۰؛ صحیح مسلم ۱۵۱۱/۳؛ سنن ترمذی ۱۸۶/۴

[2] اینکه عایشه جنون جاسوس‌مَنِشی داشت و به سبب این عادت زشت مورد سرزنش شوهرش یعنی پیغمبر قرار می‌گرفت در منابع مختلف حدیث تأیید گردیده است (مسندابن حنبل ۴۳/۴۳؛ صحیح مسلم ۶۷۰/۲؛ سنن نسائی ۱۶/۸)

خلاف ورزم!؟ مادرت برسرت بگریاد[3]، ای پسر خطاب! مادرت بر سرت بگریاد!» عمر با پی بردن به اینکه عایشه نظاره‌گر این خواری و استحقارش بود سر خود را به زیر انداخت و به سرعت از اتاق خارج شد. عایشه از پدر پرسید «چه گپ است؟» نگاه آتشباری که ابوبکر با خشم سوی او انداخت او را وحشت‌زده ساخت. بدون آنکه منتظر پاسخی شود بی درنگ دروازه را بست و خود را ناپدید کرد.

خلیفهٔ مسلمین تنها ماند. چشمان خود را بست و سر خود را میان دستان خود گرفت. سپس با ناراحتی انگشتری را که بر انگشتش بود و روی آن شعار «نِعمَ القادرُ الله (الله برترینِ توانمندان است)»[4] کنده شده بود بر گرد کلک خود چرخاند. از کج خُلقی و زود رنجی خودش به حیرت بود. کجا شد آن نرم‌خویی و خونسردیی که داشت؟ آیا فاطمه آن خصائلش را غارت کرده و با خود به گور برده بود؟ ایکاش فاطمه می‌دانست او چقدر تلاش نافرجام به خرچ داده بود تا به این خلافت پشت کند و از آن دست کشد! اکنون که این بخت و اقبال را از وی دریغ داشته بودند، وی تحمل نداشت کسی بر تصامیم او ایراد گیرد، چه رسد به اینکه با آنها مخالفت کند و بالای حرفش حرف زند. حتی عمر که خلیفه ریاست امت مسلمه را تا حد زیادی مدیون او بود این حق را نداشت که آخرین فرمان او را مورد سؤال قرار دهد: بر بنیاد دستوری که پیامبر چند روز پیش از مردنش داده بود،[5] اسامه باید در رأس سپاه مسلمین به شام سفربری می کرد.

در واقع، پیغمبر در واپسین روزهای حیاتش، آنگاه که سخت بیمار بود، تصمیم گرفته بود بندهٔ دلبند آزاد شدهٔ خود اسامه ابن زید را در رأس لشکری در برابر روم (بیزانس)

---

[3] الکامل ابن اثیر ۱۹۵/۲؛ البدایهٔ ابن کثیر ۳۳۶/۶

[4] تاریخ الخلفاء سیوطی ۸۸/۱

[5] دیده شود: هاله الوردی، *واپسین روزهای زندگی محمد*، ترجمهٔ حمید سیماب، انتشارات تل‌ول، ۲۰۲۰، صفحهٔ ۷۲

گسیل دارد[۶] و نزدیکترین یاران خود به شمول ابوبکر و عمر را فرموده بود تا به صفوف این لشکر بپیوندند. اصحاب از این تصمیم پیامبر سخت ناراحت بودند، به خصوص آنکه تازه جوانِ نزده ساله‌یی را که نه تنها خیلی خردسال بود بلکه حتی به سبب برده‌زاد بودنش کفو نبود به سرداری لشکر انتخاب کرده بود. آنها چگونه می توانستند بپذیرند که فرمانبردار و فرو دست یک بردهٔ پیشینِ آزاد شده باشند؟ عکس-العمل اصحاب باعث غضب شدید پیغمبر گردید و با آنکه بیماری او را سخت تکانده و ناتوان ساخته بود با خشم توفنده به یاران خود دستور اکید داد تا در صفوف لشکر اسامه بسیج گردند.[۷] قرارگاه سپاه در جُرف[۸] در نزدیکی مدینه بود، ولی درست در هنگامی که اسامه به لشکر فرمان حرکت می‌داد خبر مرگ محمد به او رسید و هرگونه پویهٔ جنگاوران را متوقف ساخت. بدین گونه سپاه گرد آورده شده به مدت هفته‌ها در جا زد. بدون موجودیت پیامبر هیچ کس برای اقدام سبک‌سرانه‌یی چون لشکرکشی به بیزانس فرجام پیروزمندانه نمی‌دید.

ابوبکر منحیث جانشین پیامبر سر آن داشت تا نشان دهد که آخرین دستور پیغمبر را به جا می‌آرد، ازینرو اصرار داشت تا برنامهٔ اردوکشی همانگونه که پیغمبر طرح کرده بود پیش برده شود،[۹] ولی مشاورین و حامیانش چنین اقدامی را خیره‌سرانه و بی‌باکانه می‌پنداشتند، چون به سبب نفاق و شقاق‌های داخلی که همچون آتش زیر خاکستر بود، و نیز به سبب تهدید قبایل عرب که در اطراف مدینه گرد آمده بودند فضای بی-

---

[۶] منابع تاریخی روی سرمنزل مقصود دقیق این سفربری که بلقاء بود یا داروم یا آبل‌الزیت یا أبناء همنظر نیستند. دیده شود: *واپسین روزهای زندگی محمد*، فصل ۶

[۷] همانجا

[۸] معجم البلدان یاقوت ۱۲۸/۲

[۹] برای شرح دنباله‌گیری سفربری اسامه توسط خلیفهٔ اول از منابع عربی ذیل استفاده شده است: تاریخ ذهبی ۱۹/۳–۲۱؛ الکامل ابن اثیر ۱۹۴/۲–۱۹۶؛ سیرهٔ ابن حبان ۴۲۷/۲؛ المنتظم ابن جوزی ۷۳/۴–۷۴؛ البدایهٔ ابن کثیر ۳۳۵/۶–۳۴۲؛ سمط النجوم عصامی ۳۳۸/۲؛ تاریخ الخلفاء سیوطی ۶۰/۱–۶۱؛ تاریخ طبری ۲۴۴/۲–۲۴۶؛ المغازی واقدی ۱۱۱۷/۳–۱۱۲۶؛ رِدَّه واقدی ۵۴–۵۶

ثباتی و ناامنی در شهر حاکم بود.[10] اگر لشکر به سوی روم راه می‌افتاد چه کسی از شهر دفاع می کرد؟ ابوبکر بر وخامت وضع نیک آگاه بود، چون خود از شمار زیادی از اصحاب پیامبر خواسته بود تا به سبب هر آن احتمال هجوم برخی قبایل عرب مراقب باشند و دیده‌بانی کنند.

از همینرو بود که نزدیکان خلیفه به سرکردگی عمر به تکرار و با قاطعیت خلاف این تصمیم مشوره می‌دادند. آنروز عمر بار دیگر با عده‌یی آمده بود تا به اقناع خلیفه پردازد. «اسامه را می‌باید بی چون و چرا از جُرف فراخوانی! بر وضع نیک آگاهی: اعراب به مخالفت برخاسته اند. لشکر را از خود دور ساختن در چنین حالتی خردمندانه نباشد، چون حمایت و محافظت آن ما را لابد و ناگزیر است.» ابوبکر روی زمین نشسته بود و بدون آنکه چیزی در سیمایش خوانده شود به خاموشی به سخنان عمر گوش می‌داد. عمر همچنان استدلال می‌کرد: «تو می‌بدانی که همه جنگاوران مسلمین در لشکر اسامه گردآمده‌اند. در چهار سوی ما اعراب همه یکجا شده و به عصیان و ارتداد درغلتیده‌اند، و تو درین حال سپاه به جنگ رومیان گسیل می‌داری؟ ما را توان چنین کاری نباشد! چنین اقدامی جنون است و نابخردی!» ابوبکر با چشمان از حدقه برآمده از جا برجست و تهدیدآمیز به عمر نزدیک شد و داد زد «چه؟ چه گفتن خواهی؟ از من خواهی که از فرمان فرستادهٔ خدا سرپیچم؟ ولله! مرا به نام خداوند قسم است که حتی اگر شیران و درندگانِ اطراف مدینه بند از بندم بدرند، هرگز، هرگز دستور فرستادهٔ خدا را فرونگذارم! اسامه را باید به کارزار شتافتن! اسامه را باید راه افتیدن ولو اینکه سگان وحشی را نیش بر پاهای امهات المؤمنین رسد!»[11] عمر از

---

[10] دیده شود: هاله الوردی، *جانشینان نفرین شده – جلد ۱ - کشمکش*، ترجمهٔ حمید سیماب، انتشارات تل‌ول، ۲۰۲۱، صفحه ۱۸۹

[11] البدایة ابن کثیر ۶/۳۳۵-۳۳۶؛ تاریخ طبری ۲/۲۴۵ . در منابع عربی از زنان پیغمبر همواره با عبارت «امهات المؤمنین (مادران مؤمنین)» ذکر شده است. این تسمیه از روی قدغنی‌ست که قرآن بر ازدواج مردان هم‌عصر پیغمبر با بیوه‌های او نهاد تا چنین آرزو یا اقدامی حکم زنا با مادر را گیرد: «ٱلنَّبِيُّ أَوْلَىٰ بِٱلْمُؤْمِنِينَ مِنْ أَنفُسِهِمْ ۖ وَأَزْوَٰجُهُۥٓ أُمَّهَٰتُهُمْ ۗ – پیامبر نسبت به مؤمنان از خودشان سزاوارتر

ترس به خود لرزید. وی کمتر دوست خونسرد و نرم‌خوی خود را چنین برافروخته دیده بود. دم درکشید و چون دید ابوبکر گامی به عقب گذاشت کمی احساس راحتی کرد و چشمان خود را برای لحظه‌یی بست. سایر اصحابی که با وی آمده بودند با سرهای افگنده به زیر کمی دورتر ایستاده بودند. عمر به چشمان آنها دید تا مگر او را مددی رسانند ولی آنها از او بیچاره‌تر بودند، پس با آوازی شکسته به خلیفه گفت «بینم که خداوند سینه‌ات را از بهر نبرد گشاده است. همان کنیم که ترا عزم بر آنست.» ابوبکر آهسته پاسخ داد «این جوابت مرا پسندیده‌تر آید» و به جایش برگشت.

چند روز بعد، عمر بار دیگر آمد و خواستِ مشابهی را، اینبار از جانب انصار، مطرح ساخت. ابوبکر باز از کوره بدر رفت. عمر گفتش «انصار خواهند که شخص دیگری را به سرداری لشکر برگزینی. اسامه برناتر از آن باشد که چنین مهمی را عهده‌دار گردد.» پیش از آن پیامبر خود کسانی را که جرئت کرده بودند تا گزینش او را برای فرماندهی جنگاوران مورد انتقاد قرار دهند با الفاظ شدید توبیخ کرده بود. ابوبکر قصد نداشت از رویهٔ پیغمبر عدول ورزد. «چه یاوه باشد آنچه گویی! مادرت در سوگت نشیناد، ای ابن خطاب! فرستادهٔ خدا خود اسامه را با چنان منصب و مرتبتی مفتخر ساخت و تو از من خواهی که او را عزل کنم؟ ترا زهرهٔ آن باشد که از من خواهی تا از اطاعت اراده و امر پیامبر سر پیچم!؟» عمر ازین خشم آوری ابوبکر بیشتر از آن رو احساس زبونی می‌کرد که دید این بار عایشه ناظر صحنه و شاهد تحقیر و مذلت او بود. در بیرون خانهٔ خلیفه انصار بیصبرانه انتظار پاسخ خلیفه را می‌کشیدند. وقتی عمر از منزل خلیفه برون آمد انصار یکصدا پرسیدند «خوب، برگوی، خلیفه چه گفت؟»

---

است و همسران او مادران آن‌ها هستند (سورهٔ احزاب:۶) وَمَا كَانَ لَكُمْ أَن تُؤْذُوا۟ رَسُولَ ٱللَّهِ وَلَآ أَن تَنكِحُوٓا۟ أَزْوَٰجَهُۥ مِنۢ بَعْدِهِۦٓ أَبَدًا ۚ إِنَّ ذَٰلِكُمْ كَانَ عِندَ ٱللَّهِ عَظِيمًا – و شما را نسزد که پیامبر الله را بیازارید و نه آنکه همسرانش را بعد از او هرگز به همسری گیرید، بی‌تردید این کار نزد الله گناهی بزرگ است (سورهٔ احزاب: ۵۳)»

عمر با چهرهٔ آتش گرفته از خشم و شرم نعره زد «از نظرم گم شوید! به خاطر شما چها که نشنیدم!»[۱۲]

آنچه عمر و همراهانش را می‌خست این پرسش بود که علت پافشاری ابوبکر بر چنین سبکسری و عاقبت نیندیشی چه بود؟ آن حزم و درایت او که در رسیدنش به مقام جانشینی پیغمبر کمک کرده بود چه شد؟ شکی نبود که خلیفه در سخنرانی گشایشی خود بیان داشته بود که ممکن گاه‌گاهی «جنی» بر او مستولی شود و او را وادار به هجمات خشونت کند، اما رویهٔ کنونی‌اش کافهٔ امت مسلمه را به سوی نابودی و بربادی می‌کشاند... ابوبکر پس از آنکه دختر پیغمبر را از میراث محروم ساخت و فاطمه تشت رسوایی را از بام پایین انداخت گویی فرض عین خود می‌دانست که واپسین هدایات و دساتیر پیامبر را مو به مو به مرحلهٔ اجرا گذارد تا به خود و به دیگران ثابت سازد که با محروم ساختن فاطمه از میراث به یاد و خاطرهٔ پدرش اهانت روا نداشته بود. وی رایَت (درفش)ی را که پیامبر پیش از مرگ به دست خود بسته بود از خود دور نمی‌کرد، ولی از سوی دیگر آنجا که پیامبر تأکید مؤکد داشت که همه اصحاب به صفوف جنگاورانی بپیوندند که قرار بود بر بیزانس یورش برند، ابوبکر کمتر روی این نکته پافشاری می‌کرد، چنانکه خود نزد اسامه رفت و از او خواست تا عمر را از جهاد معذور دارد. «ابن خطاب را رخصت ده تا در مدینه بپاید چون او را سخت لازم دارم.» اسامه این درخواست خلیفه را پذیرفت.[۱۳]

سر انجام فرمان خلیفه به منصهٔ اجرا گذاشته شد و اردو در جُرف برای حرکت به حالت آماده باش درآمد. ابوبکر برای وداع لشکر آمد و به بیان واقدی از سه هزار جنگجو و هزار اسپِ آماده به جنگ بازدید به عمل آورد.[۱۴] طبری[۱۵] و ابن کثیر[۱۶] شمار

---

[12] تاریخ طبری ۲۴۶/۲

[13] البدایهٔ ابن کثیر ۳۳۶/۶؛ المغازی واقدی ۱۱۲۱/۳، رِدّه واقدی ۵۴

[14] رِدّه واقدی ۵۵

[15] تاریخ طبری ۲۴۵/۲

[16] البدایهٔ ابن کثیر ۳۳۵/۶

جنگاوران را هفت صد تن گفته‌اند. با در نظر داشت اینکه شمار زیادی از مخالفین ابوبکر از مهاجرین و انصار درین اردوکشی سهم نگرفته بودند این عدد آخری پذیرفتنی‌تر می‌نماید. ابن کثیر به صراحت بیان می‌دارد[۱۷] که تشنجات سیاسی ناشی از نزاع بر سر جانشینی پیامبر شمار جنگجویان لشکر خلیفه را به شدت پایین آورده بود. گذشته از آن، محدثین تأیید می‌دارند که نامدارترین صحابهٔ پیغمبر در مدینه پاییدند تا آنرا در برابر قبایل عرب که در اطراف شهر اردو زده بودند و هر لحظه احتمال حملهٔشان می‌رفت محافظت نمایند. آنانی که به جنگ می‌رفتند بیشتر کسانی بودند که «اهل الصُفه» خوانده می‌شدند و افرادی بودند که چون امید عایدی جز غارت و چپاول جهاد نداشتند خلیفهٔ جدید باید دل آنها را همانگونه که پیامبر نگهداشته بود نگه می‌داشت.

هیچگونه توافق نظری میان محدثین و مؤرخین بر چگونگی این اردوکشی وجود ندارد. برخی[۱۸] می‌نویسند که اسامه در جنگ علیه رومیان غالب آمد، در حالیکه دیگران[۱۹] می‌گویند که اصلاً مقابله‌یی با بیزانسی‌ها صورت نگرفت چون مسلمانان آنانرا در جایی که پیامبر گفته بود نیافتند... به نقل از طبری،[۲۰] برخی روایات تأیید می دارند که ابوبکر اسامه را نه از برای جنگ با رومیان بلکه برای سرکوبی قبایل عربی فرستاد که در مرز شام و عربستان می‌زیستند و با مرگ پیامبر از اسلام روگردانده بودند. این آشفتگی روایات یکبار دیگر نشان دهندهٔ اضطراب و ناراحتی محدثین و سیره نویسان است: آیا اسامه برای اطاعت از دستور پیغمبر به جنگ رومیان فرستاده شد یا اینکه به بیان ساده‌تر برای غارت و چپاول جهت آرام نگهداشتن سپاه؟ آیا اینجا، مانند موارد مشابه دیگر، روپوش تزئینی حماسه بر دزدی و غارتگری کشیده نمی‌شد؟

---

[۱۷] البدایهٔ ابن کثیر ۳۴۲/۶

[۱۸] البدایهٔ ابن کثیر ۳۳۶/۶

[۱۹] تاریخ طبری ۲۴۶/۲

[۲۰] تاریخ طبری ۲۴۶/۲

به هر صورتی که بود، آنچه از این همه روایات متناقض بر می‌آید اینست که اسامه در واقع به حملات مرگباری بر شمار زیادی از قبایلی که به سپاه بیزانس تعلقی نداشتند دست یازید. اسامه درین ارتباط به هدایت پیامبر استناد می‌ورزید: «فرستادهٔ خدا به من فرمود تا بدون اخطار و آگاهی حمله برم، ویران سازم و به آتش کشم.»[۲۱] واقدی[۲۲] در توضیح لشکرکشی اسامه با جزئیات روایت می‌کند که چگونه فرمانده جنگجویان مسلمان به کشتار و دزدی و سوزاندن خانه‌ها و کشتزارها دست یازید، و تعریف می کند که چگونه آتش‌سوزی تا آن حد گسترده بود که چون توفانی از دود به نظر می آمد. به بیان واقدی، هراکلیوس (هرقل) امپراتور بیزانس از حملهٔ اسامه سخت پریشان شد و به مشورهٔ برادرش لشکری در فلاتِ بلقاء در کرانهٔ شرقی رود اردن گماشت تا در برابر یورش مسلمین که سر انجام دو سال بعدتر صورت گرفت آمادگی گیرد. اسامه پس از چند هفته – روایات مختلف چهل روز یا هفتاد روز ثبت کرده‌اند– سالم و با عافیت به مدینه برگشت و از سوی ابوبکر با آغوش باز استقبال شد و هر دو به مسجد شدند تا نماز شکرانه به جا آوردند.[۲۳]

بی‌باکی خلیفه در فرستادن دسته‌یی از جنگاوارن – و آنهم نه بهترین آنها – به جنگ با نیرومندترین ارتش دنیای آن عصر و بی‌پناه و آسیب‌پذیر گذاشتن مرکز قدرتش عمل نبوغ‌آسای سیاسی از آب درآمد، بدین معنی که نخست به خلیفه وجههٔ وصی و قیّم باوجدان و امانت‌دار ارادهٔ پیامبر را داد، ثانیاً با دور ساختن اسامهٔ نوجوان که چنان بر محمد عزیز بود از مدینه در آن روزهای بی‌ثباتی و سردرگمی از پیوستن او به صفوف هواخواهان علی و اهل بیت پیامبر جلوگیری کرد، و در ضمن به او آن شأن و وقار نظامیی را بخشید که همه اصحاب دیگر از وی دریغ داشته بودند. گذشته از اینها، آنچنان که شمار زیادی از محدثین و سیره نویسان تأیید می‌دارند، لشکر اسامه حین عبور از شهرک‌ها و واحه‌ها تخم رعب و واهمه در دل‌ها می‌کاشت چون عشایر و

---

[۲۱] المغازی واقدی ۱۱۲۳/۳

[۲۲] المغازی واقدی ۱۱۲۳/۳-۱۱۲۴

[۲۳] المغازی واقدی ۱۱۲۵/۲

قبایل به خود می‌گفتند «از اینکه ابوبکر این لشکر را به جنگ بیزانس فرستاده آشکار است که ارتش مهیب‌تر و نیرومندتری در مدینه نگهداشته است.»[۲۴] این عمل ابوبکر یک ترفند متهورانه و نمایش قدرت ماهرانه‌یی بود برای ایجاد پندار قدرتمندی در اذهان حریفان بالفعل و بالقوه‌اش. متون و سیره‌ها مؤثریت این شگرد را تأیید نموده بیان می‌دارند که هر جا لشکر اسامه می‌رسید مردم از ترس از ارتداد و سرکشی دست می‌کشیدند.[۲۵] مزید بر آن، تأکید متون و سیره‌ها[۲۶] بر اهمیت غنیمتی که اسامه به دست آورد دلیل اقتصادی اصرار بر سفربری او را آشکار می‌سازد. خلیفه برای تمویل جنگِ تمام عیاری که قصد داشت علیه همه اعرابی که سلطهٔ او را نمی‌پذیرفتند راه اندازد به پول نیاز داشت. به یاد بیاوریم که بدون شک همین دلیل از نگاه او سلب میراث از فاطمه و «ملی‌سازی» ماترک پیغمبر را توجیه می‌کرد.[۲۷]

کوتاهِ سخن آنکه با اردو کشی اسامه گویی ابوبکر اعلام کرد که صبغهٔ حکمروایی او «جنگ دیرپا» خواهد بود.

ابوبکر، آن مرد محتاط و ملاحظه‌کار که همواره در سایهٔ پیامبر می‌زیست ولی به‌حق پیرو و شاگرد شایستهٔ او بود، با راه اندازی اردوکشی اسامه تهور سیاسی غیرمنتظره‌یی از خود نشان داد. وی با این کار فضا و آهنگ دورهٔ حکمروایی خود را تعیین و تثبیت کرد و نشان داد که مردِ عقب نشینی در برابر خطر نیست. با رسیدن به قدرت، ابوبکر خود را در برابر یک وضعیت انفجاری یافت. از یکسو اهل بیت پیغمبر و شمار زیادی

---

[۲۴] الکامل ابن اثیر ۱۹۶/۲؛ البدایهٔ ابن کثیر ۳۳۵/۶

[۲۵] الکامل ابن اثیر ۱۹۶/۲؛ البدایهٔ ابن کثیر ۳۳۵/۶

[۲۶] الکامل ابن اثیر ۱۹۶/۲؛ تاریخ طبری ۲۴۶/۲

[۲۷] دیده شود: کشمکش، صفحهٔ ۱۸۰

از انصار از درون با او مخالفت داشتند و از سوی دیگر مخالفت بیرونی اکثریت قبایل عرب بود که قدرت و صلاحیت او را به رسمیت نمی‌شناختند.[۲۸] منابع و متون تأیید می‌دارند که در فردای رسیدنِ ابوبکر به مقام خلافت تنها مکه، مدینه و طائف به اسلام وفادار بودند و پس از مرگ پیامبر نماز جمعه تنها در همین سه شهر ادا می شد.[۲۹] در باقی عربستان قبایل قدرت مرکزی خلیفه را خلاف «عصبیة» یا نظام اجتماعی قبیلوی‌شان دانسته رد می‌کردند و زیر نام نپذیرفتن سرکردگی قریش بر عربستان اعادهٔ خودمختاری قبیلوی را خواستار بودند. ابوبکر بر آن شد تا در برابر چنین قبایل جنگ تمام عیاری را که به نام «حروب الردّه (جنگ‌های ارتداد)» یاد می شود اعلام دارد.

شورش گستردهٔ قبایل عرب اشکال مختلف به خود گرفت.[۳۰] برخی عقیده داشتند که اسلام با مرگ بنیادگذار آن پایان یافته بود، بنابران با برگشتن به باورهای نیاکان خود به ارتداد افتادند. تازه مسلمان شدن شماری از قبایل این روگردانی سریع از اسلام را آسانتر می‌ساخت، به خصوص اینکه بیشتر قبایل از ترس یا از روی فرصت طلبی و نان به نرخ روز خوردن مسلمان شده بودند. قرآن در چندین جا اسلام آوری مشکوک بادیه نشینان عرب را نکوهش کرده است: «يَحْلِفُونَ لَكُمْ لِتَرْضَوْا۟ عَنْهُمْ ۖ فَإِن تَرْضَوْا۟ عَنْهُمْ فَإِنَّ ٱللَّهَ لَا يَرْضَىٰ عَنِ ٱلْقَوْمِ ٱلْفَـٰسِقِينَ ٱلْأَعْرَابُ أَشَدُّ كُفْرًا وَنِفَاقًا وَأَجْدَرُ أَلَّا يَعْلَمُوا۟ حُدُودَ مَآ أَنزَلَ ٱللَّهُ عَلَىٰ رَسُولِهِۦ ۗ وَٱللَّهُ عَلِيمٌ حَكِيمٌ وَمِنَ ٱلْأَعْرَابِ مَن يَتَّخِذُ مَا يُنفِقُ مَغْرَمًا وَيَتَرَبَّصُ بِكُمُ ٱلدَّوَآئِرَ ۚ عَلَيْهِمْ دَآئِرَةُ ٱلسَّوْءِ ۗ – برای شما سوگند یاد می‌کنند تا از آن‌ها راضی شوید، پس اگر شما از آن‌ها راضی شوید بی‌تردید الله از گروه فاسقان راضی نخواهد شد. کفر و نفاق اعراب بادیه‌نشین شدیدتر است و به نا آگاهی از حدود و احکامی که الله بر پیامبرش نازل کرده سزاوارترند، و الله دانای حکیم است. از اعراب بادیه‌نشین کسانی اند که آنچه را در راه الله انفاق می‌کنند غرامت به حساب می‌آورند

[۲۸] الکامل ابن اثیر ۱۹۵/۲

[۲۹] البدایهٔ ابن کثیر ۳۳۵/۶

[۳۰] تاریخ ذهبی ۲۷/۳؛ تاریخ الخمیس دیار بکری ۲۰۱/۲–۲۰۵؛ اکتفاء کلاعی ۹/۲

و منتظرند حوادث و پیشامد ناگواری به شما برسد. حوادث بد و ناگوار بر خودشان باد (سورهٔ توبه:۹۶-۹۸)» در آیهٔ دیگری می‌خوانیم: «قَالَتِ ٱلْأَعْرَابُ ءَامَنَّا ۖ قُل لَّمْ تُؤْمِنُوا۟ وَلَـٰكِن قُولُوٓا۟ أَسْلَمْنَا وَلَمَّا يَدْخُلِ ٱلْإِيمَـٰنُ فِى قُلُوبِكُمْ ۖ - اعراب بادیه‌نشین گفتند: "ایمان آورده‌ایم" ای پیامبر! بگو: "شما ایمان نیاورده‌اید بلکه بگویید: اسلام آورده‌ایم (یعنی تسلیم شده‌ایم) و هنوز ایمان در دل‌های تان وارد نشده است" (سورهٔ حجرات:۱۴)» مرگ محمد شکنندگی و نااستواری جامعهٔ ایجاد شدهٔ اسلامی را، چه در مدینه (آنچنان که در جریان انتخاب پر آشوب ابوبکر به خلافت دیدیم) و چه در مقیاس همه عربستان، به نمایش گذاشت.

گذشته از آن، شمار زیادی از قبایلی که کماکان خود را مسلمان می‌دانستند مشروعیت جانشینی ابوبکر را نمی‌پذیرفتند. شیوخ و امرای زیادی روی خصیصهٔ فردی و شخصی بیعت به پیغمبر که با مرگ او باطل و کان‌لم‌یکن شده بود تأکید می‌ورزیدند. ازینرو آنها صلاحیت و اقتدار جانشین او را رد نموده دلیلی نمی‌دیدند بیعت به پیغمبر را با جانشینش تجدید کنند، چون برای آنها ابوبکر جانشین مشروع و به‌حق پیغمبر نه بلکه فرد قریشیی بود که می‌خواست بر آنها سروری کند. ذهنیت قبایل عرب اینچنین انتقال قدرت قبیلوی را که کاملاً با عرف و آداب و رسوم آنها بیگانه بود نه درک می کرد و نه می‌پذیرفت. متون و منابع عربی این ایستادگی و پرخاش را به شکل ایرادات و اعتراضاتی در خود ثبت دارند که بعضاً به هجو و طنز منظوم بیان می‌شدند و در آنها نظم پردازان باکی نداشتند نام خلیفهٔ اول را به گونهٔ مترادف به معنی ناقه (شتر ماده) به کار برند. مثلاً با شنیدن خبر انتخاب ابوبکر به خلافت، الحطیئه شاعر نامدار آن عصر چنین گفت:

أطَعْنا رَسُـولَ اللهِ إذْ کان بَیْـنَـنَا　　فیا لَهْفَـتَی ما بالُ دِینِ أبـی بَکْرِ
أ یُـورثُها بکْـراً إذا مـات بَـعْـدَهُ　　فتلِکْ و بَیْتِ اللهِ قاصِمَةُ الظَّهْرِ[۳۱]

---

[۳۱] البدایهٔ ابن کثیر ۳۴۴/۶؛ الشعر و الشعرأ ابن قتیبه ۱۸۰-۱۸۱؛ اکتفاء کلاعی ۹/۲ . برای خاموش ساختن الحطیئه عمر خلیفهٔ دوم او را به مدت سال‌ها در زندان نگهداشت (شرح النهج ابن ابی الحدید ۲۸/۲)

(فرمان‌بردیم فرستادهٔ‌خدا راچون‌بود باما      پس‌ای‌وای! چه‌آمد برسردین‌ابوبکر؟
آیاپس‌ازخودماده‌شتری‌به‌میراث‌گذاشت؟      قسم‌به‌خانهٔ‌خداکه‌تیرپُشت‌راشکست!)

ستیزه و ناسازگاری اعراب بیشتر سیاسی بود تا مذهبی، و خود را به ویژه با نوعی «نافرمانی مُلکی» به شکل نپرداختن مالیهٔ زکات به خلیفه متبارز می‌ساخت. قبایلی که دست به چنین نافرمانی ملکی می‌زدند از اسلام رو نگردانده بودند ولی ابوبکر اِبا ورزی آنها از پرداخت زکات را ثبوت ارتداد آنها می‌دانست و عزم جزم داشت تا همه آنانی را که نماز را از زکات جدا دانسته و بدون پرداخت زکات ادعای مسلمانی داشتند با کیفر سخت مواجه سازد. حتی عمر که خشونت‌پسند و تندرو بود هم نمی‌خواست چنین با همگان درآویزد، ولی او نیز نتوانست خلیفه را از عزمش باز دارد. وی باری به خلیفه گفت «ترا می‌باید با اعتدال رفتار کردن. با خلایق مهربان باش، آنها گر اندرین دم زکات می‌ندهند خود را مسلمان همی‌دانند. به چه نامی با آنها قتال خواهی کردن؟ فرستادهٔ خدا می‌فرمود "مرا دستور ربانی آنست که با مردمان بجنگم تا آنکه همه لااله‌الاالله محمدرسول‌الله گویند. هر آنکه کلمهٔ شهادت بر زبان راند سر و مالش در امان باشد."» ابوبکر با اوقات تلخی پاسخ داد «مرا به نام خداوند سوگند است که با همه آنانی که نماز را از زکات سوا بدانند خواهم جنگید. ارکان اسلام را از هم منفصل کردن نتوان. روگردانی از یک رکن را حکم آن باشد که از چهار رکن دیگر رو گردانده اند.» عمر با لکنت زبان شروع به اعتراض کرد ولی ابوبکر میان حرفش دویده سخنش را قطع کرد: «اندرین امر مرا تکیه بر تو بود که مرا معاضدت خواهی کردن، ولی تو مرا باز خواهی داشتن. در دورهٔ جاهلیت ترا نیک می‌بشناختم، ولی از آن دم که مسلمان شدی جبون و ترسو گردیدی!» عمر با خجالت سر خود را به زیر افگند چون می‌دانست اشارهٔ ابوبکر به گریز ننگین او در زمان غزوهٔ احد در شوال سال سوم هجری بود که در آن خود اعتراف داشت که «با گریزیان گریخته بود».[۳۲]

ابوبکر به سخنانش ادامه داد: «چه اندیشی که چگونه این باغیان را به پرداخت زکات وادار توانم ساختن؟ مر آنها را شعر بایدم سرودن؟ مر آنها را سحر و شعبده بایدم

---

[۳۲] تفسیر طبری ۳۲۷/۷

بنمودن؟ دیگر مماشات بس است! فرستادهٔ خدا رحلت فرموده و وحی الهی منقطع گشته است. مرا جز قهر و تیغ چاره‌یی نیست. با آنها تا آن دم قتال خواهم کردن که حتی پارچه ریسمانی که پیامبر را می‌بدادند مرا نیز دهند!» عمر با تحسین و ستایش پاسخ داد «بینم که خداوند سینه‌ات را بر نبرد گشاده است!»[۳۳]

درک این نکته بایسته است که زکات یگانه رشتهٔ واقعی پیوند میان مسلمانان عربستان و قدرت مرکزی مدینه بود، و تعلق به جامعهٔ مسلمانان یا حتی نظام اسلامی تنها با دادن زکات تثبیت و مسجل می‌شد، چون سایر ارکان اسلام مانند کلمهٔ شهادت، نماز، روزهٔ رمضان و حج اعمال انفرادی بودند که برای بجا آوردن آنها تعلق به جامعهٔ مسلمین نیاز نبود. ازینرو چون تنها ادای همین مکلفیت مالی پیوندهای فراقبیلوی را میان مسلمین به وجود می‌آورد، زکات نه تنها از اهمیت برجستهٔ دینی، اقتصادی و اجتماعی برخوردار بود بلکه اهمیت طراز اول سیاسی نیز داشت زیرا «رعیت» بودن را تأیید و تسجیل می‌کرد. از همین سبب بود که ابوبکر اینچنین بر پرداخت زکات تأکید می‌ورزید. همین نکته نیز ثبوت این برنهاد است که «جنگ‌های ارتداد» در اصل جنگ‌های سیاسی - اقتصادی زیر پوشش دین بودند.

خلیفه همچنین قبایلی را که در هنگام حیات پیامبر با او و دعوتش مخالفت می‌کردند و هیچگاه اسلام نیاورده بودند نیز در دسته‌بندی «مرتدین»ی که علیه آنها اعلان جنگ می‌داد شامل ساخته بود. چنین قبایل با نمونه‌گیری از قریش از میان خود «پیامبران» رقیبی چون اسود عَنْسی، طلحه (یا طلیحه) اسدی، مسیلمه ابن حبیب حنفی و زن دعوی‌گر پیغمبری به نام سجاح برون داده بودند که مقاومت مخالفین نظام دینی- اجتماعی جدیدِ محمد در پیرامون آنها متبلور می‌گردید. مرگ محمد باعث شتاب این جنبشِ سرکشی شد و کامیابی این «پیغمبران دروغین» تا حد زیادی پیامد رقابت میان قریش و سایر قبایل بود. اعراب زیادی با آنکه مسلمان شده بودند

---

[۳۳] تاریخ ذهبی ۲۷/۳؛ تاریخ دمشق ابن عساکر ۲۱۳/۵۷؛ ثقات ابن حبان ۱۶۵/۲؛ البدایهٔ ابن کثیر ۳۴۳/۶؛ سمط النجوم عصامی ۳۳۷/۲؛ تاریخ الخلفاء سیوطی ۱۵۷؛ الریاض النضره محب‌الدین طبری ۱۴۷/۱؛ رِدَّه واقدی ۵۱

محمد را به چشم یک فرد قریشی می‌دیدند، ازینرو پس از مرگ او رهبران و سرکردگان اقوام و قبایل دیگر به اندیشهٔ داشتن پیغمبری از خود افتادند.

بدین ترتیب، اتهام ارتداد به مثابهٔ وسیلهٔ کارایی برای سرکوب کسانی که هیچگاه مسلمان نشده بودند به کار گرفته شد. خلیفه بدون کمترین تفکیک و تفاوت همه آنانی را که با سلطه و اقتدارش مخالف بودند یکسان برچسپ «مرتد» زد و ارتداد واقعی، فرضی یا اتهامی قبایل مختلف برای او بهانهٔ جنگ بی‌امان علیه آنها قرار گرفت. برای تسنید و توجیه جنگ تمام عیاری که در آستانهٔ راه اندازی آن علیه همه مخالفین قرار داشت، ابوبکر حدیث «مَن بَدَّلَ دینهُ فَاقتُلوه (هر آنکه دین خود را برگرداند، او را بکشید)»[34] از پیغمبر را حجت می‌آورد، در حالیکه قرآن از هیچگونه کیفری برای ارتداد سخن نگفته بود: «يَـٰٓأَيُّهَا ٱلَّذِينَ ءَامَنُواْ مَن يَرۡتَدَّ مِنكُمۡ عَن دِينِهِۦ فَسَوۡفَ يَأۡتِي ٱللَّهُ بِقَوۡمٖ يُحِبُّهُمۡ وَيُحِبُّونَهُۥٓ – ای کسانی‌که ایمان آورده‌اید! هر کس از شما که از دین خود برگردد الله بزودی گروهی را می‌آورد که آن‌ها را دوست دارد و آن‌ها نیز او را دوست دارند (سورهٔ مائدهٔ:۵۴)»[35] بدین گونه، خلیفهٔ اول بنیاد پدیده‌یی را گذاشت که دورنمای سرنوشت‌سازی داشت، و آن عبارت بود از سیاسی سازی اسلام به جای اسلامی سازی سیاست.

---

[34] سنن ابو داود ۳۳۶/۴؛ صحیح بخاری ۶۱/۴؛ مصنف ابن ابی شیبه ۲۸۴/۱۱؛ سنن ابن ماجه ۸۴۸/۲؛ سنن نسائی ۴۴۱/۳؛ المعجم الکبیر طبرانی ۳۱۵/۱۱؛ سنن ترمذی ۵۹/۴

[35] بیشتر مفسرین قرآن را رأی بر این است که منظور از گروه یاد شده اصحابی اند که با مرتدین و آنانی که زکات نمی‌پرداختند می‌جنگیدند.

طلیحه ابن خویلد رئیس نام‌آور قبیلهٔ نیرومند بنی‌اسد که در سمیرا[۳۶] به فاصلهٔ نه بسیار دور از مدینه اردو زده بود یکی از «پیامبران دروغین»ی بود که متون و احادیث از آنها یاد کرده اند.[۳۷] وی در زمانی که محمد هنوز زنده بود دعوی پیغمبری کرد و در مدت کوتاهی پیروان زیادی پیرامون خود گرد آورد و توانست پشتیبانی قبایل و عشایر معتبری چون غَطَفان، بنی‌عامر، عَبْس، ذُبیان و طائفه‌های جدیله و غوث قبیلهٔ طیء[۳۸] را کسب کند. ازین جمله، قبیلهٔ غَطَفان که در شمال مدینه ساکن و متشکل از عشیره‌های اشجَع، عَبْس، اَنمار و ذُبیان بود از دیگران بیشتر تبارز داشت. ذُبیان که مهمترین عشیرهٔ قبیلهٔ غَطَفان بود خود به شاخه‌های فزاره، ثعلبه ابن سعد و مُرّه تقسیم شده و متحد قریشیان اسلام‌ستیز در مبارزهٔ آنها بر ضد محمد بود. پیامبر هیچگاه نتوانسته بود با این قبیله به تفاهمی برسد.

بدین گونه، اطراف طلیحه را سرداران و شیوخی گرفته بودند که میان اعراب وزنه و اعتبار زیادی داشتند. از آنجمله یکی عُیَینَه ابن حِصن از عشیرهٔ بنی‌فزاره، مرد ثروتمند و با نفوذی از قبیلهٔ غطفان بود که به سبب ثروت و نفوذ زیادش سومین خلیفهٔ آینده عثمان ابن عفان (که همواره مشتاقِ پیوند با معتبرین و صاحبان رسوخ بود و دو دختر پیامبر را به زنی گرفته بود) دختر او ام‌البنین را نیز در حبالهٔ عقد ازدواج خود داشت.[۳۹] طلیحه با اتکا بر موقف خود و متحدینی که داشت در برابر محمد قد افراخت و حتی آنگاه که در واپسین روزهای بیماری پیغمبر احتمالاً آمادگی حمله بر مدینه را می

[۳۶] معجم البلدان یاقوت ۲۵۵/۳-۲۵۶

[۳۷] تاریخ طبری ۲۲۵/۲؛ الکامل ابن اثیر ۱۸۰/۲

[۳۸] برای شرح شورش طلیحه در زمان حیات پیامبر و در دورهٔ خلافت ابوبکر از منابع ذیل استفاده شده است: فتوح البلدان بلاذری ۱۳۳-۱۳۶؛ تاریخ ذهبی ۲۹/۳-۳۰؛ تاریخ دمشق ابن عساکر ۱۴۹/۲۵-۱۷۲؛ الکامل ابن اثیر ۲۰۲/۲-۲۰۹؛ سیرهٔ ابن حبان ۴۲۸/۲-۴۳۳؛ المنتظم ابن جوزی ۷۷/۴-۷۸؛ البدایهٔ ابن کثیر ۲۴/۷-۲۷؛ سمط النجوم عصامی ۴۵۸/۲-۴۶۰؛ تاریخ طبری ۲۶۰/۲-۲۶۶، رِدّه واقدی ۸۱-۱۰۲

[۳۹] أُسد ابن اثیر ۳۱/۴؛ الاصابه ابن حجر ۶۴۰/۴؛ طبقات ابن سعد ۵۴/۳

گرفت پیام تهدیدآمیزی به محمد فرستاد.[۴۰] پس از مرگ پیامبر اعرابی که در قبال اسلام متردد و دو دل بودند به این مدعی جدید پیغمبری رو آوردند چون می‌پنداشتند که اکنون که محمد مرده بود بهتر بود از طلیحه پیروی کنند. شمار زیادی از نومسلمانان حتی از اسلام آوردن خود اظهار پشیمانی می‌کردند و می‌گفتند «ما را منقاد نبیی از بنی‌اسد بودن بهتر است تا منقاد نبیی از قریش بودن.»[۴۱]

نیروهایی که با طلیحه ائتلاف داشتند متشکل از کسانی بودند که یا قبلاً مسلمان شده و اکنون رو گردانده بودند یا خود را کماکان مسلمان می‌دانستند ولی پرداخت مالیهٔ زکات به خلیفهٔ جدید را نمی‌پذیرفتند، و یا هم اعرابی بودند که هرگز مسلمان نشده بودند. وقتی این قوای مؤتلفه از بی‌دفاع بودن مدینه پس از عزیمت لشکر اسامه آگاهی یافتند، آمادگی حمله به شهر را گرفتند. از آنجا که در همه جنگ‌ها دسترسی به منبع آب مسئلهٔ اساسی و حیاتی بود طلیحه موضع سمیرا را ترک کرد و با کمک دو برادرش سلامیه و حبال در قرارگاه جدیدی در بُزاخه که آبشخور مهمی در زمین-های متعلق به بنی‌اسد بود و قبایل مؤتلفه می‌توانستند در آنجا در اردوگاه بزرگی گرد هم آیند جابجا شد.[۴۲] دستهٔ دیگری از جنگاوران تحت فرماندهی حبال برادر طلیحه به دو گروه تقسیم شد: گروه نخستین سی کیلومتر دورتر در ذوالقصه، و گروه دومی در ابرق‌الربَذَه، منطقه‌یی در صد و پنجاه کیلومتری مدینه، اردو زدند.[۴۳]

---

[40] تاریخ طبری ۲۲۵/۲ . دیده شود: *واپسین روزهای زندگی محمد*، صفحهٔ ۸۹

[41] تاریخ دمشق ابن عساکر ۱۵۶/۲۵

[42] معجم البلدان یاقوت ۳۰۸/۱

[43] به گفتهٔ یاقوت حموی در معجم البلدان (۳۶۶/۴ و ۶۸/۱) ذوالقصه در سر راهی که به رَبَذه (شهرکی به فاصله سه روزه منزل در شرق مدینه) می‌انجامید واقع بود، در حالیکه ابرق‌الربذه در منطقهٔ سکناگزینی بنی‌ذُبیان قرار داشت.

چنین بود که روزی ابوبکر با شگفتی خبر یافت که هیئتی از نمایندگان قبایل معاند به مدینه آمده و خواهش دیدار با او را داشتند.[۴۴] ابوبکر فرمود تا به آنها اجازهٔ ورود دهند. دو تن از سرکردگان هیئت، عُیَینه ابن حِصن و أقرع ابن حابس، داخل خانهٔ خلیفه شدند و عرض کردند که آنها قصد روگردانی از اسلام را نداشتند و تنها دادن زکات به او را نمی‌پذیرفتند. ابوبکر بی‌تردید و قاطعانه رد کرد و با تهدید آنها را راند. عمر که حاضر و ناظر بود به خلیفه مشوره داد تا به خواست آنها تن در دهد لاکن خلیفه انعطاف ناپذیر باقی ماند. وی برای لحظه‌یی هم صداقت و حسن نیت هیئت را باور نکرد و بی‌درنگ به انگیزهٔ اصلی آمدن آنها که نه از بهر مذاکره یا تنها ابلاغ پیام بلکه جاسوسی و کشف احوال مدینه بود پی برد. آنها می‌خواستند تا درزها و خلاها را جهت بهره برداری برای حمله‌یی که تدارک دیده می‌شد استخبار کنند.

خلیفه به اهالی مدینه آژیر آماده باش داد و در اجتماعی در مسجد به آنها گفت «کفر بر روی زمین سایه گسترده است. وفدی را که آمد اِشراف بر آن شد که ما را شمار اندک است. آنها در نزدیکی شما اتراق کرده‌اند و حمله در هر لحظهٔ روز یا شب محتمل است. آنگاه که مرا دریافتند آنان را گمان بر آن بود که مر ایشان را زنهار خواهیم داد، اما دست رد به سینهٔشان زدیم. پس آماده باشید!»

به دستور ابوبکر باشندگان مدینه در مسجد پناه گرفتند و بر دروازه‌های شهر پاسبانان به دیده‌بانی گماشته شدند. شماری از مخالفین پیشین خلیفه به شمول علی، طلحه، زبیر، ابن مسعود و سعد ابن ابی وقاص در میان کسانی بودند که به کشیک مؤظف گردیدند. خلیفه به آنها وظیفه سپرد تا بر راه‌های ورودی شهر، به شمول کوره راه‌های کوهستانی نظارت کنند. احتمال زیاد بر آنست که خطر جدی و عینی دشمنی که شهر را تهدید می‌کرد باعث گردید تا مخالفین از عناد دست کشند، چون با آنکه بر مشروعیت جانشینی ابوبکر ایقان کامل نداشتند بر ضرورت فشرده ساختن صفوف خود در آن مقطع آگاه بودند. ابوبکر خود با بهره‌گیری از موقع آنانرا در دفاع مدینه شامل

---

[۴۴] برای شرح ماجراهای این بخش از منابع ذیل استفاده شده است: الکامل ابن اثیر ۲/۲۰۰-۲۰۵؛ البدایه ابن کثیر ۶/۳۴۲-۳۵۲؛ تاریخ طبری ۲/۲۵۳-۲۵۹

ساخت و امید داشت بدینوسیله آنها را سر انجام در نظام جدید مدغم سازد. خلیفه با آنکه آنانرا با گماشتن به پاسداری در پاسگاه‌های مدخل شهر سخت در معرض خطر قرار داد همزمان به آنها جایگاه راهبردی و تعیین کننده نیز قایل شد.

حملهٔ مترقبه را زیاد تأخیر نبود. سه روز پس از آمدن وِفد، جنگجویان طلیحه شبانه بر مدینه یورش آوردند اما مسلمانان هشیار و بیدار بودند و انتظار آنانرا در مدخل شهر می‌کشیدند. مدافعین نه تنها مهاجمین را پس زدند بلکه آنها را تا پایگاه عقبی‌شان در وادی ذوالحساء در منطقهٔ شَرَبه که بر بنیاد گفتهٔ یاقوت[۴۵] موطن قبایل عبس و غطفان بود تعقیب کردند. در گرماگرم تعقیب مهاجمینِ فراری مسلمانان پی بردند که در کمین افتاده بودند چون هماوردان آنها با انداختن پوقانه‌ها و مشکک‌هایی ساخته از رودهٔ شتر در پیش پای مرکب‌های‌شان جانوران را دهشت زده می‌ساختند و این باعث می‌شد که سواران نتوانند آنها را اداره کنند، ازینرو مسلمانان مجبور شدند به سرعت عقب‌گرد کنند. برای قبایل متحد طلیحه این یک پیروزی نسبی بود که آنها را به پیروزی نهایی امیدوار ساخت، ازینرو جهت تقویهٔ نیروهای خود از گروه جنگاوران هم-پیمان خود که در ابرق‌الربَذَه اردو زده بودند خواستند تا حملهٔ شدید دیگری را از آنسوی دیگر بر مدینه راه اندازند.

ابوبکر می‌دانست که درگیر جنگ بی‌امانی بود، پس با باور بر اینکه بهترین دفاع حمله است بر آن شد تا پیش از آنکه حریف برای اقدامی موقع یابد بر اردوگاه دشمن در ذوالحسأ یورش برد. وی از مدینه در رأس لشکرِ آراسته به جنگ که سه برادرِ ابن مقرن – نعمان، عبدالله و سوید – از مقدمه و جناحین آن محافظت می‌کردند به قصد تعرض بیرون شد. عمر شگفتمندانه ازین نخستین کارزار جنگی غایب بود. جنگجویان شبانه راه زدند و بی سر و صدا خود را در دمدمه‌های بامداد به ذوالحسأ رساندند و بی-درنگ بر موضع دشمن هجوم بردند. جنگاوران خصم که غافلگیر شده بودند پا به فرار گذاشتند و به اردوگاه اصلی خود در ذوالقصه پناه بردند. این نخستین پیشرفت مهم

---

[۴۵] معجم البلدان یاقوت ۲۵۷/۲

جنگی خلیفه بود که باعث رفع خطر از شهر گردید. ابوبکر ساخلویی را جهت نگهداشت موضع اشغال شده زیر فرمان نعمان ابن مقرن گذاشت و با دیهیمِ نخستین پیروزی جنگی که ارمغان آن پشتیبانی شماری از قبایل عرب بود به مدینه برگشت. متون گزارش می‌دهند که در شامِ روزی که ابوبکر به مدینه رسید نمایندگانی از چندین قبیله، منجمله زِبرِقان ابن بدر نمایندهٔ بنی تمیم و عدی ابن حاتم نمایندهٔ قبیلهٔ طیء، نزد او آمدند تا صدقات بپردازند و خلیفه را از حمایت خود مطمئن سازند.[۴۶]

ابوبکر که با نخستین پیروزی نظامی دورهٔ خلافت خود سرشار از نیرو شده بود و بدون شک یورش جدیدی از سوی دشمن را انتظار داشت تصمیم گرفت حملهٔ گسترده‌یی در برابر قبایل متحد طلیحه راه اندازد، اما از روی حزم و احتیاط تا برگشت لشکر اسامه منتظر ماند. چند روز بعد اسامه و جنگجویانش پس از هفته‌ها غیابت با پشتارهٔ سنگین غنیمت و چپاول به مدینه برگشتند. ابوبکر از اسامه دعوت کرد با جنگندگانش استراحت نماید و امنیت مدینه را گیرد تا او خود شخصاً حملهٔ قاطع و تعیین کننده بر ذوالقصه را فرماندهی کند.

بدینگونه در ماه جمادی‌الثانی سال یازدهم هجری (سپتامبر ۶۳۲) قشون مسلمانان زیر رهبری خلیفهٔ جدید به نخستین عملیات بزرگ نظامی خود دست زد. لشکر ابوبکر توانست جنگندگان دشمن را تار و مار سازد و تا ابرق‌الرَبَذَه تعقیب کند. در آنجا مسلمانان با افراد مسلح خارجه ابن حصن از قبیلهٔ فزاره در افتادند و در نتیجه پیروزی چشمگیری نصیب آنان شد. در پی این ظفر ارتش خلیفه بر اهالی ابرق‌الرَبَذَه حمله بردند و منسوبین عشایر مختلف قبیلهٔ عبس را به فرار واداشتند و الحطیئه شاعر این قبیله را که به سبب سرودن اشعار زننده‌یی بر ضد خلیفه زبانزد شده بود اسیر کردند. ابوبکر پس از راندن قبیلهٔ ذُبیان قرارگاه مرکزی خود را در ابرق‌الربذه که اکنون به اشغال سپاهیانش درآمده بود مستقر ساخت.

---

[۴۶] رِدَّه واقدی ۶۹

خلیفه پس از چند روز به ذوالقصه، جایی که بخشی از لشکر خود را گذاشته بود، برگشت. دیری نگذشت که افراد قبایل مخالف زیر رهبری خارجه ابن حصن حملهٔ متقابلی راه انداختند. این ضد حمله صفوف مسلمانان را پراگنده ساخت و بر اساس نوشتهٔ طبری خلیفه حتی مجبور شد در عجمه پنهان گردد و نیروی امدادی بخواهد. دسته‌هایی از افراد مسلح قبایلِ دوست چون بنی‌اسلم، بنی‌غفار، بنی‌اشجع، بنی‌مُزینه، جُهَینه و کعب بی‌درنگ سر رسیدند و بدنهٔ لشکر را نیرو دادند و حملهٔ جدیدی بر ذوالقصه راه انداختند. این بار مسلمانان پیروز شدند و دشمن را شکست دادند. قبایل عبس و ذُبیان که از موطن خود رانده شده بودند گریختند و با طلیحه که در قرار گاه خود در بُزاخه اردو زده بود پیوستند.[۴۷]

ابوبکر که اکنون همه ساحهٔ شربه را در اشغال داشت با مشاهدهٔ وادیی که در برابر چشمانش گسترده بود بانگ برکشید «خداوند ما را چه عطیهٔ زیبایی ارزانی داشته است! وادریغا گر مسلمین را زان تمتعی نباشد!»[۴۸] ازینرو ساحهٔ مذکور را حماء[۴۹] (قورُق شده) اعلام داشت و سراسر منطقهٔ مفتوحه را علی‌رغم اعتراض مالکین زمین‌ها و جایدادهای آنجا به چراگاه اسپان و شتران جنگجویان و رمه‌های مسلمین مبدل نمود. وی در برابر خروش و واخواهی مالکین جایدادها با بی‌دردی اظهار داشت «اینجا دیگر موطن شما نیست. این منطقه غنیمت جنگ است و مالکیت آن مرا باشد.»

پس از چند روز توقف در ذوالقصه و اطمینان از ادارهٔ امور آنجا، خلیفهٔ اول با سلطه و اقتدارِ قوام یافته به مدینه برگشت. وی با نخستین ظفر نظامی اعتماد به خود یافته جنگ تدافعی را به «کشورگشایی» مبدل ساخته بود. اکنون پس از عقب زدن خطری که مدینه را تهدید می‌کرد وی آماده بود مخالفین خود را در چهار گوشهٔ عربستان به

---

[۴۷] الکامل ابن اثیر ۲/۲۰۲-۲۰۳؛ تاریخ طبری ۲/۲۵۵-۲۵۶

[۴۸] الکامل ابن اثیر ۲/۲۰۳؛ تاریخ طبری ۲/۲۵۶

[۴۹] (یادداشت مترجم: «حماء» یا «حمیٰ» به معنی علف زاری است که حکام آنرا برای چهارپایان خود اختصاص داده دیگران را از آن منع کنند [لغت نامهٔ دهخدا]، قورُق، خلاف مباح)

ناورد طلبد، ازینرو بدون درنگ در صدد برآمد تا برای جنگ در چند جبهه آمادگی گیرد.

خلیفه قشون خود را در ذوالقصه که اکنون به قشلهٔ نظامی مبدل شده بود گردآورد و آنرا به چندین لوا (گردان) تقسیم کرد. هر یک از لواها به جنگ با قبیلهٔ «مرتد»ی در جاهایی که خیزش قبیلوی صورت گرفته بود – نجد، یمامه، بحرین، عمان و یمن – موظف گردید. رهبری مهمترین لوا را به خالد بن ولید ابن مغیره که فرماندهی سپاه سنت خانوادگی او بود سپرد. این سردار چهل ساله با کنیهٔ ابوسلیمان در حدود سال ۵۹۲ میلادی درعشیرهٔ بنی‌مخزوم از شاخه‌های معتبر قبیلهٔ قریش به دنیا آمده بود. مردان عشیرهٔ بنی‌مخزوم نسل اندر نسلِ به سوارکاری مشهور بودند[۵۰] و با آنکه یک-راست به قصی ابن کلاب نیای بزرگ قریشیان نسب نمی‌رساندند به سبب دلاوری و مهارت سوارکاری در میان عشایر قریش اسم و رسمی داشتند. چنین بود که خالد مخزومی در سن خیلی کوچک با سواره نظام و کاربرد سلاح آشنا شد. گذشته از استعداد در سوارکاری، طایفهٔ بنی‌مخزوم از ثروت هنگفت و «نسب نامه»ی پرافتخاری نیز برخوردار بود.[۵۱] ولید پدر خالد یکی از ثروتمندترین مردان قبیلهٔ خود بود. مغیره پدر بزرگ خالد که یکی از سرداران بزرگ قریش بود چندین پسر نام آور داشت که از آن جمله یکی ابوجهل معروف از سرسخت‌ترین دشمنان محمد بود. پسران دیگر او ابو امیه (پدر ام‌سلمه زوجهٔ پیمبر و مهاجر ابن ابو امیه که فتوحات زیادی برای اسلام کرد)، و هشام پدرکلان مادری عمر بودند.

هند مادرکلان مادری خالد به سبب داشتن دامادانِ با اسم و رسم «پیرزنِ معتبرْ داماد» لقب گرفته بود. نامدارترینِ دامادانش محمد بود که با دو دختر او زینب بنت خزیمه و پس از مرگ او با میمونه بنت الحارث ازدواج کرد. دامادان دیگر او عموهای

---

[۵۰] جمهرة نسب قریش ابن بکّار ۱/۴۴۰-۵۵۳

[۵۱] ابن حبیب در کتاب «المنمق فی أخبار قریش» از رقابت و همچشمی میان بنی مخزوم و سایر عشایر اشرافی قریش (به ویژه بنی امیه) صحبت می‌کند.

پیغمبر عباس (که با دخترش ام‌الفضل ازدواج کرد) و حمزه[۵۲] (که دخترش عَروه را به زنی گرفت) بودند. کوچکترین دختر هند أسماء بنت عمیس مشهور بود که نخست با جعفر برادر علی پسر عموی پیغمبر، سپس با ابوبکر خلیفهٔ نخستین و سرانجام با خود علی ازدواج نمود.[۵۳]

خالد نخستین بار پیش از مسلمان شدن در جنگ اُحُد استعداد نظامی خود را هنگامی نشان داد که در صف مشرکین قریش در برابر محمد می‌جنگید. شکست مسلمانان درین جنگ قسماً به سبب رشادت این جوان تیزهوش و دلیر بود. پس از صلحنامهٔ حدیبیه در سال ۶۲۸ خالد به اسلام گروید و در مدینه مسکن گرفت تا نزدیک پیامبر باشد. محمد ازینکه با پیوستن چنین یک سپاهی بهادر و بااستعداد به صفوف اسلام کمر پیروانش بسته شده بود خیلی شادمان بود. چندین رشتهٔ خویشاوندی خالد را با محمد بیشتر پیوند می‌داد چون آنچنان که در بالا تذکار یافت پیغمبر سه زن از خانوادهٔ خالد را در حبالهٔ ازدواج خود در آورده بود.

خالد در سال هشتم هجری (سپتامبر ۶۲۹) در جنگ مؤته[۵۴] در برابر بیزانسی‌ها منحیث سرباز عادی اشتراک کرد. وی درین جنگ علی‌رغم آنکه مسلمانان شکست خوردند و سه سرداری که پیغمبر تعیین کرده بود کشته شدند، با شجاعت جنگید. گفته می‌شود که از دلیری و تیزهوشی خالد بود که لشکر مسلمانان از نابودی کامل نجات یافت، چون وی فرماندهی سپاه بی‌رهبر را به دست گرفت و به جنگجویان امر کرد تا آنجا که می‌توانستند خاکباد راه اندازند تا دشمن فکر کند که آنان را قوت‌الظَهر رسیده است، و در پی این حیله بی‌درنگ امر عقب نشینی داد. بیزانسی‌ها به فکر اینکه مسلمین تله‌یی برای آنها شانده بودند از تعقیب آنها دست کشیدند و بدین ترتیب مسلمانان توانستند از میدانِ کارزار زنده برآیند. با شنیدن اینکه خالد نُه شمشیر را در جنگ مؤته شکسته بود پیغمبر با تمجید فریاد برآورد «خالد سیف‌الله المسلول (تیغ

[۵۲] سِیَر ذهبی ۳/۱۱۱–۱۱۸

[۵۳] سِیَر ذهبی ۳/۵۱۷–۵۱۹

[۵۴] معجم البلدان یاقوت ۵/۲۱۹–۲۲۰

آختهٔ خداوند) است!» پیغمبر نیک می‌دانست که در وجود خالد یک نابغهٔ جنگی به خدمتش درآمده بود. خلیفهٔ اول نیز از استعداد نظامی خالد که در ضمن برادرزادهٔ زنش أسماء بنت عمیس بود بهرهٔ بزرگ برد.[۵۵]

خالد ابن ولید از همان آغاز کار که خلیفهٔ جدید با خصومت مخالفین مواجه گردید پشتیبانی خود را از او ابراز داشت.[۵۶]

در ذوالقصه خلیفه دستور داد به قبایل شورشی فراخوانی نویسند و به قشونی که گسیل می‌شد دهند تا به آنها ابلاغ دارند. در نامه‌ها از قبایل عصیانگر خواسته شده بود تسلیم شوند تا از سرکوبی سپاهیان اسلام در امان مانند. متن نامه‌ها همسان بود. مضمون نامه‌یی که به خالد داد چنین ارقام داشت:

> «بسم الله الرحمن الرحیم. از عبدالله ابن عثمان[۵۷] خلیفهٔ پیمبر خدا به همه کسانی که این نامهٔ من به آنها رسد، از جمع و شخص، مسلمان و از مسلمانی برگشته. درود بر آنکه پیرو هدایت باشد و پس از هدایت به ضلالت و کوری باز نگردد. خبر یافته‌ام که کسانی از شما پس از اقرار به اسلام و عمل به تکالیف آن از روی غرور و جهالت و اطاعت شیطان از دین خویش برگشته‌اید. من خالد ابن ولید را با سپاهی از مهاجران و انصار و تابعان سوی شما فرستادم و فرمان دادم با هیچکس

---

[۵۵] معلوماتی که برای پرداخت تصویر خالد ابن ولید ارائه شده همه از منابع ذیل به دست آمده اند: سِیَر ذهبی ۲۲۳/۳-۲۳۳؛ الاستیعاب ابن عبدالبر ۴۲۷/۲-۴۳۱؛ تاریخ دمشق ابن عساکر ۲۱۶/۱۶-۲۸۱؛ أُسد ابن اثیر ۵۸۵/۱-۵۸۸؛ جمهرة نسب قریش ابن بکّار ۴۹۲/۱-۵۰۱؛ الاصابه ابن حجر ۲۱۵/۲-۲۱۹؛ صفة الصفوه ابن جوزی ۲۵۰/۱-۲۵۲؛ طبقات ابن سعد ۲۵۲/۴-۲۵۴

[۵۶] الاخبار ابن بکّار ۴۶۵-۴۶۶ . ابن بکّار درین کتاب سخنان او را در روز پس از انتخاب خلیفه گزارش می‌دهد.

[۵۷] نام اصلی خلیفه عبدالله ابن عثمان، و ابوبکر تنها کنیه‌اش بود. درین ارتباط بعداً در صفحهٔ ۱۹۷ این کتاب بیشتر گفته شده است.

جنگ نکند و هیچکس را نکشد مگر اینکه وی را سوی خدا دعوت کند، و هر که دعوت وی پذیرد و به اسلام معترف شود و از کفر باز ماند و عمل نیک کند از او بپذیرد و وی را بر این کار کمک کند و هر که دریغ آرد فرمان دادم با او جنگ کند و هر کس از آنها را به چنگ آورد زنده نگذارد و به آتش بسوزد و بی پروا بکشد و زن و فرزند او اسیر کند و از هیچکس جز اسلام نپذیرد. جز این نیست که شما را هشدار رسیده است! درود باد بر آنانی که ایمان آرند. وما توفیقی إلا بالله.»[۵۸]

ابوبکر نامه را قات کرد، مُهر خود را بر آن چسپاند و آنرا به خالد داد و به او چنین سفارش کرد:

«پیش از آنکه حمله راه اندازی هر قومی را در هنگام دعوتِ اذان چند کس فرست، اگر بشنیدند و لبیک گفتند از آنها دست بردار وگر اذان نگفتند مرتدین‌اند پس بر آنها بتاز؛ و چون اذان بگفتند از روش آنها بپرس و اگر زکات و صدقات دریغ کردند بر آنها بتاز و اگر اقرار آوردند پذیرفته گردد و با آنها رفتار شایسته کن. هر که بر خدا کافر باشد با وی بجنگ تا به دین خدای مُقِر آید، وگر دعوت را پذیرفت دست از او بردار و در آنچه نهان دارد حساب وی با خداست. وهر که دعوت خدای را نپذیرد کشته شود و هر جا باشد و هر کجا رسد با او جنگ می‌کن و از هیچکس به جز اسلام می‌نپذیر. همه را با سلاح و با آتش بکُش، آنگاه غنایمی را که خدا نصیب کرده تقسیم کن، بجز خمس (پنجم حصه) که باید به نزد ما فرستی. چون اذان شنیدند و لبیک گفتند در خفا شیوخ و سروران قوم را رسول فرست و

[۵۸] تاریخ طبری ۲/۲۵۶-۲۵۷ .

شایستهٔ منزلت‌شان نقدینه پیشکش کن. بنگر که اعتماد را شایند؟ گر رو می‌بگردانند پس تیغ برکش، اما این کار آنگاه که خسپیده باشند راه انداز تا آنانرا مجال تلافی نباشد.»[59]

در فردای عزیمت خالد ابن ولید به جنگِ طلیحه، بُجَیر ابن ایاس ابن عبدیالیل به دیدن ابوبکر آمد. وی مردی بود از بنی‌سُلَیم که او را به سبب فرودآمدن ناگهانی بر کاروان‌ها و کشتار و چپاول کاروانیان «الفُجائه (بی محابا)» لقب داده بودند.[60] وی به خلیفه چنین گفت: «نیک می‌بدانی که عمری در غارت قوافل و دزدی از بادیه‌نشینان بگذرانده‌ام، سپس چون نور اسلام بر دلم تابید و چشمانم بر صراط مستقیم گشوده گردیدند توبه کردم و استغفار بنمودم. امروز آمده‌ام تا ترا خدمت بجا آرم و در محاربه بر ضد مرتدین معاضدت کنم. ترا بس کارا و مفید بودن توانم. عمری که در رهزنی و غارتگری گذرانده‌ام مرا با گوشه گوشهٔ عربستان آشنا بنموده، با همه مخفیگاه‌ها بلدم و دانم قبایل در بادیه در کجاها پنهان گردند.» ابوبکر با دقت به سخنان او گوش می داد ولی در چهره‌اش چیزی خوانده نمی‌شد. فجائه به سخنانش ادامه داد: «خواهم که با اولی‌الامر مسلمین کمک کنم و خدمت به جا آرم اما مایحتاج خدمتگزاری در بساط ندارم. مرا اسپان ده و آذوقه و یراقِ جنگ، خواهی دید چگونه صحراها را در شکار مرتدین خواهم روفت! قبایلی را که دستِ خالد ابن ولید بر آنها نتواند رسیدن توانم پی‌گرفتن و دست یازیدن. مرا با تو این عهد باشد و پیمان که هر که از اسلام روگرداند به چنگ آرم، گردن زنم و سرش به مدینه فرستم تا در پای تو اندازند.»

---

[59] عِقد ابن عبد ربه ۱۱۶/۱–۱۱۷؛ تاریخ طبری ۲۵۷/۲ . (یادداشت مترجم: بخش‌هایی از ترجمهٔ نامه و سفارش ابوبکر از متن فارسی «تاریخ طبری یا تاریخ الرسل و الملوک»، تألیف محمد بن جریر طبری، ترجمهٔ ابوالقاسم پاینده، انتشارات اساطیر، تهران، چاپ سوم ۱۳۶۳، جلد چهارم، صفحات ۱۳۷۶ – ۱۳۷۹ گرفته شده است.)

[60] برای بیان حال بُجَیر ابن ایاس ابن عبدیالیل معروف به «الفجائه» از منابع ذیل استفاده شده است: معجم ما استعجم بکری ۱۰۷۷/۳؛ فتوح البلدان بلاذری ۱۳۶؛ الاستیعاب ابن عبدالبر ۷۷۶/۲؛ الکامل ابن اثیر ۲۰۷/۲؛ جمهرة أنساب ابن حزم ۲۶۱؛ البدایه ابن کثیر ۳۵۱/۶–۳۵۲؛ تاریخ طبری ۲۶۶/۲؛ رِدَّه واقدی ۷۵–۸۳

ابوبکر باز هم خاموش بود و چیزی نگفت. بُجَیر ابن ایاس فجائه با لحن اشک اندود ادامه داد: «دستم به دامنت، ای خلیفهٔ رسول خدا! مرا فرصت آن ده تا با جانفشانی در راه اعتلای اسلام و اعلاء کلمةلله تلافی عمر رفتهٔ پر از گناه و عصیان کنم، لوح فضیحت پاک سازم و امید جنت یابم!» ابوبکر باز هم خاموش بود و در بارهٔ پیشنهاد این جانی کارکشتهٔ تائب که می‌توانست برایش بس کارا و مفید باشد فکر می‌کرد. پس از لحظاتی اندیشه‌ورزی لب به سخن گشود و گفت «چنین باد! فرصت کفارهٔ گناهان از طریق جهاد فی سبیل الله از تو دریغ ندارم!» پس فرمود تا یک درجن اسپ با مقدار زیاد آذوقه و جهاز جنگ بی‌درنگ مهیا دارند و به او دهند. وی همچنین دستور داد تا ده تن از مسلمین ابن ایاس را همرهی کنند، شاید برای آنکه در هر حال از آن دزد و غارتگر کهنه کار برحذر بود و می‌خواست او را زیر نظر داشته باشد.

بدین گونه، فجائه با وانمود اینکه به کمک خالد ابن ولید می‌رود تا او را در جنگ علیه طلیحه کمک کند از مدینه خارج شد، ولی در واقع همه گفتار و کردارش دغا و ترفند برای مغبون ساختن خلیفه بود. وی باری که از سواد شهر دور شد بسوی قلمرو قبیلهٔ خود رو نهاد و با رسیدن در میان همتباران بنی‌سُلَیم خود نخست به حساب ده تن مسلمان توظیف شده توسط ابوبکر رسید، سپس سلاح و مهمات جنگی را که از خلیفه گرفته بود میان افراد قبیلهٔ خود تقسیم کرد و با آن بلادرنگ بر مسلمانانی که در میان قبایل بنی‌سُلَیم، بنی‌عامر و هوازان می‌زیستند حمله برده نخست آنها را غارت کرد و سپس به قتل رساند. فجائه و افرادش به مدت سه ماه توفانی از وحشت و دهشت راه انداختند و بیشمار کشتند و غارت کردند.

با رسیدن خبر فجایع فجائه به مدینه گویی خنجری در قلب ابوبکر فرو شد و از اینکه فریب چنان حقه بازی را خورده بود انگشت به دندان گزید، پس طُرَیفه بن حاجز را فراخواند و سه صد مرد جنگی با او کرد تا روند و آن دغاکار را پی گیرند و مرده یا زندهٔ او را نزد خلیفه باز آرند. طریفه فجائه را بازیافت و پس از جنگی شدید او را زنده

به چنگ آورد و پیچیده در غل و زنجیر به مدینه فرستاد. بر اساس نوشتهٔ واقدی[۶۱] خلیفه برای پایان فتنهٔ فجائه حتی از خالد ابن ولید خواست تا ولو به قیمت تعلیق کارزار علیه طلیحه، بی‌درنگ به غائلهٔ فجائه رسد و این خالد بود که سه صد تن از جنگجویانش را فرمود تا فجائه را به چنگ آرند.

ابوبکر که در آتش خشم و انتقام می‌سوخت فجائه را شایان مرگ ساده نمی‌دانست. «سربریدن این جانور موذی را نکو سرنوشتی‌ست که سزاوار آن می‌نباشد. او را مرگی با شکنجه و عذاب می‌باید!» پس فرمود تا در مصلای گورستان بقیع مدینه آتش بزرگی افروزند و فجائه را دست و پا بسته آرند و زنده در میان شعله‌های آتش اندازند. ابوبکر خود به آنجا آمد و پیچ و تاب خوردن فجائه در میان آتش را به تماشا ایستاد. پس از دقایقی تقلای آن جسم آتش گرفته پایان یافت و فجائه به بیان واقدی به توده‌یی از زغال مبدل گردید.[۶۲] ابوبکر در آن لحظه نمی‌دانست، ولی آزار ناشی از تداعی آن صحنهٔ مرگ فجیع دیگر دست از سر او بر نمی‌داشت، چنانکه در لحظات آخر عمر به سبب دادن چنان فرمان ظالمانه اظهار ندامت کرد و استغفار نمود.

همزمان با پویهٔ خالد ابن ولید به سوی بزاخه درزهایی در صفوف ناهمگون و ناهمخوان طلیحه پدیدار گشت.[۶۳] عدی ابن حاتم رئیس قبیلهٔ طیء که پدرش حاتم

---

[۶۱] رِدَّه واقدی ۷۸

[۶۲] رِدَّه واقدی، ۸۰

[۶۳] برای شرح جنگ بزاخه از منابع ذیل استفاده شده است: فتوح البلدان بلاذری ۱۳۳-۱۳۶؛ تاریخ ذهبی ۲۹۰۳۰/۳؛ تاریخ الخمیس دیار بکری ۲۰۵/۲-۲۰۸؛ الکامل ابن اثیر ۲۰۲/۲-۲۰۹؛ المنتظم ابن جوزی ۷۷/۴-۷۸؛ البدایه ابن کثیر ۲۴/۷-۲۷؛ سمط النجوم عصامی ۴۵۸/۲-۴۶۰؛ اکتفاء کلاعی ۲۳/۲-۳۷؛ رِدَّه واقدی ۸۱-۱۰۲

طائی[64] در جوانمردی و بخشندگی شهرهٔ آفاق بود مردان قبیلهٔ خود را برانگیخت تا دنبال طلیحه نروند و مسلمان بمانند و به خلیفهٔ جدید زکات فرستند. وی درین راه پیشگام شد و شخصاً به مدینه رفت و شترانی را که به گونهٔ زکات آورده بود به عُمال خلیفه داد. ابوبکر ازین پشتیبانی غیرمترقبه بس شادمان گردید و او را با آغوش باز پذیرفت. عدی حتی پیشنهاد کرد در کنار خلیفه در برابر «مرتدین» بجنگد، ولی ابوبکر به وی مشوره داد تا برود و قوم خود را متقاعد سازد تا پیش از آنکه لشکریان خالد ابن ولید بر آنها برسد خود را از طلیحه دور سازند. «آنان را نجات ده، پیش از آنکه نابود شوند یا بلعیده گردند!»[65] عدی مردمان خود را هشدار داد «خود را از بنی‌اسد جدا سازید! خلیفهٔ جدید به جنگ آنان محکم کمر بربسته و عزم جزم نموده، پس الحذر! هر آنچه آید شما را زیان باشد!» همتبارانش در ابتدا مخالفت شدید نشان دادند و با ناسزا گویی به ابوبکر می‌گفتند «هرگز به ابوفصیل[66] (پدر ماده شتر جوان) بیعت می نکنیم!» ولی عدی ابن حاتم در جواب می‌گفت «او تا آن گاه با شما قتال خواهد کرد تا زبان برگردانید و او را "ابوالفحل الاکبر" (پدر نره اسپ کبیر) خوانید!»[67] در برابر ابرام او در اخطار و هشدار دهی، قبیلهٔ طیء سرانجام پذیرفت تا تغییر فکر و موضع دهد و از آن به بعد در کنار مسلمانان قرار گرفت.

---

[64] این سردار عرب خود هیچگاه به اسلام نگروید (الأخبار ابن بکّار ۳۳۸-۳۴۰)

[65] تاریخ طبری ۲۶۰/۲

[66] «فصیل» در عربی شتر نوجوان و «بکر» ماده شتر نوجوان را گویند و کلمهٔ «فصیل» به گونهٔ مترادف با «بکر» برای توهین به ابوبکر به کار می‌رفت. لقب اهانت‌آمیز «ابوالفصیل» با تکیه بر معنی حیوان را ابوسفیان به ابوبکر داد. دیده شود: کشمکش، صفحه ۱۳۵ . (توضیح مترجم: نام اصلی خلیفهٔ اول عبدالله ابن عثمان بود؛ کنیهٔ «ابوبکر» هنگامی به او داده شد که پیغمبر با دخترش عایشه ازدواج کرد. از آنجا که عایشه یگانه دوشیزهٔ باکره‌یی بود که محمد با او ازدواج نمود، عبدالله ابن عثمان «ابوبکر» یعنی «پدر دختر باکره» لقب گرفت.)

[67] البدایه ابن کثیر ۳۴۹/۶؛ تاریخ طبری ۲۶۰/۲ . (توضیح مترجم: درینجا نیز ترادف به کار رفته است. «فحل» در عربی به معنی نره اسپ و نیز به معنی دانا و خردمند آمده و معنی اول در لقب «ابوالفحل» با کلمهٔ «بکر» در لقب «ابوبکر» مترادف است.)

با شنیدن اینکه شمار زیادی از طایی‌ها در پیروی و پشتیبانی از طلیحه دو دل شده بودند، غطفانی‌ها نیز متزلزل گردیدند، به خصوص اینکه عدهٔ زیادی از رؤسا و شیوخ آنها از انقیاد به قبیلهٔ رقیب بنی‌اسد ناراحت و ناراضی بودند. وقتی خبر نزدیک شدن جنگجویان خالد ابن ولید به آنها رسید برخی اعضای قبیله غطفان به همقطاران خود پشت کردند و به لشکر خالد پیوستند. ازین جمله بود زیّاد ابن عبدالله غطفانی که یکجا با عموزادگان خود شبانه به اردوگاه خالد رفت و به او حلف وفاداری یاد کرد. خالد با شادمانی ازینکه اردوگاه دشمن حتی پیش از آنکه ضربه‌یی بر آنها وارد شود آغاز به از هم پاشی کرده بود زیّاد را با آغوش باز پذیرفت. با آگاه شدن از صف بدل کردن زیّاد و افدرزاده‌هایش، سایر اعضای قبیلهٔ غطفان دچار تردید و دو دلی بیشتر شدند. عیینه ابن حِصن کوشید همتباران خود را اطمینان دهد: «چرا ترسی به دل راه دهید؟ ما را چه پروایی باشد؟ در پیروی از طلیحه و پشتیبانی از او ببالید و دل قوی دارید!»[۶۸] اما لرزش صدایش افشاگر اضطراب و نگرانی درونی او بود، ازینرو با شتاب نزد پیغمبر خود طلیحه رفت تا از او آسودگی خاطر جوید. «برگوی به من، آیا از آن گاه که در بزاخه اردو زدیم تا حال جبرئیل بر تو ظاهر شده؟»[۶۹] طلیحه پاسخ منفی داد. عرق ترس بر عیینه مستولی شد و در حالیکه از اضطراب گره در گلوگاهش افتاده بود با التماس پرسید «چه اندیشی که آیا درین دو سه روزی که در پیش است جبرئیل بر تو فرود آید و وحی آورد؟» طلیحه شانه‌ها را بالا انداخت. شک و تردید رئیس قبیلهٔ غطفان بیشتر شد. آیا پیروی ازین مدعی پیغمبری خطای بزرگی نبود؟

همین شک و تردید در اردوگاه قبیلهٔ بنی‌عامر نیز اذهان را سوهان می‌زد. قُرّه بن هُبَیره بن سَلَمَهٔ قُشَیْری رئیس قبیلهٔ بنی‌عامر با اضطراب از نزدیک شدن قشون مسلمین به مردمان خود هشدار داد «الحذر! اگر لشکر خالد بر لشکر طلیحه غالب آید

---

[۶۸] رِدّه واقدی ۸۳

[۶۹] رِدّه واقدی ۸۴

ما را در آن بس نقصان باشد!» ولی افراد قبیله‌اش به هشدار او وقعی ننهادند و گفتند «ما در گردآوری زکات از ابن ابی قحافه افضلیم، هرگز به او زکات می‌ندهیم!»[۷۰]

با همهٔ این علایم دلگرم کننده خالد احتیاط از دست نداد و بی‌درنگ حمله راه نینداخت، چون از وضع سپاهیان دشمن در بزاخه هیچگونه اطلاعی نداشت، پس گُردان‌های خود را در برابر اردوگاه هماورد جابجا کرد و دو تن از سپاهیان خود را فرمود تا شبانه روند و وضعیت خصم را استکشاف کنند. کشافان رفتند ولی خود مکشوف شدند و سر به نیست گردیدند. با برنگشتن آن دو سپاهی خالد با نگرانی در جستجوی آنها برآمد و آنها را کشته یافت. ماجرای کشافان اردوگاه طلیحه را آژیر داد که لشکر خلیفه بس نزدیک شده و در تاریکی سایه‌ها کمین گرفته بود. موجی از دستپاچگی صفوف پیامبر بنی‌اسد را درنوردید و طلیحه کوشید با ادعاهای ظاهر شدن جبرئیل بر وی[۷۱] اضطراب آنها را آرام سازد. خالد ابن ولید چندین بار به وی پیام فرستاد تا تسلیم شود ولی طلیحه سلاح بر زمین نگذاشت و سرانجام میان ماه‌های رجب و شعبان سال یازدهم هجری (سپتامبر – اکتوبر ۶۳۲) جنگ فیصله کنی میان آنها در گرفت.[۷۲]

جنگ بزاخه خونین بود. جنگاوران طلیحه در کارزار نبرد فریاد می‌زنند «هرگز به ابوالفَصیل بیعت می‌نکنیم!» اظهاراتی چنین که در متون مختلف به تکرار ثبت شده اند پرسش‌هایی را در بارهٔ انگیزهٔ اصلی این «جنگ‌های ارتداد» در ذهن متبادر می سازند. آیا «حروب‌الرّده» با این نیت راه انداخته شده بود که مرتدین را به اسلام برگرداند – در حالیکه طلیحه هیچگاه به محمد ایمان نیاورده بود – یا چنانکه واقدی

---

[۷۰] رِدّه واقدی ۸۴

[۷۱] رِدّه واقدی ۸۷

[۷۲] این تاریخ توسط لئون کایتانی (۱۸۶۹– ۱۹۳۵) سیاستمدار و تاریخ پژوه ایتالیایی و یکی از بنیانگذاران سنت پژوهشی شرق‌شناسی در حوزه مطالعات تاریخ اسلام تثبیت و پیشنهاد شده است. (Caetani, *Annali dell' Islam*، ۵۵۷/۲)

گوید برای کسب بیعت به نظام جدید در مدینه بود، و یا هم انگیزهٔ آن هدف اقتصادی یعنی زکات بود؟ دین و سیاست در کلاف سر درگمی باهم گره کور خورده بودند.

طلیحه خود در کارزار نبرد اشتراک نداشت بلکه در خیمهٔ خود با زوجه‌اش نوّار گوشهٔ امن اختیار کرده و متحد خود عیینه ابن حصن را به جنگ تشجیع می‌کرد. «به میدان جنگ برو و شمشیر بزن! مرا باید تا به پیشواز جبرئیل اینجا مانم چون هرآینه یکجا با فرشتگان به مدد ما خواهد آمد!»[۷۳] شیخِ قبیلهٔ غطفان هر از چند گاهی می‌آمد تا ببیند جبرئیل تشریف آورده یا خیر، و در آن حال اخبار تازهٔ نبردگاه را نیز به پیغمبر خود می‌رساند. باری طلیحه او را به سبب کاستی در پیروزمندی مورد سرزنش قرار داد و پرسید «شما را چه شده است؟ چرا بر مسلمین غلبه نتوانید یافتن؟» عیینه پاسخ داد «ما را نبرد از برای زنده ماندن است، اما مسلمین با امید مرگ می‌جنگند.»[۷۴] ادعای اتکای طلیحه بر مدد آسمانی به تقلید از ادعای «نصرت افواج ملائک» توسط محمد در جنگ‌هایش به خصوص در جنگ بدر بود، چون طلیحه حساب می‌برد که اگر جانب او در جنگ پیروز شود القأ چنین نصرت خداوندی بر وجاهت پیغمبری او بسیار خواهد افزود. و اما، سیر کارزارِ نبرد چنان بود که به جای «مدد از جانب پروردگار» باید یکجا با زوجهٔ خود برای فرار آمادگی می‌گرفت.

لشکر طلیحه شکست خُرد کننده‌یی خورد و در نتیجه همه پیروانش بر ضد او شوریدند. «تو کذّابی بیش نیستی! گر تو پیغمبر برحق بودی هرگز شکست می نخوردی چون خداوند ترا پشتیبان بودی!»[۷۵] اتفاقاً همین سرزنش را محمد نیز هنگامی شنیده بود که بر شکست لشکریانش در برابر بیزانسی‌ها در جنگ مؤته معترف گردید.[۷۶] طلیحه آنچنان که پیشبین بود توانست یکجا با زوجهٔ خود فرار کند[۷۷]

---

[۷۳] رِدَّه واقدی ۹۱

[۷۴] رِدَّه واقدی ۹۲

[۷۵] رِدَّه واقدی ۹۲

[۷۶] دیده شود: *واپسین روزهای زندگی محمد*، صفحهٔ ۲۲

[۷۷] البدایهٔ ابن کثیر ۳۵۲/۶؛ رِدَّه واقدی ۹۴

و متحدینش که در میدان مانده بودند به خالد تسلیم شدند. طبری می‌نویسد که آنها مسلمان شدند تا زندگی اهل و عیال خود را نجات دهند.[۷۸]

پس از پیروزی در جنگ، لشکر مسلمانان در بزاخهٔ مفتوحه باقی ماند و سپهسالار اسلام دسته‌هایی از جنگاوران را برای شکار آخرین فراریان دشمن از پی آنها فرستاد. بر پایهٔ گفتهٔ ابن اثیر و ابن کثیر[۷۹] همه آنانی که به چنگ می‌آمدند به بزاخه آورده شده و بیشتر شان بدون هیچ ترحمی، برخی با زنده سوزاندن، برخی با سنگسار کردن و برخی با افگندن به ته چاه یا پرتاب کردن از بالای کوه به قتل رسانده می شدند. ابن کثیر می‌نویسد که این سنگدلی به سبب آن بود تا سایر اعرابی را که مرتد شده و از دین برگشته بودند مایهٔ عبرت گردد[۸۰] و در دلِ کله‌شخ‌ترین‌ها و سرکش‌ترین‌ها دهشت اندازد، چنانکه این شیوه به زودی نتیجهٔ دلخواه به بار آورد. بر پایهٔ نوشتهٔ دیار بکری[۸۱] شمار زیادی از اعراب از وحشتِ مجازات از مرکز نجد برای بیعت به سوی خالد سرازیر شدند و شمار زیادی از اسیران از ترس جان اسلام آوردند یا سوگند خوردند که هرگز از مسلمانی رو نگردانده بودند. بادیه نشینان یکی پی دیگری به بیعت سوی خالد رو کردند.[۸۲] در میان انبوه اسیران جنگی که اضافه بر مقدار زیاد یغما و مال تاراج به دست مسلمانان افتاده بود دو متحد و متکای عمدهٔ طلیحه یعنی عیینه ابن حصن و قرّه ابن هبیره سران دو قبیلهٔ غطفان و بنی‌عامر نیز شامل بودند. خالد آنها را دست بسته و زنجیرپیچ یکجا با تودهٔ عظیم غنایم جنگی بحضور خلیفه به مدینه فرستاد.[۸۳]

---

[۷۸] تاریخ طبری ۲۶۴/۲

[۷۹] الکامل ابن اثیر ۲۰۷/۲؛ البدایهٔ ابن کثیر ۳۵۱/۶

[۸۰] البدایهٔ ابن کثیر ۳۵۱/۶

[۸۱] تاریخ الخمیس دیار بکری ۲۰۷/۲

[۸۲] تاریخ الخمیس دیار بکری ۲۰۸/۲

[۸۳] تاریخ الخمیس دیار بکری ۲۰۸/۲؛ تاریخ طبری ۲۶۳/۲

مسلمانان در دروازهٔ شهر برای تماشای عبور اسیران ازدحام کرده بودند. با شناختن عیینه ابن حصن مردم شروع به هو کردن و زدن او با شاخه های نخل نمودند و فریاد می‌زدند «ای دشمن خدا! تو پس از ایمان به الله از دین برگشتی و مرتد شدی!» و عیینه پاسخ می‌داد «من مرتد نیستم چون برای لحظه‌یی هم به خدای شما ایمان نداشتم.»[۸۴] عیینه پس از مدت‌ها عناد با محمد سر انجام بعد از آنکه صد شتر از سوی محمد به وی پیشکش شد هواخواه پیامبر گردیده بود،[۸۵] پس چگونه می‌توانست بگوید که هیچگاه به الله ایمان نیاورده بود؟ این تناقض آشکار یکبار دیگر نشان می‌دهد که در صدر اسلام دین و سیاست همزمان آمیخته با هم و گسسته از هم بودند، و می‌شد هم مسلمان بود و به خلیفه زکات نپرداخت، و نیز، مانند عیینه، پشتیبان پیغمبر بود و از نام او علیه اقوامی که همان زکات را نمی‌پرداختند به جنگ پرداخت ولی در عین زمان به الله هم اعتقاد نداشت. عیینه با رسیدن به حضور خلیفه خود را به پای او افگند و استرحام کرد و خلیفه نیز او را مشمول شفقت و بخشایش خود ساخت[۸۶] چون عیینه فلان و بهمانِ بی سر و پایی نبود بلکه خسر دنیادار و متمول سومین خلیفهٔ آینده عثمان ابن عفان تشریف داشت.

و اما، بخت با شخصیت برجستهٔ قبیلوی دیگر یعنی قرّه ابن هبیره چنین سازگار نبود. به مجردی که چشم ابوبکر بر او افتاد بانگ برکشید «سرش را بزنید!»[۸۷] قرّه که از ترس می‌لرزید از روی بیچارگی زارید «یا امیر مسلمین، من الحمدلله مسلمانم، عمرو ابن عاص گواه است و شهادت تواند دادن که مؤمن و مسلمانم، چون در خانه‌ام فرود

---

[۸۴] تاریخ الخمیس دیار بکری ۲۰۸/۲؛ البدایهٔ ابن کثیر ۳۵۰/۶؛ اکتفاء کلاعی ۳۲/۲؛ تاریخ طبری ۲۶۲/۲-۲۶۳؛ رِدَّه واقدی ۹۵

[۸۵] (توضیح مترجم: این رشوهٔ صد شتر از سوی محمد به عیینه بر اساس برنامهٔ «تألیف القلوب» که در آیهٔ ۶۰ سورهٔ توبه در قرآن به آن اشاره شده داده شد. دیده شود: *واپسین روزهای زندگی محمد*، صفحهٔ ۱۰۱)

[۸۶] اکتفاء کلاعی ۳۳/۲؛ رِدَّه واقدی ۹۶

[۸۷] رِدَّه واقدی ۹۶

آمده و بر سفره‌ام بنشسته و هم‌نمک شده‌ایم.» ابوبکر فرمود تا عمرو ابن عاص را فراخوانند. عمرو چون از قضیه آگاهی یافت، گفت «این راست باشد که پس از مرگ فرستادهٔ خدا چون از عُمان برمی‌گردیدم مرا بر املاک او گذر افتاد و در خانهٔ او نزول کردم و از من نیکو استقبال کرد، اما از وی بشنفتم که همی‌گفت "این ابوبکر چه کسی باشد که زکات طلبد؟" و همی‌گفت "او را هرگز بیعت می‌ندهم."» از روی این روایت، باید پرسید که آیا عمرو ابن عاص دروغ می‌گفت؟ وی تنها پس از فتح مکه اسلام آورده بود و هیچ باکی نداشت در هر فرصت مناسب تخم نفاق کارد، چنانکه پس از انتخاب ابوبکر به خلافت دیدیم که بر اخگر نفاق میان مهاجرین و انصار می دمید.[۸۸] قرّه ازین پاسخ عمرو سرخورده گردید و بر وی بانگ داد «چگونه چنین گویی؟! هرگز چنین نگفته‌ام!» عمرو با بی‌دردی مصرانه جواب داد «چنین گفتی، آنگاه که عزم کردی زکات از خلیفه دریغ داری! حتی محرمانه به من گفتی "اعراب را از دادن الإتاوه (باج) اکراه باشد، اگر آنانرا ازین کار معاف دارند منقاد گردند، در غیر آن ابوبکر را بیعت می‌ندهند."» قرّه با چهرهٔ درهم او را به چالش کشید: «چرا چنین گویی؟ بهره‌ات از چنین بار ملامت بر دوشم نهادن چه باشد؟» عمرو خاموش شد و سر به زیر افگند. درین هنگام عمر ابن خطاب آواز برکشید و عمرو را سرزنش نموده گفت «وای بر تو! نمک خوری و چنین نمکدان شکنی؟ کَرَمِ آنرا که ترا با اعزاز و اکرام بر سفرهٔ خود جا داد چنین پاداش دهی؟ او ترا محرم انگاشت و راز دل با تو باز گفت، کنون که دست بسته و در غل و زنجیرش بینی او را بیشتر خستن خواهی؟» عمرو با خجالت چشم بر زمین دوخت، پس عمر روی سوی ابوبکر کرد و گفت «ای خلیفهٔ فرستادهٔ خدا، قرّه سردار بنی‌عامر باشد و اندر میان اعراب او را پایهٔ رفیعی‌ست. التجا برم تا چون دیگران او را عفو داری.» ابوبکر پذیرفت تا خطای ماضی را بر قرّه و قبیله‌اش ببخشاید.[۸۹]

---

[۸۸] دیده شود: کشمکش، صفحات ۱۲۵-۱۲۶

[۸۹] اکتفاء کلاعی ۳۳/۲؛ رِدّه واقدی ۹۶-۹۹

طلیحهٔ فراری با قبیلهٔ بنی‌کلب در ارتفاعات شام پناه گرفت، و پس از شنیدن اخبار رأفت و بخشایندگی ابوبکر و اسلام آوری متحدین پیشینش نامه‌یی به خلیفه نوشت و طلب عفو و بخشش کرد و خود را مسلمان خواند و قصیدهٔ بلند و غرّایی در منقبت ابوبکر سرود که سخت بر دل خلیفه اثر کرد،[۹۰] ازینرو مانند عیینه و قرّه مورد عفو قرار گرفت و پسانترها در عهد خلافت عمر ابن خطاب به مدینه آمد و از مقربان خلیفهٔ دوم شد. بعدها خلیفه او را با سعد ابن ابی وقاص به فتح بین‌النهرین فرستاد و سر انجام مجاهد فی سبیل الله شناخته شد.[۹۱]

اما شمار زیادی از کسانی که در ائتلاف جنبش طلیحه شامل بودند از تسلیم شدن سر پیچیدند و در شورش و طغیان باقی ماندند. آنها توانستند از چنگ خالد بدر روند و سوی ظُفار (در عُمان امروزی) گریختند و با سلما بنت مالک ابن حذیفه ملقب به أم‌زِمل که زنی قدرتمند و صاحب جاه و مقام از عشیرهٔ فزاره — شاخهٔ عمدهٔ قبیلهٔ غطفان — بود پناه گرفتند.[۹۲] امزمل دختر عموی عیینه ابن حصن و دختر فاطمه بنت ربیعه بن بدر فزاری، شاعرهٔ معروف عرب بود که با لقب أم‌قِرفه یاد می‌شد. امقرفه نه تنها به سبب جاه و مکنتش بلکه به سبب عِز و وقارش زبانزد خاص و عام بود، حتی مردم می‌گفتند «هل فلان اَعِز من أم‌قرفه؟ (آیا فلان از امقرفه پر هیمنه‌تر است؟)»[۹۳]

---

[۹۰] رِدّه واقدی ۱۰۰

[۹۱] اُسد ابن اثیر ۴۷۷/۲؛ رِدّه واقدی ۱۰۱-۱۰۲

[۹۲] برای بیان احوال امزمل از منابع ذیل استفاده شده است: الکامل ابن اثیر ۲۰۷/۲؛ البدایهٔ ابن کثیر ۳۵۱/۶؛ تاریخ طبری ۲۶۵/۲؛ - و برای شرح احوال ظفار: معجم البلدان یاقوت ۶۰/۴

[۹۳] تاریخ الخمیس دیار بکری ۱۲/۲؛ سیرهٔ حلبی ۲۵۳/۳؛ سیرهٔ ابن هشام ۶۱۷/۲؛ روض سهیلی ۵۲۸/۷؛ تاریخ طبری ۲۶۵/۲

گفته می‌شد که وقتی دو عشیره میان هم ستیزه و پرخاش می‌داشتند، بسنده بود که ام‌قرفه ژوبینی در مرط (لُنگ)[۹۴] خود پیچد و آنرا به متخاصمین فرستد تا با هم کنار آیند و آشتی کنند.

ام‌قرفه هیچگاه اسلام نیاورد و همواره در ضدیت با دین جدید باقی ماند، که این عناد بر محمد سخت گران می‌آمد چون آن شاعرهٔ مغرور بس متنفذ و صاحب اعتبار بود. پیامبر او را دشمن اسلام خواند و به مرگ محکوم کرد و به پسر خواندهٔ خود زید ابن حارثه وظیفه سپرد تا او را که در آن زمان پیره زالی بود بکشد.[۹۵] زید در ماه رمضان سال ششم هجری (ژانویهٔ ۶۲۸) به وادی القریٰ[۹۶] جایی که ام‌قرفه می‌زیست، رفت و آن عجوزه را به چنگ آورد و به گونهٔ بس وحشیانه با بستن پاهایش به دو اسپ (برخی‌ها شتر نوشته‌اند) و با تازیانه تاراندن اسپان در دو جهت مخالف به قتل رساند. محدثین و سیره نویسان می‌نویسند که ام‌قرفه به معنی واقعی کلمه به دو نیمه از هم درانده شد.[۹۷] حَکَمه پسر ام‌قرفه نیز به دستور محمد به قتل رسید و دخترش سلما که بعدها ام‌زمل خوانده شد اسیر و به مدینه فرستاده شد و به کنیزی عایشه درآمد. پس از زمانی عایشه او را آزاد ساخت و ام‌زمل به موطن خود برگشت.[۹۸]

پنج سال بعدتر ام‌زمل با پذیرفتن و پناه دادن به مردانی که به سلطهٔ مدینه تن درنداده بودند فرصتی برای انتقام مرگ وحشتناک مادر و برادر خود دید. وی پناه‌گزینان را برانگیخت تا متحد گردند و به مقاومت خود ادامه دهند. همه شورشیان رهبری آن زن

---

[۹٤] (توضیح مترجم:) گر چه «مِرط» را می توان «لُنگ» ترجمه کرد، در اصل نوعی جامهٔ اکثراً نادوخته است که بر گرد خویش پیچند و در آن زمان در عربستان مرد و زن می‌پوشید و معمول بود.

[۹۵] گویند که ام‌قرفه مسلمان شد ولی سپس مرتد گردید و همین امر پیامبر را برانگیخت تا کشتن او را خواستار شود.

[۹۶] معجم البلدان یاقوت ۳۴۵/۵

[۹۷] تاریخ الخمیس دیار بکری ۱۲/۲؛ المنتظم ابن جوزی ۲۶۱/۳؛ عیون الأثر ابن سید الناس ۱۵۴/۲؛ طبقات ابن سعد ۹۰/۲؛ تاریخ طبری ۱۲۷/۲؛ المغازی واقدی ۵۶۵/۲

[۹۸] الکامل ابن اثیر ۲۰۷/۲؛ البدایه ابن کثیر ۳۵۱/۶؛ تاریخ طبری ۲۶۵/۲؛ معجم البلدان یاقوت ۳۱۴/۲

دلیر را که به سبب بهره‌مندی از ابهت و بزرگ منشی مادرش «أم‌قرفة کوچک» نام گرفته بود پذیرفتند. ام‌زمل سوار بر ناقهٔ مادرش مانند یک امازون[99] راستین در برابر چشمان مجذوب و بهت زدهٔ مردان قبیله‌اش فرماندهی شورشیان را به دست گرفت. حتی مؤلفین و سیره نویسان مسلمان در شرح کارنامه‌های حماسی ام‌زمل نتوانسته‌اند ستایش و تحسین خود از ورجاوندی آن زن دلیر را پنهان دارند.[100]

ام‌زمل جنگاوران خود را در روستایی به نام حَوْأب[101] که آبگاه مهمی بود گرد آورد. محدثین می‌نویسند که هنگامی که ام‌زمل هنوز کنیز عایشه بود پیامبر روزی به خانهٔ زوجهٔ دلخواه خود آمد و گفت «اینجا زنی‌ست که سگان حَوْأب را به عفیدن آرد.»[102] این پیشگویی که در آن زمان مبهم و سر در گم پنداشته می‌شد گویی اکنون به حقیقت پیوسته بود. خبر تجمع نیروهای ام‌زمل به زودی به خالد رسید و وی با نگرانی از قدرت و صلابت آن زن و خطری که از ناحیهٔ او متصور بود تصمیم گرفت بدون درنگ بیشتر خود بر وی حمله راه اندازد. جنگی که راه افتاد شدید و خونین بود. ام‌زمل مغرورانه چون ماده شیر ژیانی می‌جنگید. جنگاوری ام‌زمل و سپاهیانش خالد ابن ولید را که خود یل تهمتنی بود پریشان خاطر ساخت چون هرگز انتظار نداشت با چنین مقاومت شدیدی مواجه گردد. در واقع ام‌زمل از بالای هودج خود در پشت شتر بر نبردگاه چیره بود و جنگ را هدایت می‌کرد. این صحنه خالد را سخت برافروخته ساخت، چون می‌دانست که تنها با از میان بردن آن زن می‌توانست به پیروزی نایل گردد. گذشته از آن، اندیشهٔ اینکه زنی او – سیف الله المسلول/ تیغ آختهٔ الله – را در

---

[99] (توضیح مترجم:) امازون‌ها زنان سلحشور و بلندقامتی بودند که در آسیای صغیر (ترکیه امروزی) زندگی می‌کردند و در نبرد در برابر یونانیان می‌جنگیدند و به مهارت و دلیری در جنگ مشهور بودند.

[100] الکامل ابن اثیر ۲۰۷/۲؛ البدایهٔ ابن کثیر ۳۵۱/۶؛ تاریخ طبری ۲۶۵/۲

[101] معجم البلدان یاقوت ۳۱۴/۲

[102] الاصابه ابن حجر ۱۸۶/۸؛ تاریخ طبری ۲۶۵/۲ . این جملهٔ پیغمبر را اشاره به عایشه نیز تعبیر کرده‌اند چون وی سال‌ها بعد در هنگام جنگ جمل از منطقهٔ حَوْأب عبور کرد و سگان بر وی عفیدند.

میدان نبرد زبون سازد خرمن حمیت و غیرت مردانگی‌اش را آتش می‌زد، پس از سر خشم و اوقات تلخی بر جنگاوران خود نهیب زد «صد رأس مواشی هر آن کسی را عطاست که ناقهٔ سلما را با شمشیر از پا دراندازد!» سوارکاران مسلمان بر شتر ام‌زمل هجوم بردند، اما مردان پشتیبانش بر گرد او سپر انسانی ساختند. در کارزاری که راه افتاد کسی نه امان خواست و نه امان داد. صدها جنگنده در پیرامون ام‌زمل به خاک و خون افتادند. مسلمانان به وی نزدیک و نزدیکتر می‌شدند، یورش بر شترش را دوچندان کردند و توانستند پاهای حیوان را به شمشیر زنند. شتر از پا درآمد و محمل ام‌زمل بر زمین افتاد و خودش رو به خاک پرتاب شد. وقتی سر بالا کرد خالد ابن ولید را با تیغ آخته در بالای سر خود دید. مرد بی آنکه چشم بهم زند تیغ را فرود آورد.[۱۰۳] ام‌زمل در دم جان سپرد.

خالد با مباهات بر پیروزیی که اینچنین به دست آورده بود مژدهٔ ظفریابی بر عصیانگری چنان ژیان را به ابوبکر رساند، بی‌خبر از آنکه زن قدرتمند دیگری هنوز بر سر راهش قرار داشت که بس محنت بر خلیفه و مسلمانان آوردنی بود. آن زن سجاح مُتَنَبیه (دعوی‌گر پیغمبری) بود.

سجاح بنت حارث ابن سوید[۱۰۴] با کنیهٔ أم‌صادر متعلق به قبیلهٔ بنی‌تمیم بود که یکی از بزرگترین قبایل عرب شناخته می‌شد. وی از سوی مادر به قبیلهٔ مسیحی بنی‌تَغلِب در

---

[۱۰۳] الکامل ابن اثیر ۲۰۷/۲؛ البدایه ابن کثیر ۳۵۱/۶؛ تاریخ طبری ۲۶۵/۲

[۱۰۴] برای بیان روایات سجاح از منابع ذیل استفاده شده است: فتوح البلدان بلاذری ۱۳۸-۱۳۹؛ تاریخ الخمیس دیار بکری ۱۵۹/۲-۱۶۰؛ الکامل ابن اثیر ۲۱۰/۲-۲۱۲؛ المنتظم ابن جوزی ۲۲/۴-۲۴؛ البدایه ابن کثیر ۳۵۱/۶-۳۵۲؛ نهایة الأرب نویری ۷۵/۱۹

الجزیره[105] در بین‌النهرینِ علیا ریشه می‌رساند. (منابع و متون عربی الجزیره را نزدیک موصل در عراق امروزی قرار می‌دهند.) سجاح احتمالاً خود ترسایی بود یا کم از کم از خانوادۀ مادر خود در بارۀ مسیحیت زیاد آموخته بود. وی زن فرهمندی بود که خود را پیامبر خواند و به زودی پیروانی از قبایل پدر ومادرش (بنی تمیم و بنی‌تغلب) در گرد او حلقه زدند. محدثین و سیره نویسان در بارۀ عقاید و تعالیم دینی او تقریباً هیچ ننوشته‌اند. تنها آنچه در بارۀ او می‌دانیم اینست که وی خداوند را «رب السحاب (پروردگار ابرها)»[106] می‌نامید و الهامات خود را از بالای منبر در نثر مسجع ابلاغ می کرد و از خود حاجب و مؤذنی داشت.

با اعلام مرگ محمد سجاح به شورشیانی پیوست که شبه جزیرۀ عربستان را آشفته ساخته بودند. وی اندیشۀ حمله بر مدینه را پیش کشید، پس از بین‌النهرین به عربستان آمد و یکجا با چهار صد سوار جنگی به برانگیختن قبایلی پرداخت که می دانست با انتخاب ابوبکر به جانشینی محمد مخالف بودند. طبعاً نخستین قبیله‌یی که سجاح در آغاز پاییز سال ۶۳۲ طرح خود را با آن در میان گذاشت قبیلۀ پدری‌اش بنی‌تمیم بود. این قبیله در هنگام حیات پیامبر بصورت جمعی اسلام آورده بود و حتی در سال نهم هجری که به نام «عام الوفود (سال وفدها و هیئت‌های اعزامی)» یاد می‌شد[107] هیئتی را برای بیعت رسمی به محمد به مدینه فرستاد. پیامبر نیز چند تن از شیوخ قبیله را برای استیفای مالیۀ زکات از همتباران شان برگماشت.[108] از جملۀ کسانی که مستوفی تعیین شدند دو تن بیشتر با نام و نشان بودند: یکی زبرقان ابن بدر رئیس عشیرۀ بنی‌سعد که به سبب جمال و خوش سیمایی‌اش «قمر نجد» لقب گرفته بود، و دیگر مالک ابن نویره رئیس قدرتمند و بانفوذ عشیرۀ بنی‌یربوع بود که

---

[105] معجم البلدان یاقوت ۱۳۴/۲-۱۳۹ (توضیح مترجم: الجزیرۀ باستان در شمال شرق سوریۀ امروزی قرار داشت. با کشور الجزائر در شمال افریقا مغالطه نشود.)

[106] فتوح البلدان بلاذری ۱۳۸

[107] عِقد ابن ربه ۲۹۵/۱-۳۰۶

[108] شرح النهج ابن ابی الحدید ۲۱۱/۱۷، الکامل ابن اثیر ۲۰۹/۲؛ نهایة الأرب نویری ۷۵/۱۹

رادمردی و شجاعتش را مردم مثال می‌دادند و می‌گفتند «فتیً کمالک (جوانمرد چون مالک)». تهمتنان و قهرمانان عربستان را بعضاً به نام اسپ شان یاد می‌کردند، پس مردان قبیلهٔ مالک ابن نویره او را «فارس ذوالخمار (شهسوار ذوالخمار)» می‌خواندند چون ذوالخمار نام اسپ او بود. نام‌آوری مالک ابن نویره ازین نیز بود که زوجهٔ او لیلا بنت منهال که به نام أم‌تمیم یاد می‌شد یکی از زیباترین زنان عرب در روزگار خود و به سبب حسن و جمالش شهرهٔ آفاق بود.[۱۰۹]

با آگاهی از مرگ پیامبر، نمایندگانی که محمد برای استیفأ تعیین کرده بود بلا تکلیف ماندند و نمی‌دانستند با زکاتی که گرد آورده بودند چه کنند – آیا آنرا نگهدارند یا به خلیفهٔ جدید در مدینه بفرستند؟ شیوخ عشایر مختلف نمی‌توانستند روی این موضوع به توافق نظر رسند: شماری می‌خواستند به خلیفه بیعت کنند و شمار دیگری با آنکه از اسلام هرگز رو نگردانده بودند خلیفه را جانشین مشروع و بالاستحقاق پیامبر نمی دانستند. اختلاف نظر آنها آهسته آهسته پایهٔ وحدت و همبستگی قبیله را سست می کرد.

زبرقان ابن بدر به همتباران خود از عشیرهٔ بنی‌سعد توصیه کرد تا مانند قبیلهٔ طیء منقاد نظام جدید در مدینه شوند تا از سرنوشت قبایل متحد طلیحه برکنار مانند، اما همتبارانش کمتر شنیدند و حتی به زبرقان گفتند «مالیاتی که از ما ستاندی تا به محمد فرستی ما را باز ده! کنون که محمد مرده است مال‌مان و مالیات‌مان خودمان راست!» برخی استدلال می‌کردند که عوارض زکات نباید در مدینه متمرکز گردد بلکه باید از طریق مساجد محل به مصرف رسد.[۱۱۰] زبرقان برگرداندن زکاتِ گرفته شده را نپذیرفت و آنچه را گرد آورده بود به ابوبکر آورد و تسلیم کرد و با آغوش باز خلیفه استقبال شد. برخلاف، مالک ابن نویره تصمیم گرفت زکات گرد آورده شده را نگهدارد و شترانی را که مردم به عنوان صدقه داده بودند به ابوبکر ندهد. بر اساس نوشتهٔ واقدی، مالک حتی مردان قبیلهٔ خود را برانگیخت تا درهمی نیز به خلیفهٔ جدید

---

[۱۰۹] الاصابه ابن حجر ۵۶۱/۵؛ تاریخ الخمیس دیار بکری ۲۰۹/۲؛ تاریخ طبری ۲۶۸/۲

[۱۱۰] الکامل ابن اثیر ۲۰۹/۲؛ رِدّه واقدی ۶۸

نپردازند و اظهار داشت «فرستادهٔ خدا دیگر مرده است و شما را بیش از این الزام و تعهدی نباشد. زر و سیم‌تان نگهدارید چون شما را به آن بیشتر از دیگران احتیاج است.»[۱۱۱] به سبب خودداری از پرداخت صدقات و مالیات به خلیفه، مالک «الجفول (بازدارنده)» لقب گرفت.[۱۱۲] موضعگیری‌های متباین این دو شیخ اختلافات اجدادی داخل قبیلهٔ بنی‌تمیم را بیشتر ساخت و ابوبکر همانند جرگهٔ سقیفهٔ بنی‌ساعده از منازعات داخلی که مخالفینش را از هم می‌درید استفاده برد تا قدرت و سلطهٔ خود را قایم سازد.

سجاح با رسیدن به نزد همتباران خود متوجه افتراقات داخلی خانمان برانداز آنها گردید. برخی منابع[۱۱۳] می‌نویسند که قبایل مذکور در آستانهٔ جنگ داخلی قرار داشتند. شماری از عشایر نیز منتظر بودند ببینند سمت وزش باد کدام سو بود. سجاح به منطقهٔ الحَزن[۱۱۴] که قلمرو بنی‌یربوع بود رفت و نخست با مالک ابن نویره متنفذترین فرد آن قبیله به مذاکره نشست. مالک او را به انصراف از طرح حمله به مدینه قانع ساخت و حتی از او خواست وی – مالک ابن نویره – را در جنگش در برابر قبیلهٔ رقیب رَباب (با دو شاخهٔ آل‌ضَبَّه و بنی‌عبدمنات) که رقیب قبیلهٔ بنی‌تمیم بود یاری و همراهی کند. سجاح بدون شک به امید اینکه مالک ابن نویره را مدیون احسان خود سازد در جنگ در کنار او قرار گرفت ولی نتیجهٔ نبرد به شکست آنها انجامید. پس ازین ناکامی سجاح با شرمندگی از فریب خوردن و زیان دیدن از هرگونه اتحاد و ائتلاف با مالک روگرداند و با ترک قلمرو بنی‌تمیم سوی یمامه رو نهاد تا با مسیلمه ابن حبیب، دعوی‌گر دیگر پیامبری که با گذشت هر روز پرآوازه‌تر می‌شد پیمان اتحاد بندد. پیروان سجاح کوشیدند تا او را ازین کار باز دارند: «چه دانیم که مسیلمه ما را پذیرد؟ وی مُتَنَبی است (دعوی پیغمبری دارد) و دو پیامبر در یک قلمرو راست نایند!» ولی سجاح پاسخ

---

[۱۱۱] رِدَّه واقدی ۱۰۴

[۱۱۲] الإصابه ابن حجر ۵۶۱/۵؛ تاریخ الخمیس دیار بکری ۲۰۹/۲؛ رِدَّه واقدی ۱۰۴

[۱۱۳] الکامل ابن اثیر ۲۱۰/۲؛ المنتظم ابن جوزی ۲۲/۴؛ تاریخ طبری ۲۶۸/۲

[۱۱۴] معجم البلدان یاقوت ۲۵۴/۲–۲۵۵

داد «برخلاف آنچه گویید، من و مسیلمه کنون تنها پیامبران این دیاریم. ما را بباید با هم یکی گردیدن و خلایق را به دین خود خواندن. پروردگارم رب السحاب مرا فرماید تا رَوَم و سراغ مسیلمه را در یمامه گیرم.»[115] بدینگونه سجاح با پیروان پرشمارش برای چندی از صحنه دور شد.

و اما مالک ابن نویره از شکستی که از قبیلهٔ رباب خورد درس گرفت و با آنها صلح کرد تا خود را برای مقابله با لشکر خالد ابن ولید که به گونهٔ تهدیدآمیزی نزدیک و نزدیکتر می‌شد آماده سازد.[116] اتحاد چند روزهٔ مالک با سجاح قبایل سرکش را در محراق دید و توجه دستگاه خلافت قرار داده از کرده پشیمان ساخته بود، پس متحدین پیشین مالک از عشایر مختلف بنی‌تمیم به سرکردگی زبرقان ابن بدر و أقرع ابن حابس برای پیشگیری از حملهٔ بس محتمل مسلمانان به مدینه شتافتند تا با وساطت دوست مشترک شان طلحه ابن عبیدالله که پسر عم ابوبکر بود نزد خلیفه عرض حال کنند.[117] زبرقان چنین معروضه پیش کرد: «ما را پیروی از سجاح از آن بود که با لشکر بزرگ فراز آمد و ما را گزیری نبود. کنون که بر ما پشت کرده از کِرده و از ضلالت خود پشیمانیم و چنین خطایی هرگز باز می‌نکنیم! از همین روست که التجأ آورده‌ایم و استدعا داریم که ما را مستوفیانِ زکات بحرین مقرر فرما تا مالیات آن

---

[115] تاریخ طبری ۲۷۰/۲

[116] برای شرح این بخش سرگذشت مالک ابن نویره، بازسازی تاریخی ما بر منابع زیر پایه دارد: فتوح البلدان بلاذری ۱۳۶–۱۳۸؛ تاریخی ذهبی ۳۲/۳–۳۸؛ تاریخ الخمیس دیار بکری ۲۰۹/۲–۲۱۰؛ الکامل ابن اثیر ۲۱۷/۲–۲۱۴؛ المنتظم ابن جوزی ۷۸/۴–۷۹؛ البدایهٔ ابن کثیر ۳۵۴/۶–۳۵۵؛ نهایة الأرب نویری ۵۰۸۴/۱۹؛ تاریخ طبری ۲۶۸/۲–۲۷۵؛ رِدّه واقدی ۱۰۳–۱۰۸

[117] سِیَر ذهبی ۱۸/۳–۳۱

خطه گرد آریم و اندر میان عشایر بنی‌تمیم بخش کنیم تا آنها را به آغوش اسلام بازگشتی باشد و ضمانت کنیم که دیگر احدی در عصیان و ارتداد باقی بنماند.»[۱۱۸]

ابوبکر این پیشنهاد را پسندید و معاهده را بر سندی نوشت که عده‌یی از اصحاب پیامبر باید بر آن امضا می‌کردند، ولی وقتی طلحه عهدنامه را جهت امضا نزد عمر آورد عمر با عربده سند را پاره کرد و بانگ داد «اینرا هرگز نپذیرم و صحه بنگذارم!» طلحه خشماگین و غضب آلود نزد ابوبکر شکایت برد: «برگوی به من، اولی‌الامر کی باشد، تو یا عمر؟» ابوبکر با آرامی پاسخ داد «شما را بیعت به من است ولی متابعت از عمر!» طلحه با نگاه شگفت زده سویش دید. وی نیک آگاه بود که پس از احراز مقام خلافت ابوبکر هیچ تصمیمی بدون کسب تأیید عمر نمی‌گرفت، و حتی در نخستین هفته‌های زمامداری‌اش همه اختیارات را عمر در دست داشت چون خلیفه خود بیشتر اوقات در مدینه نمی‌بود.

ابوبکر دلیل مخالفت عمر را جویا شد. عمر پاسخ داد «چنانکه دانی، آنان با امتناع از دادن زکات سر به طغیان زدند. کرت دوم با پیروی از سجاح دست به بغاوت و عصیان زدند، پس چگونه بر آنان اعتماد توانی کرد؟ و کنون خواهی آنانرا پاداش و نقدینه دهی!؟ بل آنها را باید با لشکر کوفتن!» استدلال عمر خلیفه را مجاب ساخت، پس به خالد فرمان داد تا پویه به سوی سرزمین بنی‌تمیم را ادامه دهد. زبرقان و أقرع که دیدند روی انداختن به خلیفه نه تنها نتیجه نداد بلکه حتی پی‌آمد معکوس داشت، با دستان خالی برگشتند.[۱۱۹]

چون مالک از ناکامی مذاکرات آگاهی یافت از جنگاوران خود خواست تا پراگنده شوند و کوچکترین مقاومتی در برابر نیروهای خالد نشان ندهند. بخشی از قبیلهٔ بنی‌تمیم با آنکه از پرداخت زکات به خلیفهٔ جدید ابا ورزیده بود حزم و احتیاط داشت تا با نظام جدید مخالفت آشکار نشان ندهد، به خصوص آنکه نمونهٔ سرکوب شورش طلیحه در برابر دیدگان‌شان قرار داشت. مالک به گونهٔ اخص می‌بایست از گردن افرازی پرهیز

---

[۱۱۸] تاریخ طبری ۲۷۱/۲

[۱۱۹] تاریخ طبری ۲۷۱/۲

می‌کرد چون اتحاد مؤقتی و زودگذر او با سجاح بسنده بود تا اتهام ارتداد بر او وارد آید. و اما، گذشته از نپرداختن زکات به خلیفه، آیا او از اسلام دربست روگردانده بود؟ به بیان طبری وضعیت مالک ابن نویره پر از ابهام و تردید بود،[۱۲۰] اما از نگاه نیروی حاکم در مدینه که تحمل تردید و تذبذب را نداشت هر که خلافت را دوست نبود، دشمن بود.

لشکر خالد به سوی مالک به پیش می‌پویید. متون و نصوص در بارهٔ انگیزه‌های راستین این پویش دچار آشفتگی و سردرگمی اند. تصمیم حمله بر بنی‌تمیم را چه کسی گرفت؟ آیا این فیصلهٔ خلیفه واقعاً به تحریک عمر بود؟ بیشتر نویسندگان متون باستان بر آنند که از آنجاییکه در سر انجام کار خالد مالک را با دستان خویش به قتل رساند و سرش را در مجمر کباب کرد در واقع این ابتکارِ عملِ شخص او بود و وی بنابر انگیزه‌ها و دلایل خاص خودش این تصمیم را گرفت.[۱۲۱] هر چه بود، هیچ منبعی به این پرسش‌ها پاسخ صریح و قاطع نداده است که این خود سردرگمی در فتوای روا بودن یورش بر مالک و قومش را می‌رساند. از آنجاییکه مالک مرتد نبود بلکه صرفاً از پرداخت زکات به خلیفه سر باز زده بود، محدثین و سیره نویسان مدت‌های مدیدی روی مشروع بودن این حادثهٔ ننگین و نیز روی ماجرای رذالت آمیز و شرم‌آوری که خالد در حق مالک ابن نویره انجام داد (چنانکه بعداً خواهیم دید) میان هم مناقشات داغی داشتند.

روا و برحق بودن حمله بر مالک و قومش پیش از آنکه محدثین و سیره نویسان را به منازعه و مشاجره وادارد باعث نفاق و ستیزه در میان لشکریان خود خالد گردید، چون وقتی سرلشکر تصمیم حمله بر بنی‌تمیم را به سپاهیان خود ابلاغ کرد تنها مهاجرین اظهار آمادگی کردند تا امر او را اطاعت کنند و دیگران به خصوص انصار همه یکدست و یکصدا آنرا رد کرده اعتراض نمودند که خلیفه چنین هدایتی نداده بود. ثابت ابن قیس ابن شماس به خالد اظهار داشت «با تو می‌نرویم. ابوبکر ما را فرمود –

---

[۱۲۰] تاریخ طبری ۲۷۱/۲

[۱۲۱] رِدّه واقدی ۱۰۵

همانگونه که ترا نیز فرمود – تا آنگاه که دستور نفرستاده در اتراق بمانیم. می‌نبینی که دلیران زله شده اند؟» در برابر پاسخ خالد که دستور خلیفه به وی آن بود که بر بنی-تمیم حمله برد ثابت با ناباوری چهره در هم کشید، ولی خالد با برافروختگی ادامه داد «با این همه، خلیفه زعامت لشکر مرا فرموده است، من سردارم و حکم مراست و پاسخِ خلیفه را من دهم. پس مراست تا تصمیم گیرم، و آنچه گویم اینست که بر بنی-تمیم حمله باید کردن! این فرصت را از دست نباید دادن ولو آنکه ما را از خلیفه دستور کتبی در دست نباشد. مالک ما را در دسترس است، پس با یاری مهاجرین و آنانیکه آمادهٔ فرمانبرداری اند با جنگاورانم سوی او خواهیم تاخت، ولی شما را که می نخواهید اجباری نیست. شما مخیّرید که باز گردید.»[۱۲۲] سخنان قاطع خالد تردید و دو دلی انصار را زایل نساخت و انصار نیز نتوانستند او را از عزمش منصرف سازند، پس سپاه وفادار به خالد سوی بُطاح[۱۲۳] راه افتید که مشربه‌یی بود در نجد به فاصلهٔ چهار صد کیلومتر در شمال شرق مدینه و مالک و قومش در آنجا اردو زده بودند. با عزیمت خالد سوی بطاح به انصار ندامت و پشیمانی دست داد. «گر خالد را غنیمت و یغما به دست افتد هرآینه ما را از آن بهره‌یی نباشد، وگر او را ناگواری پیش آید همگان ما را سرزنش کنند و بیغاره زنند که در روز کارزار او را تنها بگذاردیم!»[۱۲۴] اغوای چپاول و تاراج ارادهٔ انصار را سست کرد، پس فردای آن به دنبال خالد شتافتند تا با لشکریانش بپیوندند. بدین گونه لشکر اسلام یک دست سوی بطاح سرازیر شد و به نزدیک آن اتراق کرد. لحظهٔ قتال فرا رسیده بود.

دانستنِ چگونگی این حمله و کشتار به سبب روایات متناقض در بارهٔ آنچه پس از آن واقع شد سخت پیچیده و درهم برهم است، اما آنچه همه راویان مختلف روی آن توافق نظر دارند اینست که هیچگونه رویارویی و برخورد مسلحانه میان لشکر خالد و طرفداران مالک ابن نویره صورت نگرفت. با شنیدن خبر رسیدن لشکر مسلمین مالک

---

[۱۲۲] تاریخ الخمیس دیار بکری ۲۰۹/۲؛ تاریخ طبری ۲۷۲/۲

[۱۲۳] معجم البلدان یاقوت ۵۴۵/۱–۵۴۶

[۱۲۴] الکامل ابن اثیر ۲۱۲/۲

افراد قبیلهٔ خود را فرا خواند و به آنها اظهار داشت: «پیروی از سجاح خطایی بود عظیم و اینک عاقبت آن ما را دامنگیر است. اگر خالد ما را اینجا انبوه و یکجا بیند، گمان بر آن برد که از بهر جنگ و مقابله کمر بسته‌ایم، پس بهتر آن باشد تا همگان پراگنده گردیم و به کاشانه‌های خود برگردیم تا اندیشهٔ حمله او را ز سر بدر شود.»[۱۲۵] با این گفته همه به خانه‌های خود بازگشتند و جز مالک و تنی چند از خویشاوندانش کمتر کسی در بطاح باقی ماند.

خالد که در آن هنگام (پایان سال یازدهم هجری – دسامبر ۶۳۲) در بیرون حصار بطاح اردو زده بود به چگونگی راه اندازی حمله می‌اندیشید. وی که بر ابهامِ درستی اقدامش آگاه بود می‌دانست که باید مرتد شدن مالک را محرز بنمایاند تا عملش مشروع و برحق جلوه کند، پس رهنمود خلیفه را در هنگام اردوکشی ذوالقصه به یاد آورد که گفته بود «پیش از آنکه حمله راه اندازی هر قومی را در هنگام دعوتِ اذان چند کس فرست، اگر بشنیدند و لبیک گفتند از آنها دست بردار وگر اذان نگفتند مرتدین‌اند پس بر آنان بتاز.» ازینرو شام آن روز دسته‌یی از جنگاوران خود را به سرکردگی ابوقتادهٔ انصاری فرستاد تا اِشراف کنند و احوال باز آرند. دستهٔ فرستاده شده پس از اندک زمانی با گروهی از مردان که مالک ابن نویره در میان‌شان بود و شاید کشیک می‌دادند سرخوردند. مالک از سربازان خالد پرسید «با سلاح رزم شما را اینجا چه کار؟ ما چون شما مؤمن و مسلمانیم!» ابوقتاده پاسخ داد «از بهر این دعوی ما را ثبوت باید.» مالک گفت «این که هیچ دشوار نیست. سلاح بر زمین گذاریم و همه از بهر نماز به خانهٔ من رویم.»[۱۲۶] همه پذیرفتند ولی به مجرد آنکه مالک و همراهانش تیغ بر زمین گذاشتند جنگاوران خالد بر آنها یورش بردند و همه به شمول زوجهٔ مالک را اسیر کردند و با خود به خیمهٔ سردار لشکر کشاندند. خالد با دیدن اسیران امر کرد تا افدرزاده‌های مالک را سر ببُرند. مالک وحشت‌زده با اعتراض فریاد زد «ما مسلمانیم! چرا باید ما را سر از تن جدا کنی؟» ابوقتاده مداخله کرد و گواهی داد «اینان مسلمانند،

---

[۱۲۵] تاریخ طبری ۲۷۲/۲

[۱۲۶] تاریخ الخمیس دیار بکری ۲۰۹/۲

من خود شاهدم چون با ما نماز گزارده‌اند. به یاد آر که خلیفه ما را از کشتن کسی که نماز گزارد بر حذر داشته است! این مردم را کشتن روا نبود!»[۱۲۷]

خالد ازین گفته شرمنده گردید، پس سوی سایر اعضای دسته‌یی که فرستاده بود رو کرد و پرسید «این گواهی ابوقتاده شما را راست آید و آنرا تأیید همی‌دارید؟» پاسخ آنها یک آواز و بی‌تردید نبود. شماری زیر لب «آری» گفتند ولی دیگران منکر شدند و گفتند «نه، نماز نخواندند، اینان مرگ را سزاوارند.» خالد ازین گواهی متناقض سر در گم شد پس با ترس از اعتراض لشکریانش نخواست به فیصلهٔ شتاب زده برسد. از سوی دیگر ناوقتِ شب بود، ازینرو به افراد خود گفت «فردا تصمیم خواهم گرفت. مالک و همرهانش را اسیر نگهدارید و دیگران روید و خسپید.» وی خواست تا عم-زادگان مالک را از خیمه‌اش بیرون برند ولی افزود «مالک و زنش را اینجا با من گذارید.» اسیران را غل و زنجیر پیچ بیرون بردند تا در آن شبی که به حوالهٔ نصوص و متون زمهریر زمستانی بود در زیر سقفِ ستارگان شب را به صبح رسانند.[۱۲۸]

در داخل خیمه خالد دستان خود را بالای مجمری گرم می‌کرد و از ورای زبانه‌های آتش به مالک و زوجهٔ مه‌لقا و پری‌پیکرش لیلا بنت منهال خیره شده بود. زوج اسیر نیز به سوی خالد با آن قامت ستبر و چهرهٔ رنگ پریده‌اش چشم دوخته بودند. ریش انبوه ابن ولید داغ‌های چیچک روی گونهٔ چپش را پوشانده بود.[۱۲۹] روشنایی شعله‌های رقصان به او نمای غیرواقعی داده بود. در سنگینی سکوت تنها صدای ترقس آتش شنیده می‌شد.

ناگهان کسی به داخل خیمه آمد و ندا داد «ای خالد، در بیرون هوا هر لحظه سرد و سردتر می‌شود و اسیران از خنک می‌لرزند. چه باید کرد؟» سردار لشکر از جا برخاست و سوی پردهٔ درِ خیمه رفت. وقتی از کنار لیلا رد می‌شد لرزه بر اندام زن اسیر افتاد. خالد در مدخل خیمه ایستاد و بانگ برآورد «ادفئوا أسرائکم (اسیران‌تانرا گرم سازید)!»

---

[۱۲۷] تاریخ طبری ۲۷۳/۲

[۱۲۸] تاریخ طبری ۲۷۳/۲

[۱۲۹] فتوح الشام واقدی ۲۴/۱

و سپس به جایش در کنار مجمر برگشت و از میان شعله‌های آتش دوباره به مالک و زنش چشم دوخت. دقیقه‌یی چند نگذشته بود که مرد دیگری به درون خیمه شتافت و فریاد برآورد «همه اسیران را کشتند! سپاهیان فرمانت را به خطا درک کردند!» در واقع، وقتی نگهبانان شنیدند که خالد بانگ داد «ادفئوا أسرائکم!» شماری از جا برجستند و اسیران را سربریدند. ابن حجر، ابن اثیر و طبری توضیح می‌دارند[۱۳۰] که در گویش مردم بنی‌کنانه که قبیله‌یی متوطن در نواحی مکه بود «اسیران‌تانرا گرم سازید» کنایتاً به معنی «اسیران تانرا بکشید» دانسته می‌شد.

با آگاهی بر «اشتباهی» که رفته بود خالد شانه‌هایش را بالا انداخت و با بی‌تفاوتی اظهار داشت «إذا أراد الله أمراً أصابه (وقتی خداوند چیزی را اراده کند آنرا به انجام رساند)».[۱۳۱] خالد به جای خود رو در روی مالک برگشت و نشست. زن مالک در گوشهٔ خیمه روی زمین افتاده بود. مالک به او خیره شد. زن مالک زیباتر از آن بود که تصور می‌کرد و او به مشکل می‌توانست چشمان خود را از سیر بر پیکر دلربای او مانع شود. مالک با دیدن کوک ماندن چشمان شهوت‌زدهٔ خالد بر زنش سوی زوجهٔ خود رو کرد و آهسته گفت «قَتلتَنی (مرا کشتی)!»[۱۳۲] که منظور آن بود «به خاطر تو مرا خواهد کشت». سپس نگاهی انداخت به مردی که دست به قبضهٔ شمشیر در پشت سر خالد ایستاده بود. او را می‌شناخت: او ضرار ابن الأزوَر از قبیلهٔ بنی‌اسد بود، قبیله‌یی که از مدت‌های مدیدی با قبیلهٔ مالک در جنگ و دشمنی قرار داشت. مالک دانست که پایان زندگی‌اش فرا رسیده بود.

ناگهان آواز خالد سکوت را شکست: «ما را آگهی رسیده که تو به سجاح، ماده پیغمبر دروغین ایمان آوردی و او را پیرو شدی!» مالک با صدای آرامی پاسخ داد «این سخن راست نباشد. قبیلهٔ من هیچگاه به سجاح ایمان نیاورد و او را پیشوا نپنداشت. ما را تنها با او در ستیزهٔ مان با بنی‌رباب پیمان و همسویی بود و بس. چون سجاح عزم بر

---

[۱۳۰] الإصابه ابن حجر ۵۶۱/۵؛ الکامل ابن اثیر ۲۱۳/۲؛ تاریخ طبری ۲۷۳/۲

[۱۳۱] تاریخ طبری ۲۷۳/۲

[۱۳۲] الإصابه ابن حجر ۷۵۵/۵

آن کرد که با مسیلمه بپیوندد، عزم ما بر آن شد تا از او روی برتابیم و همه پیوند و پیمان با او بگسلیم. ما می‌نخواستیم در هیچ محاربه‌یی درگیر باشیم.» خالد چیزی نگفت. نگاهش در شعله‌های آتش گم بود. پس از لحظه‌یی لب به سخن گشود. «بر آنچه گویی مرا یقین نباشد! من ترا مرتد شناسم و ریختن خونت روا دانم!» برای مالک شکی نماند که مرگ او حتمی بود. «تو به قتلم کمر بسته‌ای در حالی که مسلمانم و نمازگزار! من با ابوقتاده یکجا نماز گزارده‌ام، گواهی او را همین دم بشنیدی!» نگاهی سوی زوجهٔ خود که آنطرفتر بر زمین افتاده بود انداخت و ادامه داد «خدا را، راست گوی، از بهر اوست که مرا خواهی کشتن، مگر چنین نیست؟»[۱۳۳]

سرلشکر مسلمانان وانمود که حرف مالک را نشنید. «سخنم با تو اندر باب نماز نبود. تو از دادن زکات به خلیفهٔ فرستادهٔ خدا ابا ورزیده‌ای، و این بر ارتداد تو مرا برهان و حجتِ بسنده باشد! گر تو مسلمان مؤمن بودی زکات می‌بپرداختی، لاکن گویند که همتباران قبیله‌ات را فرمودی تا صدقهٔ شتران را از خلیفه باز دارند. ای نگون بخت، می‌ندانی که زکات را از ایمان منفصل کردن نتوان؟»

— «این آن چیزیست که یار همدمت گوید.»

خالد ناگهان در حالی که خشم و کینه از چشمانش برق می‌زد از جا برجست.

— «یار همدمم!؟ از فرستادهٔ خدا تو چنین یاد کنی؟ یعنی اینکه او مرا یار و همدم است ولی ترا نیست؟»

مالک ترسیده پاسخ داد «حاشا لله که چنین گفته باشم! از "یار همدمت" گفتن کنایه از فرستادهٔ خدا نه بل از ابوبکر بود!»[۱۳۴] خالد با سر به ضرار اشاره کرد تا سوی مالک گام پیش گذارد. لیلا چیغ برآورد و کوشید خود را بر شوهرش اندازد تا از او محافظت کند. مالک به تکرار آهسته گفتش «از بهر توست که مرا می‌کشد!» سخنش به پایان نرسیده بود که احساس کرد دستی بر موهای پرپشتش چنگ انداخت. ضرار با یک ضربهٔ ناگهانی شمشیر سر مالک را از تنش جدا کرد و پیش پای خالد انداخت.

---

[۱۳۳] رِدّه واقدی ۱۰۷

[۱۳۴] البدایهٔ ابن کثیر ۳۵۴/۲

سیف‌الله المسلول خالد ابن ولید بی‌درنگ خم شد و آن سر بریده را که سویش لولیده بود برداشت و از خیمه بیرون رفت. در بیرون خیمه از سربازان نگهبان که در دیگی در بالای منقلی گوشت می‌پزیدند خواست تا آن سر بی‌تنه را در میان دو قوغ بزرگ زغال بگذارند، و در پی آن افزود تا از سرهای بی‌تنهٔ زندانیانی که لحظهٔ پیش گردن زده بودند برای دیگی که بر آتش داشتند سه‌پایه درست کنند. منابع و متونی[۱۳۵] که جزئیات این دیوسیرتی تبهکارانه را گزارش می‌دهند بیان می‌دارند که همه سرهایی که روی آتش گذاشته شدند پاک سوختند جز سر مالک ابن نویره، و گوشت داخل دیگ پخته شد بدون آنکه سر نویره بسوزد چون موهایش آنقدر پرپشت بودند که دود آنها هنگام سوختن مانع رسیدن آتش به کاسهٔ سرش شد. ابن بکار می نویسد: «فأكَلَ مِنها خالدُ تِلکَ اللَیلَةَ لِیَرهب بِذالک الأعراب مِن المُرتدَّة و غیرهم (و از آن خورد آنشب مالک تا به وحشت اندازد اعراب (بادیه نشینان) مرتد و غیر آنان را)»[۱۳۶] بیان ابهام آمیزی که محدثین و سیره نویسان برای شرح این ماجرا بکار برده اند نشان دهندهٔ آنست که خالد نه تنها از گوشت داخل دیگ تناول کرد بلکه در زیر نگاهان وحشت زدهٔ سربازانش از گوشت کلهٔ مالک ابن نویره نیز خورد.

خالد پس از فراغت از طعامِ وحشت انگیز خود به خیمه برگشت. لیلا بنت منهال زوجهٔ مالک که از فرط دهشت خشک و کرخت مانده بود از ترس و خنک می‌لرزید. خالد نگاه شهوت‌باری سویش انداخت و گفت «تو امشب زن منی» و در حالی که لبخندی از رضایت بر لبانش نقش بسته بود سوی زنی که چمبلک افتاده بود و چون برگ می لرزید نزدیک شد. زن می‌دانست که مقاومت فایده‌یی نداشت. محدثین و سیره نویسان متفق‌القولند که خالد در همان شبی که شوهر ام‌تمیم لیلا بنت منهال را سر برید با او «ازدواج» کرد، چنانکه واقدی می‌نویسد «فیَقُالُ إِنّ خَالَدِ بَنَ الوَلَیدِ تزَوّجَ بِامْرَأةِ مَالکٍ

[۱۳۵] تاریخ الخمیس دیار بکری ۲۰۹/۲؛ الأخبار ابن بکار ۵۰۲؛ البدایهٔ ابن کثیر ۳۵۴/۶؛ نهایة الأرب نویری ۵۱/۱۹؛ تاریخ طبری ۲۷۳/۲؛ رِدَّه واقدی ۱۰۵

[۱۳۶] البدایهٔ ابن کثیر ۳۵۴/۶ (توضیح مترجم: در متون عربی پارین، واژهٔ «اعراب» در زمینه و سیاقی چنین بیشتر به مفهوم بادیه نشینان به کار گرفته می‌شد.)

وَدَخلَ بِهاَ وَعلَیَ ذَلکَ أجْمعَ أهْلَ العْلْمِ (و گفته می‌شود که خالد ابن ولید با زن مالک ازدواج کرد و به او دخول نمود و به این همه اهل علم اجماع دارند)»[۱۳۷] برای توجیه این رذالتی که برای «تیغ آختهٔ الله – سیف‌الله المسلول» شرف و آبرویی باقی نمی گذاشت و جهت تبرئهٔ او – نه از رذالت تجاوز به عنف بلکه از آنچه از نگاه آنان گناه بزرگتر بود یعنی از عدم مراعات دورهٔ سه ماههٔ عدت زن پس از مرگ شوهرش – برخی سیره نویسان[۱۳۸] خلاف هرگونه قراین و احتمالات ادعا دارند که مالک مدتی پیش از مرگش زن خود را طلاق داده بود. مؤلفین زیادی چون واقدی[۱۳۹] بر آنند که یگانه هدف حمله‌یی که خالد راه انداخت به دست آوردن آن زن بود...

فردای آنروز سربازان مسلمان ماجرا را به ابوقتاده که شب پیشتر زودتر خوابیده و از دنیا بی‌خبر بود بازگفتند و به او سر کباب شدهٔ مالک را نشان دادند. ابوقتاده بسوی خالد پرید و سیلی از ناسزا و دشنام بر او ریخت: «خدا لعنتت کناد! دیگر هرگز به فرمان تو پا پیش نگذارم! دیگر هرگز در کنار تو در هیچ نبردی تیغ از نیام برنکشم! تو مسلمانی را کشتی و زوجه‌اش را در همان شب عفت زدودی! رذالتی چنین را هرگز نتوان بخشید! آرام نگیرم تا داد نخواهم!»[۱۴۰] ابوقتاده بی درنگ با انزجار و اشمئزاز سوی مدینه روانه شد تا خبر این فضیحت را به خلیفه رساند،[۱۴۱] اما خالد از خشم و بیم‌دهی‌های او خمی به ابرو نیاورد و با خونسردی در مدخل خیمه سوار بر اسپ شدن و با تاخت از آنجا دور گردیدن ابوقتاده را به تماشا ایستاد. فضا از بوی کله های کباب شده آگنده بود. خالد به سوی کلهٔ سوختهٔ مالک که هنوز می‌شد چهرهٔ او را تشخیص

---

[۱۳۷] رِدَّه واقدی ۱۰۵

[۱۳۸] تاریخ الخمیس دیار بکری ۲۰۹/۲

[۱۳۹] رِدَّه واقدی ۱۰۷

[۱۴۰] سِیَر ذهبی ۲۳۰/۳؛ اُسد ابن اثیر ۵۸۷/۱

[۱۴۱] تاریخ الخمیس دیار بکری ۲۰۹/۲؛ البدایه ابن کثیر ۳۵۴/۶؛ نهایة الأرب نویری ۵۱/۱۹؛ تاریخ طبری ۲۷۳/۲؛ رِدَّه واقدی ۱۰۵

داد خیره شد. ابن بکار روایت می کند[142] که هیچ کس گام پیش نگذاشت تا کلهٔ سوختهٔ آن مرد تیره بخت را به خاک بسپارد تا شخصی به نام منهال التمیمی که شاید پدر لیلا و خسر مالک بود پیش آمد، سر را در پارچه قماشی پیچید و آنرا دفن کرد.

به مجرد رسیدن به مدینه ابوقتاده خود را بی‌درنگ به خانهٔ خلیفه رساند و سرراست نزد خلیفه شتافت. عمر نیز آنجا بود. ابوقتاده با نفس سوخته همه آنچه واقع شده بود را از کشتار تبهکارانهٔ مسلمانان تا کباب کردن کلهٔ مالک ابن نویره و تجاوز به عفت زوجه‌اش به خلیفه باز گفت. چهرهٔ لاغر ابوبکر با شنیدن جزئیات چندش‌آور ماجرا درهم شد، ولی عمر چون شاهینی که صاعقه‌وار بر نخجیری فرود آید بر گزارش ابوقتاده چنگ یازید: «ابن ولید را بدون لحظه‌یی درنگ عزل باید کردن! تیغ او نه از بهر جهاد بل از بهر فساد آخته است!»[143] خلیفه برای حفظ آرامش کوشید به دیوسیرتی خالد ابن ولید صبغهٔ تخفیف دهد: «این خطایی برخاسته از بی‌درایتی بُوَد ... وقایعی چنین گاهی اتفاق افتند!» عمر عربده کشید «خطایی که سزایی جز مرگ آنرا درخور نباشد!» ابوبکر از خشم آوری دوستش که هرگز به نرم دلی و لطافت مزاج شهره نبود شگفت زده شد. عمر غضبناک ادامه داد «به یاد آر که پس از سرکوب طلیحه، خالد گریزیان او را امان نداد و زنده زنده در آتش بسوزانید! وی آنانرا به عقوبتی گرفتار ساخت که تنها در حیطهٔ مشیت خدای تبارک و تعالی باشد؛ سوزاندن کفار در آتش تنها حق الله بُوَد و لاغیر!»»[144] این گفتهٔ عمر ذهن ابوبکر را نیش زد و او را سرافگنده ساخت چون او خود نیز بُجَیر ابن ایاس ابن عبدیالیل معروف به الفجائه را چنان زنده در آتش سوختانده بود. پس با تقلا پاسخ داد «ای عمر! مگر فراموش کرده‌ای کاندر باب چه کسی سخن گوییم؟ این همان‌ست که فرستادهٔ خدایش "سیف

---

[142] الاخبار ابن بکّار ۵۰۲

[143] البدایه ابن کثیر ۳۵۴/۶؛ تاریخ طبری ۲۷۳/۲

[144] سِیَر ذهبی ۲۲۷/۳؛ تاریخ دمشق ابن عساکر ۲۴۰/۱۶؛ این گفته اشاره‌ایست به حدیثی از پیامبر: سنن ابوداود ۳۳۶/۴؛ صحیح بخاری ۶۱/۴؛ مصنف ابن ابی شیبه ۳۶۷/۱۱؛ سنن نسائی ۴۴۱/۳؛ المعجم الکبیر طبرانی ۳۱۵/۱۱

الله المسلول" لقب داد و او را تیغ آخته‌یی در برابر کفار خواند. چگونه توانم تیغی را که خداوند در برابر کفار آخته اندر نیام کنم؟»[۱۴۵] عمر با شگفتی سویش دید. «حرف بر سر همین باشد. این نه بر کافران است که وی تیغ از بهر قتال برکشیده، بل مسلمانانند که می‌کُشد و بر زنان‌شان درمی‌سپوزد و عفت‌شان برباد همی‌دهد! آنچه او کرده حاشا و اغماض نپذیرد! چگونه توانیم شناعتی چنین را برتابیم؟ مگر نشنیدی ابوقتاده همین دم چه گفت؟ از کله‌های مسلمین مر دیگِ خورشتِ سپاهیان را دیگدان سازد! او را عزل چه که سنگسار باید کرد!»[۱۴۶] با اینهم، ابوبکر با خیره‌سری از حمایت خالد ابن ولید دست برنداشت. شاید در چشم‌پوشی ابوبکر از شناعت و رذالت خالد این حقیقت بی اثر نبود که خالد خواهرزادهٔ أسماء بنت عمیس زوجهٔ پرنفوذ خلیفه بود و خلیفه امید داشت افتضاحی که خالد به بار آورده بود به اثر چشم پوشی او رفته رفته به فراموشی سپرده خواهد شد.

ولی چنین نشد. چند روز بعدتر متمم ابن نویره برادر مالک به مدینه رسید و با چشمان اشکبار وارد خانهٔ ابوبکر شد و در حالی که گریه امانش نمی‌داد در بارهٔ مرگ برادر خود و اینکه خالد ابن ولید همه افراد قبیله‌اش را به بردگی کشیده بود به خلیفه گفت. عمر که با متمم یکجا آمده بود او را بیشتر برمی‌انگیخت تا به خلیفه عرض حال کند.[۱۴۷] برادر منکوب مالک، در حالی که بازو بر کمانِ تیراندازیِ خود گذاشته بود اشعار سوزناکی را که در رثای برادر خود سروده بود برخواند. سوگنامهٔ متمم ابن نویره در مرگ برادرش تا امروز شاهکار بی‌زوال سوگسرودها در ادبیات عرب شناخته می‌شود. گفته می‌شود که متمم از هجوم درد و غم به مدت یکسال خواب نداشت. گویند که او یک چشم بود، و آن یک چشمش از گریهٔ بسیار از کاسه بیرون افتاد. اشعار سوزندهٔ او بر عمر سخت اثر کرد، چنانکه بعدها وقتی خود برادر خودش زید را در جنگ یمامه از

---

[۱۴۵] البدایه ابن کثیر ۳۵۴/۶؛ تاریخ طبری ۲۷۳/۲

[۱۴۶] البدایه ابن کثیر ۳۵۴/۶؛ نهایة الأرب نویری ۸۴/۱۹

[۱۴۷] الکامل ابن اثیر ۲۱۳/۲

دست داد به متمم گفت «ای کاش توانستمی در اندوه برادر چون تو شعر گفتمی!» و متمم پاسخ داد «ای ابوحفص، گر برادر من به مرگی چون برادر تو درگذشتی، هرگز چنان مرثیه‌یی در سوگ او نسرودمی!» عمر بعدها می‌گفت که گفتهٔ هیچ کسی چون گفتهٔ متمم غم او را در مرگ برادرش تسکین نداد.[۱۴۸] سوگسرود متمم بر خلیفه نیز اثر ژرف گذاشت و باعث شد تا پرداخت دیه (خونبها) را به متمم پیشنهاد کند. با چنین پیشنهادی خلیفه به گونهٔ غیرمستقیم تأیید کرد که خالد «خطا»یی مرتکب شده بود. خلیفه همیچنین بلافاصله به خالد نامه نوشت و از او خواست اعضای قبیلهٔ مالک را بی‌درنگ از قید بردگی آزاد سازد.[۱۴۹]

علی‌رغم چنین دلجویی‌ها، آمدن متمم به مدینه ماجرا را بار دیگر بر سر زبانها انداخت و فرصت را برای عمر مساعد ساخت تا یکبار دیگر اتهامات را دامن زند و خلیفه را برانگیزد تا خالد را از سرلشکری برکنار سازد. وی از افزایش فشار بر خلیفه دست برنمی‌داشت و هر جا می‌رسید از آنچه خالد بر سر مالک آورده بود باز می‌گفت. رسوایی و بدنامی به جایی رسید که ابوبکر سرانجام ناچار شد خالد را فراخواند تا جوابگوی زشتی عمل خود گردد. عمر ازین کار راضی بود و با خود می‌اندیشید که فراخوان خلیفه به معنی سبکدوشی خالد خواهد بود. وقتی روزی چند پسانتر آگهی یافت که آن سردار آدمخوار به نزدیک مدینه رسیده بود، در مسجدی که در کنار خانهٔ ابوبکر قرار داشت در انتظار نشست تا پیش از آنکه خالد به حضور خلیفه رسد راه او گیرد.

ابوبکر از روی عادت هر روز پس از ادای نماز بامداد به خانه برمی‌گشت و به کسانی که می‌خواستند به حضور او رسند بار می‌داد. بلال مؤذن پیامبر اکنون حاجب خلیفه شده بود و هر که می‌خواست به خلیفه رسد باید از پرویزن او می‌گذشت. با رسیدن به دروازهٔ شهر مدینه، خالد با آگهی ازینکه خلیفه به تحریک عمر از او سخت دلخور بود به بلال مبلغی پول فرستاد تا او را بدون اینکه عمر اجازهٔ ورود یابد به حضور خلیفه بار

---

[۱۴۸] الکامل ابن اثیر ۲۱۴/۲

[۱۴۹] البدایه ابن کثیر ۳۵۴/۶

دهد[۱۵۰] چون می‌خواست با خلیفه در خلوت گفتگو کند. بلال پول را پذیرفت و به خالد پیام داد تا بامداد زود نزد خلیفه آید چون فرصت مناسب دیدار به تنهایی با خلیفه همان گاه بود.[۱۵۱] اما آمدن سردار لشکر اسلام به مدینه مناسبتی نبود که به خاموشی گذرد. مردم در مسیر راهی که به مسجد و خانهٔ خلیفه می‌انجامید گرد آمدند و کسی با ترس و کسی هم با ستایش و تحسین به تماشای گذشتن او ایستاد. خالد ردایی که از جوشن پوشی زیاد سیاه شده بود به تن داشت. سپر آهنینش از خون‌هایی که بر آن پاشیده بود زنگ خورده و پیکان‌های آغشته به خون قربانیانش در کلاهخودش نشسته بودند.[۱۵۲] با رسیدن به مسجد، خالد با شگفتی عمر را در انتظار خود یافت. آن دو لحظه‌یی چشم در چشم به یکدیگر خیره شدند. شاهدان صحنه نفس در سینه قید کرده با حیرت به شباهت چشمگیر ظاهری میان خالد ابن ولید و عمر ابن خطاب که نمای دو برادر همزاد را داشتند می‌دیدند. این شباهت ظاهری میان آن دو در متون تاریخی بارها ذکر گردیده و روایاتی در باب اینکه چگونه اصحاب پیامبر گاهی یکی را به جای دیگری اشتباه می‌گرفتند در کتاب‌ها ثبت اند.[۱۵۳]

عمر نتوانست خونسردی خود را نگهدارد، پس سوی خالد جهید و از گلویش گرفت و با خشونت پیکان‌ها را از کلاهخودش برکند[۱۵۴] و بانگ برآورد «تو مسلمانی را کشتی و بر زنش تجاوز کردی! مرا عظیم سوگندی‌ست که رجم (سنگسار) خواهمت کردن!» خالد در برابر این ستیزه پاسخی نداد و آرام به راه خود ادامه داد و به خانهٔ خلیفه داخل شد. در عقب خود نعرهٔ عمر را می‌شنید که بانگ می‌داد «سوگند خورم که گر روزی

---

[۱۵۰] سِیَر ذهبی ۳/۲۱۰-۲۱۹

[۱۵۱] تاریخ طبری ۲/۲۷۴

[۱۵۲] تاریخ طبری ۲/۲۷۴ . ابن اثیر در کتاب أسدالغابه (۱/۵۸۷) می‌نویسد که خالد تار مویی از پیامبر را برای دفع بلا در کلاهخود خود نگه می داشت. در جریان یکی از نبردهایش در شام (سوریه) وی آن تعویذ گرانبها را گم کرد، پس با دستپاچگی هر سو می‌دوید و فریاد می‌زد «کلاهخودم کجاست؟! کلاهخودم کجاست؟!» همچنین دیده شود تاریخ دمشق ابن عساکر ۱۶/۲۳۷

[۱۵۳] تاریخ دمشق ابن عساکر ۱۶/۲۲۴؛ الاصابه ابن حجر ۲/۲۱۹

[۱۵۴] الکامل ابن اثیر ۲/۲۱۳؛ تاریخ طبری ۲/۲۷۴

قدرت به دستم رسد از تو انتقام گیرم!» دوسال بعدتر وی این تهدید خود را به جا آورد و در روز پس از جلوسش به حیث خلیفهٔ دوم، نخستین فرمانش عزل خالد ابن ولید بود.[۱۵۵]

اما دمِ نقد عمر به دنبال کردن خالد به درون خانهٔ خلیفه اکتفا کرد، چون ترس از آن داشت که مبادا در غیاب او خالد بتواند ابوبکر را مرهم کند. اما بلال دست پیش آورد و سد راهش شد، و با گفتن «نه، جانشین فرستادهٔ خدا دو به دو با خالد دیدن خواهد» او را از ورود به خانهٔ خلیفه مانع گردید. گوش های عمر از شدت خشم طنین انداز شدند ولی کاری از دستش بر نمی‌آمد، پس ناچار بیرونِ در ماند و بیصبرانه اینسو و آنسو گام برمی‌داشت تا بر پیامد دیدار خالد با ابوبکر آگاهی یابد.

خلیفه از خالد با سردی پذیرایی نمود.

— «شنیدم مرد مسلمانی را کشتی و زنش را به زور گرفتی!»

خالد با خونسردی پاسخ داد «ای خلیفه! فراموش کرده‌ای که فرستادهٔ خدا مرا "سیف الله المسلول" می خواند؟»

— «نه، فراموش نکرده‌ام»

— «پس "تیغ آختهٔ الله" جز بر گردن کافران، منافقین و مرتدین، فرود آمدن تواند؟»[۱۵۶]

— «نه، هرگز، اما همگان گویند که مالک مؤمن و مسلمان بود.»

— «گر تو بشنیدی که به من چه گفت، می بدانستی که نه مؤمن بود و نه مسلمان! دانی که در سخن با من فرستادهٔ خدا را "یار همدمت" خواند؟ مگر مسلمان پاکدین رسول خدا را چنان نامد؟»

---

[۱۵۵] تاریخ الخمیس دیار بکری ۲۰۹/۲؛ تاریخ طبری ۲۷۴/۲

[۱۵۶] لقبی که پیامبر به خالد داده بود گویا به وی نوعی معافیت و مصونیت مطلق بخشیده بود (تاریخ دمشق ابن عساکر ۲۴۲/۱۶-۲۴۴)

— «حاشا لله! گر چنین بُوَد نیک کاری کردی که او را گردن زدی! بگذریم! به بطاح نزد سپاهیانت برگرد و جهاد را پی گیر. ترا می‌باید خود را از بهر مقابله با مسیلمهٔ کذاب آماده ساختن!»[157]

با آنهم، ابوبکر خالد را به سبب رویه‌یی که در برابر زن مالک کرده بود ملایم سرزنشی کرد، نه به سبب عمل زشت و حرامی که مرتکب شده بود بل به سبب آنکه با تجاوز به عنف بر زن حریف قانونِ شرف جنگجویان عرب را زیر پا گذاشته بود که حکم بر دوری از زنان در هنگام جنگ می کرد.[158] برخی منابع گویند که ابوبکر برای فرو نشاندن افتضاح به خالد دستور داد تا از زن مالک جدا شود.[159]

دردسر خلیفه از ناحیهٔ آنچه «ماجرای مالک ابن نویره» خوانده می‌شد به خوبی از تناقضاتی آشکار می‌گردد که اندرین باب در منابع تاریخی و احادیث دیده می‌شوند. این منابع در بارهٔ زندگی مالک کمتر بیانی دارند ولی ماجرای مرگ او را با گزارشات متفاوت و جانبدارانه شرح می‌دهند. برخی اعلام می‌دارند که مالک مرتد شده بود و بنابران مباح‌الدم و واجب‌القتل بود؛ دیگران بر آنند که مسلمانِ باورمند بود و خالد او را به خاطر تصاحب زنش به قتل رساند. در پشت این گزارشات و تعبیرات متباین اغراض و انگیزه‌های سیاسی و مذهبی را می‌توان دید. بدخواهان خالد — و بیشتر از همه عمر — این ماجرا را برای بدنام ساختن و به زیر کشیدن خالد که روز به روز نیرومندتر و مطرح‌تر می‌گردید دستاویز ساختند. محدثین شیعه نیز از ماجرا بهره برده مالک را شیعهٔ علی قلمداد کردند که قربانی توطئه گردید.[160] اما گذشته از بازتاب‌ها و بهره-برداری‌های سیاسی، این ماجرا یک مسئلهٔ اساسی تئولوژیک (الهیاتی) را که در اسلام لاینحل مانده است مطرح می‌سازد، و آن اینکه معیار برای مسلمان انگاشته شدن

---

[157] تاریخ طبری ۲۷۴/۲

[158] الکامل ابن اثیر ۲۱۳/۲

[159] الاصابه ابن حجر ۲۱۸/۲ . خالد این دستور خلیفه را بجا نکرد، چون منابع احادیث و سیره‌ها می‌نویسند که ام‌تمیم برای خالد عبدالله کوچک را زایید. (اُسد ابن اثیر ۵۸۷/۱)

[160] بحار الانوار مجلسی ۲۶۷/۸

چیست، و چه کسی می‌تواند حکم کند که فلان مسلمان است و فلان مسلمان نیست؟ هیثمی در مجموعهٔ احکام فقهی مبتنی بر احادیث پیغمبر که زیر نام «مجمع الزوائد» گردآورده، فصلی را که به پاسخ پرسش فوق اختصاص داده با شرح همین ماجرای نمونه وار مالک ابن نویره می‌آغازد.[۱۶۱]

هنگام برآمدن از خانهٔ ابوبکر، خالد عمر را همچنان غران و خشمگین در جمع عده‌یی دید. وقتی از کنارش می‌گذشت، خالد سویش لبخندی زد و با طعنه گفت «هَلُمَّ إِلَيَّ يَا ابْنَ أُمِّ‌شَملَه (نزدیک آ، ای پسر ام‌شمله)!» اینکه خالد عمر را «پسر ام‌شمله» خطاب کرد[۱۶۲] شاید به خاطر آن بود تا به یادش آرد که آن دو با هم خویشاوند بودند، چون حنتمهٔ مخزومیه ملقب به بنت شمله مادر عمر عم‌زادهٔ خالد بود. و اما، بدون شک خالد عمر را نه به سبب رشتهٔ خویشاوندی بل از روی استهزأ و کنایه به نام مادرش صدا کرد تا نسب مشکوک والده‌اش را به یادش دهد زیرا حنتمه واقعاً از دختران بنی‌مخزوم نبود بلکه حرامزاده‌یی بود که آن خانوادهٔ ثروتمند او را به فرزندی گرفته بودند. شجره‌نامهٔ عمر بس مبهم و مکدر[۱۶۳] بود و بدخواهانش اکثراً آنرا جهت طعنه و تمسخر به رخش می‌کشیدند.[۱۶۴] به این موضوع در جلد بعدی «جانشینان نفرین شده» که اختصاص به خلیفهٔ دوم دارد برخواهیم گشت.

عمر با اشمئزاز سوی خالد دید اما جرئت نکرد چیزی بگوید چون با فراست دریافت که خلیفه او را مورد عفو قرار داده بود. خالد با تبختر شانه‌ها را بالا انداخت و به راه خود

---

[۱۶۱] مجمع الزوائد هیثمی ۲۹۳/۷–۳۰۰

[۱۶۲] ثقات ابن حبان ۱۸۵/۲

[۱۶۳] صهاک مادربزرگ عمر کنیز حبشی بود که میان چندین مالک دست به دست شده و از هر یک کودکی زاییده بود. یکی از آن کودکان ام‌شمله مادر عمر و دیگری نفیل پدرکلان پدری همین عمر بود! (درین باره به کتاب «مثالب العرب» نوشتهٔ شجره شناس معروف أبی‌المنذر هشام بن محمد بن السائب الکلبی، صفحات ۳۹–۴۰ و ۴۶ مراجعه شود.) خصلت معروف زن ستیزی عمر بدون شک با شجرهٔ پر غوغای مادری‌اش بی پیوند نیست.

[۱۶۴] روح المعانی الألوسی ۱۲۰/۲؛ تاریخ دمشق ابن عساکر ۴۴/۱۰–۴۵؛ اُسد ابن اثیر ۶۴۲/۳–۶۴۳؛ جمهرة نسب قریش ابن بکّار ۸۹ و ۱۰۵؛ طبقات ابن سعد ۶۵۲/۳

ادامه داد، چون می‌پنداشت که عمر از جنگ چیزی نمی‌داند و اهلیت آنرا ندارد تا درین باره او را مورد سرزنش و انتقاد قرار دهد.[۱۶۵] عمر به گریز از جنگ زبانزد بود و خالد این صفت را اوج بی‌ننگی و بیغرتی می‌دانست.

و اما، علی‌رغم همه رأفت و بخشایندگی خلیفه، خالد در مرکز و کانون مشاجرات و مناقشات باقی ماند چون این نخستین باری نبود که چنین جنایتی از او سر می‌زد. چند سال پیشتر محمد او را به سرکردگی سه صد و پنجاه سپاهی نزد قبیلهٔ بنی‌جذیمه فرستاده بود. به خالد هیچگونه هدایتی برای جنگیدن با آنها نداده بود و تنها از او خواسته بود تا خود را از بیطرفی آن قبیله در مخاصمه میان مسلمانان و مخالفین مسلح شان مطمئن سازد، اما خالد همه مردان بنی‌جذیمه را سر برید و قتل عام نمود. با شنیدن خبر این کشتار پیغمبر سخت خشمگین گردید و از شدت غضب دستان خود را سوی آسمان بلند کرد و اظهار داشت «بار الها! من از خطاکاری خالد بری و بیزارم!»[۱۶۶] وی سپس بدون آنکه خالد را عزل کند علی را فرستاد تا به خانواده‌های قربانیان دیه (خونبها) بپردازد. اکنون در شناعتی که خالد در برابر مالک ابن نویره و قوم و زنش انجام داده بود ابوبکر نیز همان روش را پیش گرفت: وی عمل خالد را محکوم کرد اما دست به هیچ اقدام کیفری در برابر او نزد. خالد، چنانکه بعدتر خواهیم دید، در برابر توبیخ و انتقاد بی‌تفاوت، و از جنایت و بزهکاری دست بردار نبود.

با اینهمه، حیثیت و اعتبار خالد ابن ولید شدیداً صدمه دیده بود. هرباری که با کسی در مخالفت قرار می‌گرفت آن شخص عصیان و بزهکاری او را به رخش می‌کشید. باری اُسید ابن خضیر رو در رو گفتش «ما همه دانیم که ترا وحشت و قساوت تا چه حد باشد و مردی را که مسلمان و مؤمن بود چه ظالمانه بکشتی!» خالد در برابر چنین ناسزاگویی‌ها پاسخی نمی‌داد. کشتار قبیلهٔ بنی‌جذیمه در همان هنگام محکومیت و

---

[۱۶۵] البدایۀ ابن کثیر ۳۵۵/۶؛ نهایة الأرب نویری ۸۵/۱۹

[۱۶۶] مصنف عبدالرزاق ۱۷۴/۱۰؛ صحیح بخاری ۷۴/۸؛ سِیَر ذهبی ۲۲۵/۳؛ الاستیعاب ابن عبدالبر ۴۲۸/۲؛ مسند ابن حنبل ۴۴۵/۱۰؛ البدایۀ ابن کثیر ۳۵۵/۶؛ کنز متقی ۳۱۷/۱؛ سنن نسائی ۴۱۱/۵؛ طبقات ابن سعد ۱۴۸/۲

خشم همگانی اصحاب پیغمبر را برانگیخته بود. گفته می‌شود که عبدالرحمان ابن عوف به سبب آن خالد را مورد اهانت و هتاکی قرار داده دشنام‌های غلیظ نثار کرده و خالد نیز جواب متقابل داده بود. روایات زیادی از مخاصمت‌ها و پرخاش‌های خالد با سایر اصحاب پیغمبر که او را فردی نهایت خشن و ستیزه‌خو می‌دانستند موجود است. اصحاب محمد برای توبیخ خالد در هر فرصتی که دست می‌داد ایمان آوردن دیر موقع او را به یاد پیامبر می‌آوردند و با کنایه صفا و خلوص ایمان او را مورد شک قرار می دادند. خالد گاهی با پرخاش و گاهی هم با تحقیر و بی‌تفاوتی از خود دفاع می‌کرد. وی بر توانایی و قدرت خود واقف بود، ازینرو خود را فعال مایشا و دسترسی ناپذیر می‌انگاشت.[۱۶۷]

حس معافیت و مصونیت از هرگونه سزا و گوشمالی به خالد چنان اعتماد به نفس داده بود که حتی در برابر حامی خود ابوبکر نیز متکبر و گستاخ بود، چنانکه باری پس از زنجیره‌یی از فتوحات غنایم و حاصل چور و چپاول را بدون آنکه خمس (پنجم حصهٔ آنرا مطابق رسم اسلامی به خلیفه اختصاص دهد میان سربازان خود تقسیم کرد. عمر که همواره مترصد کوچکترین پا کج گذاری حریف قسم خوردهٔ خود بود به ابوبکر مشوره داد تا به خالد نامه نویسد و به او بفرماید تا بدون اذن خلیفه غنایم جنگی را تقسیم نکند. خلیفه این مشوره را پذیرفت ولی جوابی سخت و تلخ از خالد دریافت داشت: «تو در پی امور خویش باش و مرا بگذار به کارهای خود رسم!» با خواندن پاسخ گستاخانهٔ خالد ابوبکر سخت خونین‌دل و آزرده گردید، پس عمر با اغتنام فرصت یکبار دیگر مسئلهٔ عزل و برکناری او را پیش کشید. خلیفه با تردید پرسید «پس آنگاه افواج و قشون را چه کسی با چنان شطارت سروری کند؟» عمر پاسخ داد «اینک من!» ابوبکر پذیرفت، اما حینی که عمر آمادگی احراز سرداری لشکر مسلمین را می گرفت شماری از اصحاب نزد خلیفه رفتند و او را به سبب تصمیمش سرزنش کردند: «تو عمر را آنگاه که ترا به وی نیاز باشد ازین مقام مرخص کنی و خالد را آنگاه که ظفر پی ظفر آرد از آن مقام عزل کنی!؟ این چگونه تدبیری‌ست؟ التجا بر آنست که

---

۱۶۷ سِیَر ذهبی ۳/۲۲۵-۲۲۶

این تصمیم برگردانی چون خیری در عاقبت آن نیست!» ابوبکر که خود بر درستی تصمیمش اعتماد چندانی نداشت بی درنگ فرمانش را پس گرفت و خالد را سپهسالار و عمر را با خود در مدینه نگهداشت.[۱۶۸]

شکی نیست که از آغاز حکمروایی ابوبکر و نبردهایی که به «جنگهای ارتداد» معروفند «خالدِ مخوف» می‌دانست چگونه خود را برای نخستین جانشین پیامبر اسلام لابد و کنارنگذاشتنی بسازد. چه کسی بهتر از او می‌توانست با قبایل نیرومندی که با نظام حاکم بر مدینه سرِ ستیزه و پیکار داشتند رویارویی کند؟ ابوبکر بیش از همه به خالد نیاز داشت تا با کسی که از نگاه خلیفه مهلک‌ترین خطر را متوجه نظام جدید ساخته بود مقابله کند، و آن شخص کسی جز مسیلمه ابن حبیب نبود.

---

[۱۶۸] الاصابه ابن حجر ۲۱۸/۲؛ سِیَر ذهبی ۲۳۱/۳؛ تاریخ دمشق ابن عساکر ۲۶۲/۱۶؛ جمهرة نسب قریش ابن بکّار ۴۹۴/۱-۴۹۵؛ البدایه ابن کثیر ۱۳۱/۷

- ۲ -

## باغ مرگ

نامش مسیلمه ابن حبیب و کنیه‌اش ابوثمامه بود.[۱] نام او که مصغر واژهٔ «مَسلَمه» است هماوایی شگرفی با کلمهٔ «مسلم» به معنی «مسلمان» داشت اما مسلمانان او را «کذاب» (دروغگو) لقب داده بودند، در حالیکه پیروانش او را پیامبر راستین می‌دانستند و حاضر بودند جان خود را فدایش کنند. مسیلمه عنوان «الرحمان الیمامه» به خود گرفته بود که نمایانگر نوعی تقاطع بحث‌انگیزی میان نبوت او و محمد بود، چون از نظر مسلمانان «رحمان» تا امروز یکی از عامترین نام‌های خداوند است. مسیلمه به قبیلهٔ بنی‌حنیفه تعلق داشت. درینجا نیز اسلام با کیش مسیلمه در تقاطع می‌افتاد چون کیش یکتاپرستی آغازینِ ابراهیم خلیل‌الله «حَنَفِیَّه» یا حَنَفیت خوانده می‌شد و اسلام که به ادعای پیروانش «دین حنیف» بود خود را به مثابهٔ ناب‌ترین شکل این حنفیت (یکتاپرستی) در برابر اشکال انحرافی یهودی و ترسایی آن پیش کشیده بود. همین اندیشه را شمار زیادی از آیات قرآنی و احادیث نبوی تأیید می‌دارند، چنانکه آیهٔ ۶۷

---

[۱] برای شرح کارنامهٔ مسیلمه و ستیز قبیلهٔ او (بنی‌حنیفه) با قشون خلیفه بر منابع ذیل اتکا گردیده است: فتوح البلدان بلاذری ۱۱۸-۱۲۷؛ تاریخ ذهبی ۳۸/۳-۴۱؛ تاریخ الخمیس دیار بکری ۱۵۷/۲-۱۵۹، ۲۱۱/۲-۲۲۰؛ الکامل ابن اثیر ۲۱۴/۲-۲۲۱؛ سیرهٔ ابن هشام ۷۲/۲-۷۳؛ المنتظم ابن جوزی ۱۸/۴-۲۵، ۷۹/۴-۸۲؛ البدایهٔ ابن کثیر ۳۵۵/۶-۳۶۰؛ اکتفاء کلاعی ۳۸/۲-۴۷؛ نهایة الأرب نویری ۲۵/۱۹-۶۰؛ تاریخ طبری ۲۷۵/۲-۲۸۵؛ تاریخ یعقوبی ۱۱/۲-۲۵؛ رِدَّه واقدی ۱۰۰-۱۴۶

سورهٔ آل‌عمران بیان می‌دارد: «مَا كَانَ إِبْرَاهِيمُ يَهُودِيًّا وَلَا نَصْرَانِيًّا وَلَـٰكِن كَانَ حَنِيفًا مُّسْلِمًا – ابراهیم نه یهودی بود و نه نصرانی، بلکه حنیف مسلمان بود». هر چه باشد، نقاط متعدد تقاطع میان تبلیغ مسیلمه و محمد کنجکاوی برانگیزند، و ساده انگارانه خواهد بود اگر این «پیامبر دروغین» را تنها یک مقلد شیادِ محمد بدانیم.

مسیلمه پیروانش را سخت افسون کرده بود. برخلافِ محمد که بار بار گفته بود نبوت راستین نیاز به تأییدِ اعمال ماوراطبیعی ندارد، مسیلمه در برابر دیدگان حیرت زدهٔ پیروانش انواع «معجزات» به ظهور می‌رساند، مثلاً بیضهٔ مرغ را از گردن صراحی سالم می‌گذشتاند. جاحظ در «کتاب الحَیَوان» خود گزارش می‌دهد که مسیلمه توانسته بود پیروان خود را متقاعد سازد که کاغذپران‌ها (گدی‌پران‌ها) که آنها آنرا نخستین بار می‌دیدند فرشتگانی بودند که بر وی وحی می‌آوردند.[2]

در واقع، کارنامهٔ پیامبری مسیلمه مدت‌ها پیش از ظهور اسلام آغاز شده بود. منابع گویند که وی بسا پیش از زایش محمد و حتی پیش از زایش پدر محمد «رحمان» لقب گرفته بود. از این بر می‌آید که مسیلمه از محمد خیلی سالخورده‌تر بود.[3] شهرت مسیلمه در سراسر منطقهٔ یمامه و حتی فراتر از آن تا مکه رسیده بود، تا حدی که وقتی محمد در آغاز دعوتش از قبیلهٔ خود خواست تا خدای واحدی را که وی او را «رحمان» می نامید پرستش کنند، همگان پیامش را با پیام مسیلمه اشتباه گرفته او را یکی از پیروان مسیلمه می‌پنداشتند. مناسبت میان این دو تن یقیناً به پژوهش می‌ارزد چون می‌تواند کلید مهمی را برای دانستن تکوین اسلام به دست دهد.

به هر حال، آنچه واضح است اینست که مکیان بر دعوت مسیلمه آگاه بودند و شاید هم با او دیدار داشتند چون با قبیلهٔ بزرگ و نیرومند بنی‌حنیفه که در منطقهٔ پر رونق و

---

[2] کتاب الحَیَوان جاحظ ۳۶۹/۴–۳۷۸ . همچنین دیده شود: المفصل جواد علی ۸۳/۶

[3] بر اساس گفتهٔ منابع اسلامی، مسیلمه در سال ۶۳۲ بیش از صد سال عمر داشت که این بیان سخت شک برانگیز است. باید به خاطر داشت که احادیث و منابع اسلامی در ذکر و نگهداشت سن افرادِ مورد بحث و گاه‌نگاری بطور عام سخت نادقیق و بی‌پروا هستند.

پر اهمیت یمامه می‌زیست و مسیلمه به آن تعلق داشت در تماس بودند.[۴] اشخاص پرنفوذ و صاحب اسم و رسم زیادی از میان این قبیله سر بلند کرده بودند که ایمان آوردن شان به اسلام در مؤفقیت داعیهٔ محمد نقش تعیین کننده داشت. حافظهٔ جمعی مسلمانان نقش عمده‌یی را که از آن جمله ثمامه بن أُثال یکی از امرای نیرومند منطقهٔ یمامه درین زمینه بازی کرد از خاطر زدوده است. در سال ششم هجری پیغمبر به پسرخواندهٔ پیشین خود زید ابن حارثه وظیفه سپرد تا بر منطقهٔ یمامه یورش برد. در طی این حمله ثمامه اسیر گردید و به مدینه آورده شد. دیدار او با محمد باعث گردید تا به اسلام ایمان آورد، ازینرو پس از ترک مدینه به مکه رفت تا حج عمره بجا آرد و بدین ترتیب نخستین مسلمانی‌ست که زیارت حج عمره انجام داد. احادیث و سیره‌ها[۵] بر نخستین زائر عمره‌گزار بودن ثمامه بن اُثال تأکید دارند ولی بر عواقب سیاسی ایمان آوردن این امیر پرنفوذ چشم می‌پوشند.

وقتی شماری از مکیان که با محمد دشمن بودند از مسلمان شدن ثمامه آگاه گردیدند او را مورد ضرب و شتم و هتاکی قرار دادند و حتی کسانی را برای کشتن او مؤظف ساختند. صداهایی در اعتراض به این توطئه بلند گردید: «ای تیره‌بختان! مگر می ندانید که این کیست؟ این ثمامه ابن اُثال است!» این بازارگان پرنفوذ ثروت خود را از تجارت مواد خوراکی به دست آورده بود و مکی‌ها از نظر اقتصادی وابسته به منطقهٔ یمامه بودند که انبار غلهٔ مکه پنداشته می‌شد، ازینرو راه انداختن غائله‌یی با بنی‌حنیفه از هیچ رو به نفع شان نبود. ثمامه سرانجام بی‌گزند به موطن خود برگشت اما در تلافی رویه‌یی که در برابر او شده بود عهد کرد تا دیگر به مکه غله نفرستد، ازینرو به

---

[۴] معجم البلدان یاقوت ۴۴۱/۵-۴۴۷ . قابل ذکر است که هزار سال بعد سلسلهٔ کنونی آل سعود که بر همه عربستان سیطره دارند از همین منطقه ظهور کرده اند. آل سعود متعلق به قبیلهٔ مسیلمه یعنی بنی‌حنیفه می باشد. آنها شهر آبایی خود ریاض را که کمتر از صد کیلومتر از یمامه فاصله دارد پایتخت قلمرو پادشاهی خود قرار دادند. کاخ ریاض که مقر دربار و پارلمان عربستان سعودی است به نام کاخ یمامه یاد می‌شود.

[۵] الاستیعاب ابن عبدالبر ۲۱۳/۱-۲۱۶؛ اُسد ابن اثیر ۲۹۴/۱-۲۹۵؛ الاصابه ابن حجر ۵۲۵/۱-۵۲۶

آنها اعلام داشت «تا آنگاهی که محمد نفرموده است مر شما را حبه‌یی نیز گندم نفرستم.» این تحریم اقتصادی برای مکه نتایج مصیبت‌باری در پی داشت. خطر قحطی و گرسنگی مکیان را مجبور ساخت تا دست به دامن دشمن خود محمد شوند تا با ثمامه روی‌داری کند. آنها به محمد رو آوردند و عرض داشتند «هر چه نباشد، ما همتباران توییم! آیا روا داری که از گرسنگی بمیریم؟» محمد بی‌درنگ به ثمامه پیام داد و از او خواست تا تحریم مکه را پایان دهد.[۶] بس محتمل است که این تحریم نقش تعیین کننده در تسلیمی مکه به مسلمانان در ماه رمضان سال هشتم هجری (ژانویه سال ۶۳۰ میلادی) داشته است. همین احتمال توضیح می‌دارد که چرا در شروح رسمی فتح مکه نقش ثمامه به حاشیه رانده شده است: اگر فتح شهر مکه بدون جنگ و کاربرد سلاح حاصل شد باید نتیجهٔ جنگ اقتصادیی بوده باشد که ثمامه در آن بازیگر عمده و اصلی بود.

با وجود آنکه اسلام آوردن ثمامه برای محمد دست آورد بزرگی بود، او یگانه فرد نیرومند حنفی (مربوط قبیلهٔ بنی‌حنیفه) نبود که پیامبر آرزوی جلب پشتیبانی‌اش را داشت. هوذه ابن علی سرکردهٔ بنی‌حنیفه با همتباران قبیله‌اش در وادی حاصلخیز یمامه می‌زیست. زادگاه او شهرک قُرّان[۷] بود که باشندگانش به فصاحت و بلاغت مشهور بودند، و او خود مقام خطیب قبیلهٔ بنی‌حنیفه را داشت. خاستگاه اشرافی، خردمندی، لطافت کلام، خوش سیمایی و آراستگی او تحسین و توجه اعراب و فارسیان را به خود جلب نموده بود، چنانکه حتی خسرو پرویز (خسرو دوم) ساسانی او را بسی ارج می‌گذاشت و همواره هدایایی به او ارزانی می‌داشت. طبری[۸] می‌نویسد که باری خسرو پرویز به هوذه ابن علی عمامه‌یی جواهرنشان هدیه داد که همه گمان تاج

---

[۶] دلائل بیهقی ۸۰/۴؛ أُسد ابن اثیر ۲۹۵/۱؛ الاصابه ابن حجر ۵۲۵/۱؛ سیرهٔ ابن کثیر ۹۳/۴؛ تاریخ المدینه ابن شبه ۴۳۳/۲

[۷] معجم البلدان یاقوت ۳۱۸/۴-۳۱۹

[۸] الکامل ابن اثیر ۴۲۴/۱؛ تاریخ طبری ۴۶۰/۱

بر آن می‌بردند، ازینرو او را «ذوالتاج» (تاجدار) لقب دادند. به اساس گفتهٔ بلاذری[9] محمد در آغاز سال هفتم هجری (ژوئن سال ۶۲۸) آنچنان که به پادشاهان و سلاطین همعصر خود هرقل امپراتور بیزانس، خسرو پرویز شاهنشاه فارس و نجاشی پادشاه حبشه نامه فرستاد و انها را به دین اسلام دعوت کرد به هوذه بن علی نیز نامهٔ مشابهی فرستاد که این خود نمانگر آنست که هوذه را همردیف پادشاهان یاد شده می‌دانست. هوذه در پاسخ به نامهٔ محمد نوشت «آنچه تو مرا بدان دعوت فرمایی نکو دعوتی‌ست، اما ترا می‌باید تا بدانی که مرا اندر میان اعراب عظیم سطوتی باشد و ابهت من اندر دل‌شان رعب اندازد و مرا بس حرمت گزارند. پس سلطه و قدرتی که تراست گر با من قسمت کنی ترا پیرو گردم.» احتمال می‌رود که هویدا شدن آثار زوال و انحطاط در امپراتوری فارس که حامی و پشتیبان نیرومند هوذه بود بر آمادگی او برای ایجاد ائتلافات نوین بی اثر نبود. بر پایهٔ روایت دیگری، پاسخ هوذه که کیش ترسایی داشت در برابر نامهٔ محمد آن بود که «اگر پس از خود سلطه و قدرت مرا گذارد من اسلام آرم و پیرو او گردم و او را معاضدت کنم، وگر نه چنین کند با وی از در جنگ پیش آیم.» پیش از آنکه هوذه سفیر پیامبر سلیط بن عمرو عامری را به مدینه برگرداند او را جامهٔ فاخر حریر زربفتی داد تا به محمد پیشکش کند، اما این هدیهٔ شایگان در فرو نشاندن خشم پیامبر از شنیدن پاسخ آن امیر نیرومند حنفی اثری نداشت، چون محمد فریاد برآورد «گر از من حتی تنها سنگی خواستی ندادمی! خدایش او را با جبروتش نابود کناد!»[10] پس ازین یگانه تبادل نامه هیچگونه تماس بیشتری میان محمد و هوذه صورت نگرفت چون اندک مدتی پس از آن (به حوالهٔ خیرالدین زِرِکلی) هوذه در سال هشتم هجری (۶۲۹-۶۳۰) درگذشت.[11]

سال بعدی که معروف به «عام الوفود» (سال هیئت‌های اعزامی) است قبیلهٔ بنی‌حنیفه مانند بسی قبایل دیگر وفدی را به مدینه اعزام کرد تا به محمد بیعت و تعهد وفاداری

---

[9] فتوح البلدان بلاذری ۱۱۹

[10] تاریخ الخمیس دیار بکری ۳۹/۲؛ سیرهٔ حلبی ۳۶۵/۳؛ اکتفاء کلاعی ۲۰/۲

[11] الاعلام زرکلی ۱۰۲/۸

بسپارند.[12] از آنجا که رئیس وفدِ قبیلهٔ بنی‌حنیفه سُلمی ابن حنظله از عم‌زادگان هوذه بود بعید نیست که همو پیش از مرگ خود هدایت بیعت به محمد را داده باشد. پیامبر تردیدی نداشت ازین فرصت دوم برای برقراری ارتباط با این قبیلهٔ نیرومند استفاده برد. در میان ده تن اعضای هیئت اعزامی سه تن آنها، مُجاعه ابن مُراره، رَجّال بن عُنفوَه و مسیلمه ابن حبیب بعدها نقش‌های عمده‌یی در انکشافات بعدی حوادث داشتند.

آیا مسیلمه و محمد با هم در مدینه دیدار کردند؟ احادیث و سیره‌ها به این سوال اساسی دو پاسخ متفاوت می‌دهند. یک روایت بر آنست که مسیلمه با محمد ملاقات کرد[13] و روایت دیگر گوید که مسیلمه در بیرون مدینه پایید و به اعضای دیگر وفد گفت «من اینجا دم دروازهٔ شهر مانم. گر محمد پرسد که از چه رو شما نُه تنید و نه دَه، آنچنان که اعلام داشتید، گویید که آن یک که دهم ما بود در مدخل شهر پایید تا کاروان را حراست کند.»[14] در واقع نیز، گویند که پیامبر چنین پرسید و با شنیدن پاسخی که مسیلمه دیکته کرده بود گفت «آن یک که بیرون شهر پایید بهترین شماست!» مَثَل قدیمی عربی گوید «بهترین در میان همسفران آنست که دیگران را خدمت گزارد.» با شنیدن گزارش آنچه محمد گفت، بعید نیست که مسیلمه ندا داده باشد «خود بنگرید! محمد پایه و جاه مرا مُقِر است!» برخی منابع همچنین اظهار می دارند که مسیلمه قبلاً بی سر و صدا به مدینه آمده و تبلیغ محمد را شنیده بود.[15]

وقتی پیامبر هیئت اعزامی قبیلهٔ بنی‌حنیفه را به اسلام دعوت کرد، یک تن از آن جمله بگونهٔ خاص علاقمند و پذیرا بود. رَجّال بن عنفوه که نهار الرجال نیز خوانده می‌شد بی‌درنگ به اسلام ایمان آورد و اشتیاق و خلوص او درین راه چنان بود که سورهٔ گاو (بقره) را که درازترین سورهٔ قرآن است یکجا با همه قواعد و آموزه‌های اسلامی در

---

[12] المنتظم ابن جوزی ۳۸۲/۳

[13] فتوح البلدان بلاذری ۱۱۹

[14] تاریخ طبری ۱۹۹/۲–۲۰۰

[15] ابن حجر می‌گوید که مسیلمه احتمالاً دوبار به مدینه رفته بود. (فتح الباری ابن حجر ۸۹/۸)

کوتاه‌ترین مدت از بر کرد. پیامبر با تحسین و شادباش او را مامور ساخت تا حین برگشت به یمامه بنی‌حنیفه را مسلمان سازد. وقتی وفد اعزامی برگشت اعضای وفد به همتباران خود در بارهٔ اصول و قواعد اسلام گفتند، اما بنی‌حنیفه مقررات اسلامی را سختگیرانه و پرمشقت یافتند. درین هنگام مسیلمه خطاب به آنها اظهار داشت «مرا نیز چون محمد رسالت و نبوت باشد. رسالت او مر نصف جهان راست و از من مر نصف دیگر را. ورا جبرئیل وحی آورد و مرا میکائیل. همرکابان من گواهند که محمد خود مقام و منزلت مرا مقر و مؤید است. مشیت من آن باشد که این وجائب و فرایض بر شما آسان سازم، پس خواهید دید که کیشی که من آورده‌ام چه سهل است و بی-زحمت!»

بر پایهٔ نوشتهٔ ابن هشام[۱۶] مسیلمه دفعات نماز روزانه را کمتر ساخت و شراب و زنا را مجاز نمود. این آسان‌سازی مکلفیت‌ها و قید و بندهای عقیدوی بنی‌حنیفه را سخت خوش آمد، پس به گونهٔ کتلوی پیرو پیامبر برخاسته از میان خودشان شدند. رشک و حسدهای قبیلوی نیز در کامیابی داعیهٔ مسیلمه بی اثر نبود. برخی مردمان می‌گفتند «حتی گر مسیلمه دروغگو باشد و محمد پیامبر راستین، ما را خوشتر آن بود تا پیامبری کذاب از رَبیعَه را پیرو باشیم تا پیامبری صادق از مُضَر را!»[۱۷] (رَبیعَه و مُضَر دو کنفدراسیون بزرگ قبایل عربی شمال عربستان بود؛ بنی‌حنیفه به ربیعه و قریش به مُضَر تعلق داشت.)

مسیلمه به بسیار زودی به رقیب جدی محمد برای سیطره بر مدینه مبدل گردید. وی در همه چیز محمد را تقلید می‌کرد: به پیروان خود همسان آیات قرآن نثر مسجع برمی‌خواند و برای خود مؤذن شخصی به نام عبدالله ابن نواحه گماشته بود. نفوذ او چنان بود که حتی رَجّال ابن عنفوه که هنگام اقامت در مدینه برای دیگران نمونهٔ مسلمان پارسا و مؤمن بود به محمد پشت کرد و مرتد گردید. گفته می‌شود که همین

---

[۱۶] سیرهٔ ابن هشام ۲/۵۷۶-۵۷۷

[۱۷] تاریخ طبری ۲/۲۷۷

رَجّال ابن عنفوه مسیلمه را تشویق کرد تا جهت گسترش سلطه و قدرتش همسان محمد لشکری فراهم آرد.

به مشورهٔ رَجّال، مسیلمه در اواخر سال دهم هجری (آغاز سال ۶۳۲ میلادی) نامهٔ تهدید آمیزی به محمد نوشت و در آن پیشنهاد کرد تا سرزمین عربستان بطور مساویانه میان شان تقسیم شود: «از مسیلمهٔ الرحمان الیمامه به محمد بن عبدالله فرستادهٔ خدا به قوم قریش: من انباز تو در نُبوّتم، نیمهٔ این قلمرو از منست و نیمهٔ دیگر از تو، اما شما قریشیان را انقسام خوش می‌نیاید.» با خواندن نامهٔ مسیلمه محمد از دو تن نامه‌رسانی که آنرا آورده بودند پرسید «شما اندرین باب چه گویید؟» آنها جواب دادند «مسیلمه راست گوید. ترا بر نیم جهان سیطره باشد و او را بر نیمهٔ دیگر.» محمد ازین پاسخ سخت برآشفت و ندا برآورد «مرا رسول‌کشی رسم نیست ورنه شما هر دو را سر از تن جدا کردمی!» پس در جواب مسیلمه نوشت: «از محمد رسول‌الله به مسیلمهٔ کذاب: درود بر آنکس که بر راه راست باشد. زمین خدای راست و مالکیت آنرا به هر که خواهد دهد، و واپسین پاداش رستگاران راست.»[۱۸] همزمان با رسیدن نامهٔ مسیلمه، محمد از ظهور مدعی دیگر پیامبری در یمن به نام اسود عنسی نیز آگاه شد. رونق روزافزون کار این دو «کذاب» محمد را چنان نگران ساخت که کابوس‌های حاصله از آن خواب را از چشمانش ربود.[۱۹]

این رقابت در بازار دین میان مدعیان رقیب پیغمبری نباید عوامل ژئوپولیتیک نهفته در پس پدیدهٔ ظهور مسیلمه را از نظر پنهان دارد. مرگ سرکردهٔ مقتدری چون هوذه ابن علی که حیثیت پادشاه یمامه را داشت خلای قدرتی به وجود آورده بود که به مسیلمه اجازه می‌داد منحیث دعوی‌گر پیامبری خود را رهبر بنی‌حنیفه اعلام دارد. در واقع بدون شک این تبارز دینی یک برنامهٔ بزرگ سیاسی برای ایجاد حکومتی در منطقهٔ ثروتمند و حاصلخیز یمامه بود که بتواند مستقل از دولت در حال زوال فارس و حکومت در حال تکوین مدینه اداره و کنترل راه تجارتی میان عراق و یمن را در

---

[۱۸] تاریخ ذهبی ۶۸۵/۲؛ مسند ابن حنبل ۳۰۶/۶؛ البدایهٔ ابن کثیر ۶۲/۵

[۱۹] المنتظم ابن جوزی ۱۸/۴–۲۵

دست داشته باشد. شاید ابن عنفوه – که نفوذ بزرگی بر مسیلمه داشت – طراح این برنامه بود، چون مسیلمه را سخت تشویق می‌کرد تا با نمونه‌گیری از مدینه نظام سیاسی نمادین نیرومندی را بر محور یک دین و یک پیامبر پی ریزد. این کار مستلزم بنیاد گذاری یک سازمان دینی و عبادتی بود تا سلطهٔ نوظهور سیاسی را هالهٔ تقدس بخشد.[۲۰] شناخت دقیق و کاملی که ابن عنفوه در طی اقامت کوتاهش در شهر پیغمبر از اسلام حاصل کرده بود به وی اجازه می‌داد مسیلمه را به گونهٔ مؤثر درین جهت مشوره دهد و رهنمایی کند. آموزش سریع ابن عنفوه از اسلام در کنار محمد برایش فرصتی بود تا «کارکرد» درونی این دین را بشناسد و «اسرار حرفوی» آنرا بدزدد. کوتاه سخن آنکه همانگونه که امروز «جاسوسی صنعتی» داریم، رَجّال ابن عنفوه عامل «جاسوسی دینی» بود، ازینرو به آسانی می‌توان درک کرد که چرا محدثین به صراحت تأیید می‌دارند که ارتداد ابن عنفوه برای اسلام زیانبارتر از دعوی پیامبری مسیلمه بود.[۲۱]

پیش زمینه‌ها نیز برای مسیلمه بس مساعد و بر وفق مراد بود، چون گمان بر آنست که شمار زیادی از همتباران بنی‌حنیفه‌اش نصرانی بودند و بنابران از پیش با یکتاپرستی آشنایی داشتند. احتمال می‌رود مسیلمه خود نیز از مسیحیت اثر پذیرفته بود. مرگ محمد در سال بعد برای مسیلمه عطیهٔ خداوندی بود، چون با شعف از مرگ حریف به پیروان خود اظهار داشت «جبرئیل بر من آشکار گشت و ابلاغ داشت که خداوند زین پس عهدهٔ رسالت و نبوتِ همه حیطهٔ عالم را بر من گذاشته است.» وی اکنون در بلندای شکوه و ابهت قرار داشت و هزاران پیرو گوش به آوازش بودند.

بدینگونه، ابوبکر هنگام احراز قدرت وضع نهایت خطیری را به ارث برد. مسیلمه کانون اصلی مهلک‌ترین خطر به دولت نوپای اسلامی بود. جنگی که خلیفه بر ضد او

---

[۲۰] آنگونه که واقدی می‌نویسد، مسیلمه می‌دانست چگونه در اطراف خود وزرا و دبیرانی گرد آورد، مانند مُحَکّم ابن طفیل که آدمی سخت زیرک و گربز بود.

[۲۱] تاریخ دمشق ابن عساکر ۱۵۷/۵۳؛ الاصابه ابن حجر ۴۴۶/۲؛ المعجم الکبیر طبرانی ۲۸۳/۴؛ رِدَّه واقدی ۱۰۸

راه انداخت «جنگ ارتداد» نبود چون مسیلمه و اکثریت بنی‌حنیفه هرگز اسلام نیاورده بودند که مرتد شوند. جنگ راه انداخته شده به مفهوم واقعی کلمه جنگ تسلط و اشغال قلمرو بود.

درین میان، سجاح مُتَنَبیه (زن مدعی پیغمبری) قبیلۀ بنی‌تمیم را ترک گفته تصمیم گرفت با پیروان خود حمایت و پشتیبانی را در جای دیگری – دقیقاً نزد مسیلمه – سراغ گیرد،[۲۲] ازینرو با رسیدن به یمامه در هَجَر[۲۳] اردو زد. آمدن سجاح برای مسیلمه که خود به حد بسنده سرگشتگی و نگرانی داشت مایۀ دردسر بود چون به او اطلاع رسیده بود که هر لحظه امکان حملۀ قشون مسلمانان می‌رفت. رسیدن سجاح در قلمرو او از آنرو مسیلمه را هر چه بیشتر پریشان ساخت که مراد و هدف آمدن او را نمی‌دانست، پس تصمیم گرفت پا پیش گذارد و با سجاح ملاقات کند تا بر منظور و مقصود او آگاهی یابد. این اشتباه بزرگی از سوی مسیلمه بود، چون استنتاج افواج مسلمانان که از دور مراقب حرکات او بودند این بود که این ملاقات از پیش طرحریزی شده و دو «پیامبر دروغین» قبلاً به ائتلاف و اتحاد رسیده بودند.

مسیلمه در حالی که چهل تن از پیروانش او را همراهی می‌کردند در نزدیکی اردوگاه سجاح خیمۀ بزرگی افراشت و در آن از سجاح پذیرایی نمود. به روایتی هم، چون سجاح نزد مسیلمه رسید مسیلمه درِ قلعه به روی او ببست و گفت «یاران خویش از

---

[۲۲] برای شرح ماجرای ملاقات میان مسیلمه و سجاح بر منابع ذیل استناد شده است: تاریخ الخمیس دیار بکری ۱۵۹/۲–۱۶۰؛ الکامل ابن اثیر ۲۱۱/۲–۲۱۲؛ المنتظم ابن جوزی ۲۲/۴–۲۳؛ البدایۀ ابن کثیر ۳۵۲/۶–۳۵۴؛ تاریخ طبری ۲۶۸/۲–۲۷۲؛ ثمار القلوب ثعالبی ۳۱۵؛ رِدّه واقدی ۱۱۱–۱۱۲؛ معجم البلدان یاقوت ۳۵۳/۵

[۲۳] (توضیح مترجم:) هَجَر (در نزدیکی ریاض امروزی) مرکز یمامه بود.

خود دور کن» و سجاح چنان کرد. آنگاه مسیلمه فرمود تا خیمه‌یی برای او برپا کنند و چون سجاح به خیمه درآمد مسیلمه از قلعه فرود آمد و با او وارد گفتگو شد. آن دو رو به روی هم نشستند و مسیلمه آغاز به سخن کرد: «من و محمد در نبوّت شریک و انباز هم بودیم. آنگاه که محمد درگذشت جبرئیل مرا دریافت و نبوّتِ حیطهٔ همه عالم مرا سپرد، مگر مرا مشیت آنست که سهمی که اندر نبوّت بر قریش محمد را بود به تو واگذارم. پس نیمهٔ پهنای زمین ترا باشد و نیمهٔ دیگر مرا.» لبخندی از رضایت از بخشش نابیوسیدهٔ مسیلمه بر لبان سجاح نقش بست، پس گفت «آوازهٔ جهان‌گستر نبوّت و پیامبری تو مرا نیز رسیده است. التجا دارم اندر باب وحی که بر تو مُنزَل گردیده مرا آگاه سازی.»

مسیلمه به برخوانی آیاتی به تقلید از قرآن آغاز کرد. واقدی[۲۴] صحنه‌یی را گزارش می‌دهد که در آن مسیلمه با نخستین آیهٔ سورهٔ بلد از قرآن (لَآ أُقۡسِمُ بِهَٰذَا ٱلۡبَلَدِ – هرگز! سوگند به این شهر) می‌آغازد و سپس در دنباله آیات باقیمانده را در نثر مسجع از خود اضافه نموده به سجاح تلاوت می‌کند. سجاح از شنیدن آیات برخوانده شده سخت دلشاد شد. آشکار بود که به این مسیلمهٔ مُتَنَبی دل بسته بود. مسیلمه از او پرسید «برگوی، آیا بر تو نیز وحی نازل گردیده؟» سجاح با کرشمه پاسخ داد «مگر زیبنده است که زنی بیاغازد و از آنچه بر وی خطور کند بگوید؟ تو از خود و از آنچه بر تو خطور کرده بگوی!» مسیلمه از جا برخاست و با لبخندی هرزه و شهوتبار پهلوی سجاح نشست و چنین برخواند: «أَلَم تَرَ إلی رَبکَ کیف فَعَلَ بالحَبلیٰ، أخرَجَ مِنها نسمةً تسعیٰ، بین صِفاقٍ و حَشیٰ (مگر ندیدی خدایت با زن آبستن چه کرد؟ موجودی روان از او برآورد، از میان پرده و احشا)» سجاح با چشمان خمار در دیدگان مسیلمه خیره شد و آهسته گفت «دگر چه وحی آمد؟» مسیلمه قاه قاه خندید و افزود «به من وحی شده که "إنَ اللهَ خَلَقَ لِلنساءِ أفراجاً و جَعَلَ الرِجالُ لَهُنَ ازواجاً فَتَوَلج فِیهِنَ إیلاجاً ثُمَ تَخرُجها إذا تَشاء اخراجاً فَیَنتَجنَ لنا سُخالاً إنتاجاً" (خدا مر زنان را عورت‌ها آفرید و

---

[۲۴] رِدَّه واقدی ۱۱۱

مردان را جفت آنها کرد که چیزی در آنها فرو بریم، و چون بخواهیم برون آوریم برای ما کره‌ها آورند).» سجاح شادمانه پاسخ داد «أشهَدُ إنَکَ نَبیُ (گواهی دهم که هرآینه تو پیامبری)!» مسیلمه با رضایت از مؤفقیت در فریبایی و اغواگری حرف دل برون انداخت: «خواهی ترا به زنی گیرم؟ من پیغمبرم و تو پیغمبری، یکدگر را جفت و انبازیم. امتیان من و امتیان تو با هم همه اعراب را زیر نگین ما آرند!» سجاح با خوشحالی پاسخ داد «نکو حرفی‌ست و پسندیده!»

محدثین و سیره‌نویسان گفتگوی عاشقانه و شهوتبار آنها را که طی آن با یکدیگر سخنان مستهجن به نظم و نثر مسجع مبادله نمودند ثبت کرده‌اند. بسیاری از نویسندگان چون طبری و واقدی از خوانندگان به سبب قباحت مکالمهٔ مسیلمه و سجاح پوزش خواسته‌اند ولی با آنهم گزیده‌هایی از آن را نقل کرده‌اند. مسیلمه به سجاح چنین گوید:

ألا قُومی إلی النَّیْک      فقد هُیّی لک المَضْجَعْ
و إن شئتِ ففی البیت      و إن شئتِ ففی المخدعْ
و إن شئتِ سلقناکِ      و إن شئتِ علی أربعْ
و إن شئتِ بثلثْیه      و إن شئتِ به اجْمَعْ
(برخیز که به کار پردازیم      که خوابگاه مر ترا آماده است
اگر خواهی در خانه رویم      و گر خواهی در وثاق باشیم
اگر خواهی به پشتت افگنیم      وگرخواهی‌برچهاردست‌وپابداریم
اگر خواهی به دو سوم      وگر خواهی همه را)[۲۵]

سجاح مستانه خندید و گفت «همه را!» مسیلمه پاسخ داد «بر من نیز وحی چنین آمده!»

---

[۲۵] (یادداشت مترجم: ترجمهٔ گفتار منظوم مسیلمه و بخش‌های دیگری از روایت دیدار سجاح و مسیلمه از متن فارسی «تاریخ طبری یا تاریخ الرسل و الملوک»، تألیف محمد بن جریر طبری، ترجمهٔ ابوالقاسم پاینده، انتشارات اساطیر، تهران، چاپ سوم ۱۳۶۳، جلد چهارم، صفحات ۱۴۰۲ – ۱۴۰۴ گرفته شده است.)

سجاح پس از سه شبانه روز کامرانی به اردوگاه قبیله‌اش برگشت. آنها از او پرسیدند «چه خبر بود؟» پاسخ داد «وی برحق است و من به او ایمان آوردم و زنش شدم.» گفتند «چیزی مَهر تو کرد؟» گفت «نه!» گفتند «پیش وی بازگرد چون کسی همانند تو را زشت باشد بی مَهر بودن.» پس سجاح سوی مسیلمه که به دژ خود برگشته بود بازگشت، ولی مسیلمه چون او را بدید درِ قلعه را ببست و از بالای بارو آواز داد «چه خواهی همی؟» سجاح گفت «مرا مَهری معین کن» مسیلمه پاسخ داد «رَو میان قومت بانگ زن که مسیلمه بن حبیب پیمبر خدای دو نماز از نمازهایی که محمد آورده از شما برداشت، نماز عشا و نماز صبحدم را.» طبری گزارش می‌دهد که پس از آنروز چندین قبیله از بادیه نشینان صحاری عربستان دیگر نماز این دو وقت را نخواندند. ابن‌کثیر گزارش می‌دهد که مَهری که مسیلمه برای سجاح تعیین کرد رفع حرمت زنا و باده‌گساری بود.

پس از رفع خطری که از سوی سجاح متوجه او بود و از آنجا که به سبب فشار افواج خلیفه حضور سجاح را دست و پاگیر می‌انگاشت، مسیلمه به سجاح توصیه کرد تا به موطن و قبیلهٔ خود بازگردد و برای اقناع او موافقه کرد که در ازای آن نیمهٔ فراورده‌های کشاورزی استان یمامه را در دو قسط معجل و مؤجل به وی بپردازد. سجاح قسط معجل را دریافت داشت و برای دریافت قسط بعدی که هرگز پرداخته نشد پیش از رفتن سه تن نماینده (هذیل، عقه و زیّاد) را در یمامه توظیف کرد و باقی گذاشت. وی پیش از رسیدن جنگجویان مسلمان به یمامه به قبیلهٔ مادری خود بنی‌تَغلِب که در حوالی بصره در عراق امروزی می‌زیست برگشت و تا زمان رانده شدن از آنجا توسط معاویه در سال ۶۶۱ میلادی در همان جا بماند. گویند که پیش از مرگ اسلام آورد.

و اما، فرصت تنفسی که به مسیلمه دست داد دیری نپایید. اخبار ناگوارِ هر چه نزدیکتر شدن قشون خالد بن ولید پشت سر هم به وی می‌رسید. یکی از خونین‌ترین برگ‌های دورهٔ حکمروایی نخستین خلافت اسلامی در شُرُف نگاشته شدن بود.

مسیلمه با آنکه هیچگونه قصدی برای حمله بر مدینه نداشت مسلمانان را به سبب نفوذ فزاینده‌اش بر قلمرو وسیع و ستراتیژیک یمامه آشفته و پریشان ساخته بود. ابوبکر خطری را که از سوی مسیلمه متوجه خلافت نوپای اسلامی بود نیک می‌دانست و وقتی یارانش از وی خواستند به حساب سالار یمامه برسد خموشانه به نشانهٔ موافقت سر جنباند. او مصمم ولی مضطرب بود و می‌دانست که جنگ با مسیلمه و پیروانش که شمار شان به هزاران می رسید – به حوالهٔ طبری چهل هزار[۲۶] – جنگ صعب و خونینی بود که در پیش داشت.

در آن هنگام که سپاه مسلمانان در ذوالقصه اردو زده بودند، ابوبکر یکی از عم زادگان خالد، عکرمه بن ابوجهل را برای استکشاف و دیده‌بانی به یمامه فرستاد و در پی او نیروی امدادی به فرماندهی شُرَحبیل ابن حسنه نیز گسیل داشت. آنچنان که ابن کثیر گزارش می‌دهد، عکرمه برای آنکه افتخار ظفرمندی در جنگ همه از آنِ او گردد بدون آنکه منتظر رسیدن قوت‌الظهر ماند حمله راه انداخت[۲۷] و در نتیجه سپاهیانش با تیغ دشمن سلاخی و تار و مار گردیدند. ابوبکر با خشم توفنده سوی او نامه نوشت و او را به سبب شتاب ورزیدنش مورد توبیخ و سرزنش قرار داد[۲۸] و فرمود تا بدون درنگ یمامه را ترک و برای تقویهٔ سپاه مسلمانان به عُمان رود و سپس جهت کمک به عم‌زادهٔ دیگرش مهاجر ابن ابی‌امیّه به یمن و حضرموت بشتابد.

با آنکه سرکوب مسیلمه در وظایفی که خلیفه در ذوالقصه برای خالد ابن ولید معین کرده بود شامل نبود، ابوبکر اکنون متیقن شد که تنها فاتح طلیحه می‌توانست با حریف نیرومندی چون مسیلمه مقابله کند. احضار خالد به مدینه پس از افتضاح مالک

---

[۲۶] تاریخ طبری ۲۷۷/۲

[۲۷] البدایهٔ ابن کثیر ۳۶۳/۶

[۲۸] تاریخ طبری ۲۷۵/۲

ابن نویره نه برای عزل یا حتی سرزنش او، بلکه برای آن بود تا این مأموریت جدید را به او بسپارد. ابوبکر مصممانه به خالد دستور داد «ترا می‌باید تا به جنگ مسیلمه روی. وی ما را خبیث‌ترین دشمن است و همی باید تا نابود شود.» علی‌رغم داغ ننگ و بدنامی که بر جبین خالد بود خلیفه به او نیاز داشت، ازینرو قابل درک است که چرا با آنهمه اصرار عمر از برکناری او ابا ورزید و حتی بدون آنکه خمی به ابرو بیاورد او را عفو کرد. ابوبکر با چشم پوشی بر اعمال شنیع خالد خود را آماج انتقاد شدید قرار داد، اما از نگاه کاربردگرایی سیاسی می‌دانست که یگانه عامل نستوهی که می‌توانست بر آن حساب کند خالد بود.

بر پایهٔ دستورات جدید، سپهسالار مسلمانان فرمان پویه سوی یمامه را صادر کرد. شمار لشکریان او چشمگیر بود: اضافه بر مهاجرین و انصار، اکنون دسته‌های بزرگی از جلب شده‌ها از قبایل منکوب و منقاد زیر امر او قرار داشتند و در کل سیزده هزار مرد جنگی زیر پرچم او کمر بسته بودند. لشکر خالد ابن ولید در پیش رَوی سوی یمامه انواع حملات بر مردمان مسیر پویه راه انداخته و «مرتدین» را به وحشیانه‌ترین اشکال ممکنه قلع و قمع می‌کرد.

واقدی می‌نویسد[۲۹] که وقتی بنی‌حنیفه از نزدیک شدن قشون خالد آگاه شدند برای مشوره به ثمامه ابن اثال که نخستین مسلمان شدهٔ قبیلهٔ بنی‌حنیفه و از مخالفین سرسخت مسیلمه بود رو کردند. ثمامه به آنها هشدار داد که با جانبداری از «کذّاب» سخت اشتباه می‌کردند و اظهار داشت که خود تصمیم دارد برای حفظ جان و مال خود و خانواده‌اش به دیدار خالد رود و گردن نهد. شمار زیادی از بنی‌حنیفه یکجا با ثمامه در نیمهٔ شب نزد خالد رفتند و امان خواستند. خالد به آنها امان داد، اما بنابر دلایل نامعلوم ثمامه از اشتراک در جنگ یمامه در کنار سپاهیان خلیفه ابا ورزید.

با رسیدن به منزلگاه مقصود، قشون خلافت در یکی از وادی‌های آنجا اردو زد و خالد دسته‌یی متشکل از دو صد مرد جنگی را با این دستور که «اندرین پهنه روید و هر

---

[۲۹] ردّه واقدی ۱۱۱

آنچه توانید از اخبار و آثار بمن باز آرید!» به استکشاف فرستاد. دستهٔ استکشافی با مجاعه ابن مراره که یکی از شیوخ بنی‌حنیفه و عضو هیئتی بود که با پیامبر در مدینه ملاقات کرده بود سر خورد و او را با حدود بیست تنی که او را همراهی می‌کردند اسیر ساخت و زنجیرپیچ نزد خالد آورد. سرلشکر مسلمانان بی‌درنگ از آنها پرسید «اندر باب همدم‌تان مسیلمه چه اندیشید؟» آنها جواب دادند «گویند که در نبوّت انباز و شریک محمد ابن عبدالله باشد.» مجاعه که مدبرتر و محتاط‌تر بود پاسخ داد که رأی او چنین نبود و توضیح داد که او و همرکابش ساریه بن عامر به محمد ایمان داشتند و با او در مدینه ملاقات کرده بودند. وی سوگند یاد کرد که آنها مرتد نشده بودند اما مجبور بودند به سبب ترس از مسیلمه تقیه کنند.

سردار مسلمانان این دو را فرمود تا در گوشه‌یی به دور از «کفار» بایستند، سپس به گروه اسیران نزدیک شد و هر یک را با یک یک ضربهٔ شمشیر گردن زد. مجاعه از ترس و وحشت خشک شده بود و با یقین به اینکه اینک نوبت او فرارسیده، با آواز لرزان بزارید: «ای امیر، چرا در کشتن شتاب ورزی؟ مرا به الله سوگند است که مسلمانم! آنچه بدان دیروز ایمان داشتم امروز نیز بدان باورم! اگر کذابی به عنف و اجبار خود را بر ما تحمیل کرد، ما را در آن چه جرم و گناه باشد؟ چه توانستمی کردن؟ چرا مجرم و بی‌گناه را تفریق می‌نکنی؟ خداوند در قرآن همی‌فرماید "وَلَا تَزِرُ وَازِرَةٌ وِزْرَ أُخْرَىٰ – و هیچ‌کس بار گناه دیگری را به دوش می‌نکشد (سورهٔ فاطر: ۱۸)"» ساریه با همان لحن زاری و استرحام افزود «راست باشد آنچه مجاعه گوید. کیفر جرم دیگران از ما مَستِان! من نیز مسلمانم! ما را از تیغ خونریزت امان ده چون ترا در جنگ و قتالت در برابر مسیلمه سخت به کار آییم. مجاعه که در برابر تو بر خاک مذلت نشسته است اندر میان اهل یمامه شیخ و امیری‌ست با عزت و جاه! ما را مکش، ترا به کار آییم!» خالد لحظه‌یی اندیشید و سپس آندو را امان داد ولی بر آن شد تا آنان را به گفتهٔ طبری «گروگان»[۳۰] نگهدارد تا ببیند که انکشاف اوضاع بر چه منوال خواهد بود.

[۳۰] تاریخ طبری ۲۷۷/۲

وی به ویژه می‌خواست تدبیر و گربزی مجاعه را به کار گیرد، ولی تا آن دم آنها را زنجیرپیچ در خیمهٔ خود، یکجا با زوجهٔ جدیدیش ام‌تمیم بیوهٔ مالک ابن نویره اسیر نگهداشت.

پس از آگاهی از رسیدن خالد به قلمرو تحت نفوذش، مسیلمه جنگاوران خود را که در عقربا[۳۱] موضع گرفته بودند آرایش جنگی داد و فرماندهی آنها را به دو تن از پیروانش مُحَکَّم ابن طفیل و نهار الرجال ابن عنفوه که در گذشته عضو هیئت اعزامی نزد محمد به مدینه بود سپرد. در لشکرِ در حال پیش رَوِی خلافت اصحاب نامداری شامل بودند، چون زید برادر عمر ابن خطاب[۳۲]، عبدالرحمان ابن ابوبکر پسر خلیفه، ثابت ابن قیس، سالم بردهٔ آزاد شدهٔ ابو حذیفه و اسامه ابن زید که پس از برگشت از شام به لشکر خالد پیوسته بود. به روایت ابن هشام، در میان جنگجویان زنانی چون نُسَیبه بنت کعب خزرجی که از آغاز دعوت محمد به او ایمان آورده و پسرش حبیب ابن زید را مسیلمه در شرایط عجیبی مثله کرده بود (محدثین و سیره نویسان به ذکر مختصری از آن بسنده کرده‌اند) نیز شامل بودند. نُسیبه اصرار داشت تا به همراهی پسر دومش عبدالله ابن زید در جنگ بر ضد «کذاب» شرکت کند تا انتقام مرگ پسر بزرگتر خود را بستاند.

دو لشکر ناوردجو در منطقهٔ عقربا در برابر هم صف آراستند. به گفتهٔ ابن کثیر[۳۳] جنگ یمامه در پایان سال یازدهم هجری آغاز و در آغاز سال دوازدهم هجری (دسامبر سال ۶۳۲ میلادی) پایان یافت، اما دیاربکری[۳۴] بیان می‌دارد که این جنگ خیلی پسانتر در

[۳۱] معجم البلدان یاقوت ۱۳۵/۴ . این همان العُیَینه (یا الخراج؟) در شمال شرق عربستان سعودی امروزی می‌باشد.

[۳۲] سیَر ذهبی ۱۸۴/۳-۱۸۵

[۳۳] البدایهٔ ابن کثیر ۳۵۶/۶

[۳۴] تاریخ الخمیس دیار بکری ۲۱۹/۲

ماه ربیع الاول سال دوازدهم هجری (مه ۶۳۳)[۳۵] واقع شد. پیش از آغاز نبرد دو لشکر به مدت یک روز یکدیگر را از دور پاییدند و دیده‌بانی کردند. روز بعد خالد تصمیم گرفت تا حمله راه اندازد. وی در میمنه زید ابن خطاب برادر عمر و در میسره اسامه ابن زید را قرار داد. سپاهیان مسیلمه که در برابر آنها قرار داشتند تیغ از نیام برکشیدند و دو لشکر بهم آویختند. جنگِ آنروز چنان خونین بود که خونریزی و کین‌توزی به زودی ابعاد بی‌سابقه‌یی به خود گرفت. واقدی[۳۶] از سه صد تن کشته در همان روز اول در میان مسلمانان و دو چند آن در میان سپاهیان مسیلمه سخن می‌راند. گفته می‌شود که در آن روز رجال ابن عنفوه به دست زید ابن خطاب و مُحَکّم ابن طفیل به دست عبدالرحمان پسر خلیفه نابود گردیدند.

شامگاه آنروز دو لشکر کینه‌جو متارکه کردند ولی روز بعد کارزار نبرد پرخشونت‌تر از روز پیشتر از سر گرفته شد. جنگجویان مسیلمه یورش بی‌امانی بر مسلمانان راه انداختند و در طی آن شمار زیادی به شمول زید ابن خطاب برادر عمر را کشتند.[۳۷] آنروز مسلمانان با شکست فاحشی مواجه گشته سپاهیان بسیاری از مسلمانان برای نجات از کشتار فرار را بر قرار ترجیح دادند. حملهٔ لشکریان مسیلمه چنان شدید بود که در قلب لشکر مسلمانان رخنه کرده خود را به خیمهٔ خالد ابن ولید رساندند و چون آنرا اشغال کردند مجاعه را در غل و زنجیر و در نزدیک او ام‌تمیم لیلا بنت منهال بیوهٔ وحشت زدهٔ مالک ابن نویره را یافتند. کینه‌جویان مسیلمه بر آن زن نگون‌بخت هجوم بردند. ام‌تمیم که از ترس می‌لرزید خود را در پشت مجاعه پنهان کرد. مجاعه با ردای خود او را پوشاند و در حالیکه جنگجویان مسیلمه را پس می‌زد نعره برکشید «دست از او بردارید! او زنی‌ست عزتمند و با آبرو، ننگ باد بر شما! مردان را گذارید تا بر زنی

---

[۳۵] Caetani در اثر خود *Annali dell' Islam* (گهنامهٔ اسلام) درین باره بیشتر به نیمهٔ اول سال دوازدهم هجری (میان ژانویه و مه ۶۳۳) متمایل است.

[۳۶] رِدّه واقدی ۱۱۲

[۳۷] ذهبی فصل کوتاهی را به برشماری کشته شدگان جنگ یمامه اختصاص داده است (سِیَر ذهبی ۱۸۵/۳–۱۹۰)

حمله آرید؟ گر مردید روید و با مردان درآویزید!» مهماجمین با شرمساری سر به زیر افگندند و بیصدا خیمهٔ خالد را ترک گفتند.

خالد که خود در میدان نبرد می‌رزمید متوجه شد که جنگجویانش پراکنده شده و او را در برابر لشکر دشمن تقریباً تنها گذاشته بودند. ترس در دلش رخنه کرد، پس نعره برکشید «بدا به حال تان، ای قاریان قرآن! مگر قهر خدا و عقوبت روز جزا را از یاد برده‌اید؟ بدا به حال شما اهل اسلام!» وضع باریک بود. تنها شمار کوچکی از مسلمانان برگشتند تا در کنار خالد بمانند. سپهسالار اسلام با عار دانستن عقب نشینی بر اسپ خود برجهید و به سالم بردهٔ آزاد شدهٔ حذیفه فرمود تا عَلَم مهاجرین را برافرازد و در کنار او به پیش پوید. با دیدن تهور و بی‌باکی رهبرشان، سربازان اسلام یک یک از مخفیگاه‌های خود بیرون خزیدند و دور او جمع شدند. خالد همچنان به رجزخوانی ادامه می‌داد تا جنگجویانش را برانگیزد و تکان دهد: «ایا مهاجرین! ایا انصار! چه شیطانی اندر دل‌های شما ترس همی‌کارد که چون دشمن بینید پا به فرار گذارید؟ اگر ایمان از شما کوچیده و دیگر مسلمان نیستید، غیرت که دارید!؟ به خاطر غیرت‌تان برزمید و شمشیر زنید!» سخنان خالد آتش به خرمن احساسات سربازانش زد. با شنیدن آن بیغاره‌ها دیگر فکر فرار از کله‌ها گریخت و هماوردی را مجال نبود در برابر آنها بایستد.

پس پیکار از سر گرفته شد و چکاچاک و هیاهوی کارزار به اوج رسید. سیره‌ها و احادیث وحشت کشتار نبرد را با جزئیات گزارش می‌دهند و از شطارت‌ها و کارروایی-های یلی به نام ابودجانه به گونهٔ خاص روایت‌ها دارند،[۳۸] چنانکه گویند که با یک ضربهٔ شمشیر سروری از ابوحنیفه را به دو نیم پاره کرد و چه سرها و پاهایی که برید و درید. در صحنه‌یی که طبری وصف می‌کند[۳۹] باز ابودجانه را می‌بینیم که حریف را در میان بازوان خود اسیر گرفته گلویش را می‌بُرد و از بُن حلق نعره برمی‌کشد «ایا اهل اسلام! مرا دریابید! مرا دریابید!» هجوم بی‌امانی بر لشکر مسیلمه راه افتاد. در

---

[۳۸] سِیَر ذهبی ۳/۱۵۱–۱۵۳

[۳۹] تاریخ طبری ۲/۲۷۹

بحبوحهٔ گیر و دار آواز خطیب انصار ثابت ابن قیس شنیده می‌شد که اشعار حماسی برای تشجیع سربازان اسلام بر می‌خواند، ولی ناگهان دیدند که صدایش خاموش شد و چون سویش برگشتند او را در میان تالابی از خون افتاده بر زمین یافتند. یکی از جنگاوران مسیلمه او را برای همیش خاموش ساخته بود .

با همه رشادت و پایداری سربازان اسلام، هیولای شکست بر لشکر مسلمانان سایه انداخته بود. بنی‌حنیفه سخت پایداری می‌کرد و تلفات مسلمانان چشمگیر بود. گفته می‌شود که در آنروز وحشتِ مرگ حتی دردل خالد ابن ولید متهور و بیباک نیز رخنه کرد، پس با درک خطری که سیرِ جنگ به خود گرفته بود جنگاوران خود را فرمان عقب نشینی داد تا وضع موجود را وراندازی کند. مسلمانان آن شب را با برشماری قربانیان نبرد گذشتاندند. تلفات مسلمانان خیلی‌ها سنگین بود. در جنگ آنروز صدها تن به شمول برخی از نامدارترین اصحاب پیامبر اسلام از قبیل زید ابن خطاب برادر عمر، سالم بردهٔ آزاد شدهٔ ابوحذیفه، ثابت ابن قیس و تعداد بی‌شماری از حافظان و قاریان قرآن کشته شدند. نُسَیبه نیز که در میدان رزم در پهلوی مردان می‌جنگید زخم مهلک برداشته بود. با فاجعه‌یی چنین خالد کمتر گزینه‌یی داشت جز اینکه زندگی همه را در قمار گذارد و واپسین یورش مرگ یا پیروزی را راه اندازد. پس فردای آنروز سربازان باقیمانده را گرد آورد و جنگاوران را به دسته‌ها تقسیم کرد[۴۰] و برای هر دسته وظیفهٔ نگهداشت موضع معینی را مشخص نمود. سپس خود بر اسپ سوار شد و در قلب سپاه جا گرفت، شمشیر از نیام برکشید و با فریاد «الله اکبر» آنرا برافراخت و سوی دشمن تاخت. سربازانش در عقب او از ژرفای سینه نعرهٔ «الله اکبر» برآورده یکپارچه چون تن واحدی بر لشکر هماورد یورش بردند.

حملهٔ راه انداخته شده سپاهیان مسیلمه را یکسره غافلگیر کرد چون با باور بر اینکه جنگ را در روز پیشتر برده بودند هیچگونه انتظار و آمادگی برای مقابله با حملهٔ جدیدی را نداشتند. ازینرو با آغاز تازش نیروهای باقیماندهٔ خالد تب لرزهٔ فرار در

---

[۴۰] (توضیح مترجم:) طبری بیان می‌دارد که دسته بندی سپاه بر اساس تعلق قبیلوی و عشیروی صورت گرفت تا هر دسته با انگیزهٔ دفاع از غیرت و نام تباری خود بجنگد.

صفوف آنها افتاد، به خصوص آنکه یلان جنگی شان رجال ابن عنفوه و مُحَکَّم ابن طفیل در نخستین روز کارزار کشته شده بودند. درین میان مسیلمه با اشاره به باغ بزرگ محاط با دیواری که در آن نزدیکی قرار داشت فریادبرآورد «هله، اندر باغ پناه جویید!» این باغ به نام حدیقة الرحمان (باغ رحمان)[۴۱] یاد می‌شد و در آن مسیلمه قرارگاه و مرکز فرماندهی خود را ایجاد کرده بود. سپاهیان دور و پیش مسیلمه به سرعت سوی باغ دویده به دروازهٔ آن هجوم بردند و خود را درون دیوارهای بلند آن محصور کردند و پس از بستن دروازهٔ بزرگ و مستحکم باغ به دور او گرد آمدند. باقیماندهٔ لشکر مسیلمه در اطراف باغ جمع شدند.

سپاهیان خالد به دستور سپهسالار شان دشمن را تعقیب کردند ولی چون به دروازهٔ باغ رسیدند دانستند که راهی به داخل نداشتند، پس درگیر نبرد شدیدی با دشمنانی شدند که در اطراف باغ موضع گرفته بودند. سربازان مسیلمه با چنگ و دندان می‌جنگیدند و شمار زیادی از مسلمانان را به قتل رساندند، اما خالد از پیکار دست نکشید. وی که خود هر سو شمشیر می‌زد چندین تن از هماوردان را از پا درآورد. با اینهمه، باغ تسخیر ناپذیر ماند و مسلمانان نتوانستند به درون آن راه باز کنند.

درین هنگام به یکی از سربازان مسلمان به نام البرأ ابن مالک حالت جنون‌سان دست داد و فریاد برآوردن گرفت که «مرا اندر باغ اندازید! مرا اندر باغ اندازید!» همه می دانستند که این فرد انصاری را در هنگام محاربه و مقاتله حالت بیخودی دست می‌داد و مسحورگونه می‌شد؛ به راستی هم آنکه می‌خواست از بالای دیوار اندر باغ رحمان در میان دشمنان پرتاب شود باید دیوانه یا مسحور می‌بود! سپاهیان مسلمان بی‌درنگ او را روی بازوان خویش برداشتند و از بالای دیوار باغ به درون افگندند. وی «چون شیری» برجهید و دیوانه‌وار در میان باغ با چنان سرعتی سوی دروازه دویدن گرفت که ملازمان مسیلمه نتوانستند به او برسند. البرأ خود را به دروازهٔ باغ رساند و آنرا از درون به روی مسلمانان گشود. تا این هنگام پیروان مسیلمه خود را به او رسانده و در

---

[۴۱] معجم البلدان یاقوت ۲۳۲/۲

جا او را به هلاکت رساندند.[42] خالد بی آنکه لحظه‌یی را از دست دهد نخستین کسی بود که با تیغ افراشته سوار بر اسپ به درون باغ تاخت و در پی او سپاهیانش ریختند. کسی از جنگاوران مسیلمه بانگ برآورد «ای فرزندان بنی‌حنیفه! تا پای جان برزمید و با عزت بمیرید! این باغ، حدیقة الموت (باغ مرگ) است!»[43] نبردی که در باغ صورت گرفت سلاخی تمام عیار بود. اجساد کشته شدگان دو جانبِ هماورد روی هم انباشته شده بودند. واقدی[44] می‌نویسد که سراسر زمین باغ از خون سرخ بود و طبری[45] گزارش می‌دهد که آنروز هفت هزار مرد، چه در درون و چه در بیرون باغ، گلو بریده شدند. زان پس آن باغ در نوشته‌ها «حدیقة الموت» نام گرفت.

مسیلمه با دهن کف کرده در گوشه‌یی از محوطه ایستاده بود که دروازۀ باغ باز شد و جنگاوران مسلمان به درون باغ ریختن گرفتند. این صحنه به او نیز حالت وصف ناپذیر جنون و بیخودی داد که بر پایۀ گفتۀ طبری[46] ثبوت این بود که شیطان در پوستش درآمده و بر وی مسلط بود. وی پس از لحظه‌یی به خود آمد و بر اسپ خود سوار شد تا به جنگ ادامه دهد، اما با دیدن اینکه سراسر باغ با اجساد کشته شدگان فرش بود دانست که لشکرش شکست خورده و تنها چارۀ باقی مانده گریز بی‌درنگ از آن باغ بود. پس از اسپ فرود آمد و با پایین کردن نقاب کلاهخود چهرۀ خود را پوشاند و سوی دروازه دوید. درین هنگام وحشی نام بردۀ حبشی که در جنگ اُحُد حمزه عموی پیغمبر را به قتل رسانده ولی سپس مسلمان شده بود با ژوبینی که با آن حمزه را کشته بود دم دروازۀ باغ ایستاده بود.[47] با نزدیک شدن مسیلمه به دروازه،

---

[42] تاریخ طبری ۲/۲۷۹-۲۸۰
[43] تاریخ طبری ۲/۲۸۱
[44] رِدّه واقدی ۱۳۰
[45] تاریخ طبری ۲/۲۸۱
[46] تاریخ طبری ۲/۲۸۲
[47] وحشی پیش از مسلمان شدن خدمتگار هند زوجۀ ابوسفیان بود و همو به انتقام قتل پدرش که به دست حمزه کشته شده بود وحشی را فرمود تا حمزه را در طی جنگ احد به قتل رساند.

عبدالله ابن زید انصاری را گمان دست داد که این همان کذّاب است، پس خود را به او رساند و با شمشیر بر او وار کرد. ضربهٔ شمشیرِ ابن زید مسیلمه را بر زمین افگند اما چون زره بر تن داشت او را زخم کاری نزد، پس مسیلمه برجست و با تاخت به گریز ادامه داد. فرد انصاری از دور بر وحشی بانگ داد «بنگذار او را! این همان کذاب است!» بردهٔ حبشی ژوبین دست داشته را سوی مرد گریزنده پرتاب کرد و علی‌رغم زرهی که مسیلمه به تن داشت شکم او را سُفت و از پشتش برون زد. مسیلمه بیجان بر زمین غلتید.[۴۸] وحشی فیلسوفانه اظهار داشت «قضا را بنگر که بهترین مردان و خبیث‌ترین آنها هر دو به دستان من کشته شدند!»[۴۹]

مرگ مسیلمه برای بنی‌حنیفه حیثیت تیر خلاص و برای مسلمانان حیثیت خروش پیروزی را داشت. خالد درحالیکه شماری از سربازانش او را همراهی می‌کردند در میان کشتگان ناوردگاه گشتی زد. خبر کشته شدن مسیلمه به او رسیده بود ولی کماکان مراقب چهار طرف خود بود چون می‌پنداشت مسیلمه هنوز زنده است و می‌خواست به چشم سر مردهٔ او را بیند. از آنجا که هرگز مسیلمه یا هیچ یک از سران بنی‌حنیفه را پیش از آن ندیده بود، فرمود تا مجاعه را فراخوانند تا در شناسایی اجساد دشمنان کمک کند. مجاعه را با غل و زنجیر به باغ مرگ کشاندند. وی جسد مسیلمه را به خالد نشان داد. سپهسالار مسلمانان با دیدن پیکر نزار و چهرهٔ رنگ رفتهٔ مسیلمه در شگفت شد چون فکر نمی‌کرد این مرد کوچک جثه و نحیف همان مُتَنَبی پرجاذبه‌یی باشد که توانسته بود هزاران پیرو را در عقب خود بسیج کند، پس سوی مجاعه رو گرداند و گفت «پایان کار همدمت را بین! از بهر این آدمک بود که خودها را چنین قربان کردید!؟» مجاعه به امید استرحام با خضوع و خشوع در برابر خالد تعظیم کرد و پاسخ داد «خداوندت در پناه خود نگه داراد، ای امیر! نفرین باد بر مسیلمه! خداوند این کذّاب را لعنت کناد! وی همه قبیلهٔ بنی‌حنیفه را مایهٔ ننگ و بربادی شد!»

---

[۴۸] تاریخ طبری ۲۸۴/۲

[۴۹] تاریخ طبری ۲۸۵/۲

خالد با رضایت خاطر باغ مرگ را ترک گفت. پیروزی مسلمانان مسجل بود اما میزان کشتار به حدی بود که شیرین‌کامی ظفر را زایل می‌ساخت. خالد به احصأ تلفات لشکرش پرداخت. محدثین و سیره نویسان از هزار و دو صد کشته در صفوف مسلمانان سخن می‌رانند که ده‌ها قاری و حافظ قرآن و صحابی نامدار رسول در آن جمله شامل بودند. طبری و ابن کثیر در روایت‌هایی که از تلفات جنگ یمامه نقل می‌کنند ارقام نجومی کشتگان مسلمان و قبیلهٔ بنی‌حنیفه را گزارش می‌دهند که بی-گمان مبالغه آمیزند.

خالد دستور داد تا کشتگان مسلمانان را بی‌درنگ به خاک بسپارند، پس آنها را با جامه‌های خونین‌شان و بدون غسل و نماز جنازه به خاک سپردند چون دعای رحمت برای کسانی که در جهاد فی سبیل‌الله شهید شده بودند و سر راست به بهشت می-رفتند زائد پنداشته می‌شد. مردگان دشمن به شمول پیکر مسیلمه را در چاه‌های دَور و پیش انداختند. سپهسالار اسلام سوی ابوبکر نامه نوشت و در آن از پیروزی مسلمانان و نیز از تلفات سنگین آنها به خلیفه اطلاع داد. وقتی خبر مرگ آنهمه مردان مسلمان به مدینه رسید غریو نوحه و زاری از همه خانه‌ها بلند گردید. مزهٔ پیروزی بس تلخ بود. با شنیدن خبر مرگ برادرش زید، عمر از پا درآمد. ابوبکر نیز از سوگ و اندوه کشتگان بیتاب شد ولی ازینکه پسرش عبدالرحمان زنده مانده و حتی در کشتن رزم‌آرای لشکر دشمن مُحَکّم ابن طفیل قهرمانی نشان داده بود احساس دل‌آسایی می‌کرد. اما منظرهٔ شهر مدینهٔ نشسته در سوگ آنانی که برنمی‌گشتند او را به یاد لعنت فاطمه انداخت: «این همانا که از نفرین اوست! حتی پیروزی ما بر دوش سیل اشک آمده است!»

ابوبکر به گونهٔ خاص از کشته شدن شمار زیادی از اصحابی دلخون و پریشان بود که قرآن را از بر داشتند، چون با مرگ آنها ترس آن می‌رفت که آیات آشکار شده از میان روند. درین باره عمر مشوره داد که همه آنچه آیات بر آنها نوشته شده بود، اعم از استخوان شانهٔ شتران، برگ‌های خرما وغیره، و همه آنچه اصحاب باقیمانده در حافظه داشتند گرد آورده شده در یک مجموعه یا «مصحف» جمع گردند. ابوبکر بدواً دو دل و مردد بود: «چگونه توانیم اندرین باب – آنگاه که فرستادهٔ خدا چنین نکرد – دست

به همچو بدعتی زنیم؟» اما عمر توانست بر لزوم آن به قناعت او پردازد. پس ابوبکر زید ابن ثابت را مؤظف ساخت تا نخستین مصحف را گرد آورد.[۵۰] زید از سنگینی باری که بر دوشش نهاده شده بود به خود لرزید و به خلیفه اظهار داشت «ای کاش از من بخواستی تا کوهی را فرو افگندمی! آن کار مرا سهلتر بودی!» اما با ابرام ابوبکر و عمر، زید به کارِ گردآوری سوره‌ها و آیات پراگندهٔ قرآن «بین الدَفَتین (میان دو پُشتی)» آغازید. محدثین زیادی[۵۱] درین باره متفق‌القولند: قرآن بار نخست نه چنانکه به کرات گفته شده به ابتکار خلیفهٔ سوم عثمان بن عفان گرد آورده شد بلکه در زمان خلیفهٔ اول تدوین گردید. و اما، این نخستین مجموعهٔ گردآورده شده به دست ما نرسیده است. تنها آنچه به ما گفته شده آنست که این اولین مصحف پس از مرگ ابوبکر به دست حفصه دختر عمر و بیوهٔ پیغمبر رسید و سپس برای همیش از دست رفت. این نخستین قرآن چه شد و بر سر آن چه آمد؟ چرا نگهداشته نشد؟ و اگر ابوبکر قبلاً همه آیات و سوره‌های قرآن را جمع آوری نمود، اخلاف او را چه نیاز بود تا آنرا دوباره از سر گرد آورند و تدوین کنند؟

با وجود پیروزی در جنگ یمامه خالد نگران و پریشان حال بود: آیا مقاومت بنی‌حنیفه واقعاً با مرگ مسیلمه پایان یافته بود؟ وی شک و تردید خود را با مجاعه که به سبب آنکه منبع ارزشمند اطلاعات بود کماکان او را نزد خود گروگان نگهداشته بود در میان گذاشت. آن مرد گربز با زیرکی پاسخ داد «مرا اندیشه آنست که بنی‌حنیفه را هنوز عزم مخاصمت در سر است. حصن حصین آنانرا بنگر! مرا شکی در دل نباشد که آن دژ مالامال از مردان جنگی سر در کف و تیغ در دست است که در همین دم از برج و باروی آن ترا ترصد همی‌کنند و باکی ندارند با جان‌نثاری جنگ را دنباله گیرند. آیا ترا بر توان مقابله با آنان به درستی یقین است؟ این مرا از خردمندی و مآل اندیشی به

---

[۵۰] سِیَر ذهبی ۶۷/۴–۶۸

[۵۱] صحیح بخاری ۷۱/۶؛ تاریخ دمشق ابن عساکر ۳۰۷/۱۹؛ جامع‌الاصول ابن اثیر ۵۰۱/۲؛ صحیح ابن حبان ۳۵۹/۱۰؛ صفة الصفوه ابن جوزی ۲۷۵/۱؛ تهذیب المزی ۲۰۸/۱۰؛ الریاض النضره محب‌الدین طبری ۱۶۳/۱؛ تاریخ الخلفاء سیوطی ۶۲

دور می‌نماید. جنگاورانت زله و خسته‌اند. تو نیز خسته‌ای، این را هر چشم بینایی تواند دید. صواب آن باشد که با قبیله‌یی که فرزند آنم از باب مصالحه درآیی.»

خالد با سرگشتگی سوی برج و باروی قلعه دید. ذهنش متلاطم بود: آیا باید خطر کردن؟ او می‌دانست که وسایل و امکانات محاصرۀ قلعه را در دست نداشت، چه رسد به یورش بر آن با لشکری که آنچنان تلفات سنگین در جنگ یمامه داده و زنده-ماندگان‌شان خسته و پژمان و از رمق افتاده بودند. خالد خود نیز زلۀ جنگ بود و به متارکه نیاز داشت. ازینرو به مجاعه پیشنهاد کرد تا میان او و قبیله‌اش آتش بسی را بند و بست کند و شرایط متارکه را چنین پیش کشید: «از بهر آنکه سر و جان‌شانرا امان دهم، حصارنشینان را باید نیمۀ مایملک خود مسلمانان را دادن و فزون بر آن شخص شخیص مرا نیز کوشکی و باغی باید.» وی از مجاعه زنجیرها را برداشت و او را فرستاد تا شرایطش را به بنی‌حنیفه برساند. وقتی مجاعه به دژ وارد شد جز عده‌یی پیر مرد، زن و کودکِ زنده مانده هیچ جنگاوری ندید، پس نیرنگی طرح ریخت و به زنان گفت تا لباس جنگجویان به تن کنند و زره پوشند و روهای خود با نقاب کلاهخود بپوشانند، سپس دستور داد تا بر باروی دژ فراز آیند و خود را به سپاه خالد بنمایانند. خالد که از دور نظاره می‌کرد آن سایه نماها را با زره و تیغ‌های لیان در روشنایی خورشید دید و چشمانش خیره شد.

چون مجاعه به اردوگاه خالد برگشت خالد گفتش «راست بگفتی و نکو مشورتی دادی! از دور بدیدم که انبوه یلان بر برج و بارو دیده‌بانی همی‌کردند.» مجاعه با رضایت خاطر دریافت که نیرنگش کارگر افتاده بود، پس گفت «آنچه بدیدی تنها تنی چند از فوج انبوهی بود کاندر درون قلعه‌ست. پاسخ ایشان هیچ بر وفق مراد نیست. آنان شرایط متارکه را می‌نپذیرند و مرا رسول فرستادند تا گویمت که آمادۀ نبردند. از خیرخواه گر شنوی، مصلحت آن باشد که از بهر مصالحه و متارکه بار سنگین شرایط را سبکتر سازی. مرا مشورت آنست که با حال و احوالی چنین به یک چهارم مایملک آنان بسنده کنی. با چنین شرطی آنان به مصالحه راغب گردند.» دلزدگی و تلخکامی خالد آشکار بود، ولی بدون اندیشه‌ورزی بیشتر گفت «چنین باد! پذیرم! ربع داشته و

مایملک خود ما را دهند و میان ما مصالحه باشد، ولی مباد آنکه کوشک و باغی که مرا باید از یاد برند که هرگز از آن بنگذرم!»

مجاعهٔ حنفی در باطن لبخندی زد. نیرنگش چه خوش کارگر افتاده بود! دوان دوان شتافت تا مژده را به همتباران بنی‌حنیفهٔ خود رساند: «از هر چه توانستمی دریغ نداشتم تا خالد را راضی دارم تا کمترین زیان شما را روا دارد! وی از خون شما درگذشت و زنان و فرزندان شما را به کنیزی و بردگی نخواهد کشاند! خوشتر آنکه کنون سه چهارم مایملک خود را نگهداشتن توانید!» اکثریت افراد قبیلهٔ بنی‌حنیفه بر توافق حاصله خرسند بودند اما صداهایی اینسو و آنسو در اعتراض به آن بلند شد. فردی به نام سلامه ابن عُمیر بر همتباران خود ندا داد «به تسلیمی تن درندهید! دژ ما مستحکم است و رخنه نپذیرد و آذوقه نیز ما را در حد کفاف باشد. تاب محاصره توانیم آوردن.» مجاعه در پاسخ آواز داد «بد به حالت باد! تابش اختر شومت بر همتباران را بنگذارم! مگر نکبت و رنجی که تا کنون آنان را افتیده است بسنده نیست؟ با چه برگ و توشه‌یی با مسلمانان مقابله خواهی کردن؟ چند جنگنده ترا باقی‌ست؟» بیشتر افراد بنی‌حنیفه با رأی مستدل مجاعه موافق بودند و با نظر سلامه مخالفت نشان دادند. هفت تن به نمایندگی از قبیلهٔ بنی‌حنیفه از قلعه برآمدند تا صلحنامه را بر پایهٔ شرایطی که مجاعه به آنها ابلاغ کرده بود با مسلمانان امضا کنند. سلامه نیز با این هفت تن همراه شد اما نه با نیت تأیید صلح، بلکه با قصد اینکه هنگام امضای موافقتنامهٔ آتش بس بر خالد حمله برد و او را به قتل رساند. وی درین اقدام ناکام شد و پا به فرار گذاشت، اما هنگام گریز به چاهی افتاد و جان سپرد.

نه این اقدام سؤ قصد (که از سوی بنی‌حنیفه منحیث حرکت یک فرد طاغی و باغی محکوم گردید) و نه پی بردن خالد به حقهٔ مجاعه هیچیک باعث بطلان موافقتنامهٔ صلح نگردید. در فردای عقد صلحنامه دروازه‌های حصار بنی‌حنیفه باز گردیدند و خالد به داخل رفت تا خانه‌یی را که طمع داشت انتخاب کند. حین گردش در داخل شهرک بر خدعهٔ مجاعه پی برد و بانگ برآورد «مرا بفریفتی و مغبونم ساختی! اینجا هیچ مرد جنگنده‌یی می‌نبینم!» مجاعه پاسخ داد «مرا از بهر نجات مردمم جز نیرنگ و تغابن

چاره‌یی نبود. آنان را پیمانهٔ مصیبت لبریز و چشم از مرگ جوانان‌شان خونریز است. از بهر این خدعه عیبم مکن، به اقبال بلند خود بناز که امروز آنان را در زمرهٔ همپیمانان خود بینی!» خالد چیزی نگفت ولی پذیرفت که علی‌رغم حقه‌یی که به کار رفته بود بر سر پیمان بایستد، چون می‌دانست که صلح برایش از جنگ منفعت‌بارتر بود زیرا بر اساس صلحنامه‌یی که امضا شده بود خالد یک ربع دارایی حریف را با خانه و باغی که برای خود خواسته بود به دست می‌آورد.

آیا خالد می‌خواست در یمامه که ثروت و رونق آنرا به چشم سر دیده بود به طور دائم سکنا گزیند؟ همه اشارات دال به این امرند. وی از یمامه غنیمت فراوان مشتمل بر زر و سیم و اسیران به دست آورد و پس از فرستادن خمس (پنجم حصهٔ) آن به خلیفه باقیمانده را میان جنگجویان خود تقسیم کرد. گفته می‌شود که شمار زیادی از اسرای بنی‌حنیفه را نیز به مدینه فرستاد که در میان آنها دختری بود که به علی هبه گردید و پس از چندی برای او فرزندی زایید که همان محمد ابن حنفیه (محمد پسر زن حنفی) مشهور است.[۵۲]

تصمیم خالد به انعقاد پیمان صلح با قبیلهٔ بنی‌حنیفه با انتقاد و نارضایتی شمار زیادی از مجاهدین فی سبیل‌الله، به خصوص انصاری که در اردوگاه مسلمانان بودند مواجه گردید. اُسید ابن خضیر با اعتراض بانگ داد «چونست که دشمن مغلوب را امان بدادی؟» سردار سپاه مسلمین پاسخ داد «به جنگیدن ادامه نتوان داد. کشته بسی داده‌ایم، این را تو خود دانی و دیدن توانی، جنگ ما را بسی فرسوده و رمقی بنگذاشته است.»

– «حقا! ولی خصم را نیز بفرسوده و رمقی بنگذاشته است!»

– «بیا حق نگریم و حق گوییم: آنانیکه جان بدر برده‌اند یا زخم به تن دارند یا از مرگ این همه یاران زخم به دل. با چه لشکری مرا باید محاربه و مقاتله را پی گرفتن؟»

---

[۵۲] سِیَر ذهبی ۴/۱۱۰–۱۲۹

- «گویمت و باز گویمت، اردوگاه خصم را نیز حال ازین بِه نباشد! ما را اِذن مقاتله ده، نَصرٌ مِنَ اللهِ وَ فَتحٌ قَریب – یاری از الله و پیروزی نزدیک است – رزم‌آرایان آنها چون مسیلمه و مُحَکّم و الرجال دیگر سر به نیستند، غلبه بر بازماندگان آنان سهل باشد و آسان!»

در گرماگرم مباحثهٔ این دو پیک خلیفه سررسید و سلمه ابن سلامه ابن وَقش با نامه-یی با امضای خلیفه وارد شد و نامه به دست خالد داد. با خواندن نامهٔ خلیفه رنگ سردار سپاه دگرگون شد، چون خلیفه بی چون و چرا فرمان قتل عام بنی‌حنیفه را تا آخرین فرد داده و به صراحت نوشته بود: «همه مردان بالغ را از دم تیغ درکش!» بس محتمل است که خلیفه این فرمان را زیر فشار خانواده‌های مسلمان جهت انتقام کشته‌شدگان جنگ یمامه صادر کرده بود.

اُسید نامهٔ خلیفه را گرفت و به نوبهٔ خود آنرا برخواند و به خالد گفت «درین نامه شخص خلیفه ترا مؤظف می‌دارد تا بنی‌حنیفه را قلع و قمع داری و احدی از آنان را زنده نگذاری!» انصار حاضر یکصدا اضافه کردند «فرمان خلیفه مرعی‌تر و بر فرمان تو مرجح و غالب است، پس ترا انقیاد باید.» خالد سخت در مضیقه افتاده بود چون نمی توانست پیمانی را که خود پای آن امضا کرده بود بشکند، پس به بدخواهان گفت «خلیفه از وضع لشکریان هیچ می‌نداند و او را آگاهی از آن نباشد که ما بس ضعیف و زله ایم. من بدین مصالحه تن از آن دادم تا شما را رستگاری باشد چون قتال و محاربهٔ دوامدار شما را بس فرسوده است. کنون کار از کار گذشته و تیر از کمان جسته، چون من با بنی‌حنیفه عهد صلح بسته‌ام و آنرا فسخ نتوان کرد. گذشته از آن، آنان اسلام آورده‌اند و مرا از بهر ادامهٔ محاربه و مقاتله با آنان هیچ عذر و بهانه‌یی نیست.» اُسید بدون هیچ مراعاتی بر خالد بانگ داد «یا للعجب! این تویی که چنین گویی!؟ مگر مالک ابن نویره را که مسلمان بود چه کسی سر برید؟»[۵۳] خالد سکوت کرد و جرئت پاسخ به حرف نیشدار ولی صائب اُسید را نداشت.

---

[۵۳] تاریخ الخمیس دیار بکری ۲۱۸/۲

متارکه با بنی‌حنیفه علی‌رغم ارادهٔ خلیفه و اعتراضات دوامدار انصار همچنان پابرجا ماند. انصار (شاید بحق و بجا) گمان می‌بردند که عهد نشکستن خالد بیشتر به سبب حفظ امتیازات شخصی – منجمله کاخی و باغی و زنی دلخواه – بود که صلحنامه به شخص او قایل شده بود. حدس و گمان ترجیح منافع شخصی بر منافع لشکری توسط خالد آنگاه مُهر تأیید یافت که انصار و لشکریان مسلمان آگهی یافتند که خالد دختر مجاعه را که زن زیبا و جوانی بود و به قولی در زیبایی در یمامه نظیر نداشت به زنی خواسته بود. خالد که اشتهای شهوانی‌اش سیری ناپذیر بود باور داشت که سهم بالاستحقاق او از غنیمت حاصله کمتر ازین نبود. در برابر این خواست پدر دختر با تردید و دو دلی به عنوان اعتذار به خالد بیان داشت: «پشتم را بشکستی، و روایات ناباب از تو در میان مردمان نیز بس فراوان است» خالد پاسخ داد «ترا با آن گفته‌ها کاری نیست! دخترت را به زنی خواهم!» مجاعه که گزیری نداشت ناچار پذیرفت و زفاف در همان شب صورت گرفت.[۵۴] مسلمانان ازین شتاب رسوای خالد در رفتن به حجله و بی اعتنایی به خون سپاهیان به خاک و خون غلتیدهٔ مسلمان سخت مشمئز گشتند.

اُسید ابن خضیر به مدینه برگشت تا زشتکاری‌های خالد را به خلیفه گزارش دهد. خون خلیفه از خشم به جوش آمد. کاسهٔ صبر و تحمل او لبریز شده بود چون این بار خالد دیگر پا را از گلیم خود خیلی فراتر گسترده بود. خلیفه بر افتضاح قتل ناجوانمردانهٔ مالک ابن نویره و بی‌ناموسی در حق زوجهٔ او چشم پوشیده بود، ولی دیگر نمی‌توانست خاموش ماند. وی خشم و بیزاری خود را با عمر در میان گذاشت: «دیدی خالد چه کرد؟ او را جز زن و شهوت فکری در سر نباشد و کشته شدن صدها مسلمان مجاهد فی سبیل‌الله را پشیزی اهمیت ندهد و پاس ندارد! بدتر از آن، کنون او را با قبیلهٔ دشمن پیوند دامادی برقرار است!» عمر که کینهٔ خالد را در دل داشت و از هیچ

---

[۵۴] تاریخ دمشق ابن عساکر ۶۱/۲۶۲-۲۶۴؛ الاصابه ابن حجر ۲۴۳/۳ . بدین گونه دختر مجاعه ابن مُراره پس از لیلا بنت منهال بیوهٔ مالک ابن نویره، و دو زن اولی خالد یعنی أسماء بنت أنس (مادر عبدالله اکبر) و کبشه بنت هوذه (مادر سلیمان) چهارمین زن خالد ابن ولید گردید.

فرصتی برای نکوهش و مذمت او مضایقه نمی‌کرد پاسخ داد «نگفتمت!؟ این مردک با بزه‌کاری‌هایش ما را جز بی‌آبرویی و بدنامی ارمغانی نیارد!» پس خلیفه به اُسید دستور داد تا با نامه‌یی تلخ و سوزان به یمامه برگردد: «ای خالد پسر اُم‌خالد! إنَّکَ لَفارِغُ القَلب (هرآینه قلبت از مروت و حیا چقدر خالی است)! تو در آن گاه به کامجویی از زنان پردازی که خون صدها مسلمان در چهار سوی تو هنوز نخشکیده است! و با بستن عهد صلحی که اندر باب آن هرگز از من استشاره نکردی خود را در دام خدعهٔ مجاعه افگندی. آنچه با مالک ابن نویره کردی چه بود که کنون مزاوجت با دختر آن مرد محیل کردی. لعنتت باد! بنی‌مخذوم از اعمال تو ننگین اند و سرافگنده!»[۵۵]

چون نامهٔ خلیفه به دست خالد رسید و آنرا خواند قاه قاه خندید و به اطرافیان اظهار داشت «مرا یقین باشد که این گفته‌ها نه از ابوبکر، بل از عمر ابن خطاب است که این نامه املا نموده، من کتابت و دستخط آن الأُعَیْسِرِ (چپ دستک) را نیک شناسم! این نامه حتی تمکین پاسخ را نیز از سوی من نشاید!»[۵۶] علی‌رغم تندی توبیخ، خلیفه فرمان خلع خالد از مقامش را صادر نکرده بود بلکه در همان نامه به او دستور داده بود تا بی‌درنگ یمامه را ترک و سوی عراق عزیمت کند. چنان می‌نماید که این فرمان (که در طرحریزی‌های آغازین پویه سوی ذوالقصه پیش‌بینی نشده بود) اقدام کیفری بود جهت تنبیه سپهسالار و تبعید او به دورترین نقطهٔ ممکن از مدینه، چون خالد دیگر در مدینه «عنصر نامطلوب» پنداشته می‌شد. حکم سرنوشت چنان بود که پای خالد زان پس برای همیش از مدینه قطع گردید.

ابوبکر فرستاده و نمایندهٔ خود اُسید ابن خضیر را مؤظف ساخت تا زمانی که خالد یمامه را به قصد عراق ترک نداده بود او را لحظه‌یی از نظر دور ندارد. خلیفه در آنگاه که نامهٔ خشم‌آمیز پر از سرزنش را می‌نگاشت با انگیزش عمر برکناری خالد از

---

[۵۵] تاریخ الخمیس دیار بکری ۲۱۸/۲؛ المنتظم ابن جوزی ۸۳/۴؛ اکتفاء کلاعی ۱۳۷/۲؛ نهایة الأرب نویری ۹۶/۱۹؛ تاریخ طبری ۲۸۴/۲

[۵۶] ثقات ابن حبان ۱۸۵/۲؛ المنتظم ابن جوزی ۸۳/۴؛ نهایة الأرب نویری ۹۶/۱۹؛ تاریخ طبری ۲۸۴/۲؛ رِدَّه واقدی ۱۴۶

فرماندهی سپاه را می‌سنجید اما به سببی از چنین فیصله‌یی انصراف ورزید که پیروزی شایان و چرخشی یمامه از برکت دلیری و پایداری خالد به دست آمده بود و خلیفه می‌دانست که برکناری چنین سردار فاتحی اثر زیانباری بر روحیهٔ جنگی سایر سپهسالارانی که به اقصی نقاط عربستان از بحرین تا عُمان و یمن فرستاده بود خواهد داشت.

خلیفهٔ مسلمین به همه اطراف و اکناف عربستان قشون گسیل داشت و هر یک را زیر فرمان سپهسالاری جداگانه قرار داد. وی وظیفهٔ فتح بحرین[۵۷] در کنارهٔ شرقی شبه جزیرهٔ عربستان را که وضعیت سیاسی آن بنابر جنگ میان دو قبیلهٔ عمدهٔ منطقه (بنی‌عبدقیس و بنی‌بکر ابن وائل) بس پیچیده و مغلق بود[۵۸] به العلاء ابن حضرمی[۵۹]

---

[۵۷] بحرین به حوالهٔ یاقوت حموی در آن زمان نام ناحیهٔ ساحلی عربستان میان بصره و عُمان بود که مشرف بر اوقیانوس هند بوده و یمامه در جنوب آن قرار داشت. امروز بحرین مشتمل است بر منطقهٔ جغرافیایی که شرق عربستان سعودی، قطر، جزیرهٔ کنونی بحرین و بخش‌هایی از کویت و امارات متحدهٔ عربی را شامل می‌گردد. باز هم به حوالهٔ یاقوت (معجم البلدان ۳۴۶/۱-۳۴۹)، این منطقه غنی از منابع آب بوده شهرهای مهم آن در آن زمان عبارت بودند از خَطْ، قطیف، آرَه، هَجر، بَینُونَه، زارَه، جواثا، سابور، دارِین و غابه

[۵۸] برای شرح جنگ‌های قشون خلیفه در بحرین از منابع ذیل استفاده شده است: فتوح البلدان بلاذری ۱۰۶-۱۱۸؛ الکامل ابن اثیر ۲-۲۲۱-۲۲۵؛ المنتظم ابن جوزی ۸۳/۴-۸۵؛ البدایهٔ ابن کثیر ۳۶۰/۶-۳۶۳؛ اکتفاء کلاعی ۸۵/۲-۹۰؛ نهایة الأرب نویری ۶۰/۱۹-۶۶؛ تاریخ طبری ۲۸۵/۲-۲۹۰؛ معجم البلدان یاقوت ۳۴۶/۱-۳۴۸؛ رِدّه واقدی ۱۴۷-۱۶۵

[۵۹] بر پایهٔ گفتهٔ ابن اثیر (أُسد الغابه ۵۷۱/۳-۵۷۲) العلاء ابن حضرمی صحابی پیامبر از حضرموت بود که خانواده‌اش با بنی‌امیه هم‌پیمان بوده و به همین سبب در مکه می زیست (الأُصابه ابن حجر ۴۴۵/۴) خواهر العلاء ابن حضرمی به نام صعبه در حبالهٔ عقد ابوسفیان بود و پس از طلاق از وی با

سپرد. قبیلهٔ بنی‌عبدقیس پس از مرگ پیامبر مسلمان باقی ماند و مشروعیت خلافت ابوبکر را به رسمیت شناخت ولی قبیلهٔ بنی‌بکر ابن وائل «مرتد» شد و منقاد سلطهٔ مدینه نگردید. مأموریت العلاء ابن حضرمی همانا پشتیبانی از مسلمانان بنی‌عبدقیس در برابر بنی‌بکر ابن وائل بود که بنی‌عبدقیس را در محاصره گرفته بودند.

انتخاب العلاء برای فرماندهی لشکر اعزامی مسلمین به بحرین از آنرو بود که وی با منطقه از نزدیک آشنایی داشت. در سال هفتم هجری (یا شاید هم در سال ششم که محمد نامه‌هایی به پادشاهان مختلف ارسال داشت) پیامبر العلاء را به بحرین گماشت تا باشندگان آن خطه را دعوت کند به اسلام ایمان بیارند و یا جزیه بپردازند.[۶۰] العلاء با منذر ابن ساوی[۶۱] امیر قبیلهٔ بنی‌عبدقیس که در شهر عمدهٔ بحرین به نام هَجَر[۶۲] حکمرانی داشت دیدار کرد و منذر اسلام را پذیرفت و مسلمان شد. شمار زیادی از اعراب و نیز عده‌یی از فارسیان به پیروی از وی اسلام آوردند اما شمار زیاد یهودیان، ترسایان و گبران (زردشتیان) منطقه که اسلام نیاوردند پرداخت جزیه و خراج (مالیهٔ زمین) را پذیرفتند. علی‌رغم پیروزی درین مأموریت، پیامبر العلاء را بنا بر دلایلی که در هیچ منبعی توضیح نشده برکنار کرد و به جای او اَبان ابن سعید ابن عاص ابن امیه[۶۳] را منحیث نمایندهٔ خود در بحرین گماشت. (برخی منابع[۶۴] گویند که العلاء در بحرین برجا ماند و ابان به حیث دستیار او فرستاده شد.)

---

عبیدالله ابن عثمان تَیْمی ازدواج کرد و از او طلحه ابن عبیدالله عمزادهٔ خلیفه را زاد. (سِیَر ذهبی ۱۶۲/۳-۱۶۴)

[۶۰] مُحَبَّر بغدادی ۷۵-۷۷؛ سیرهٔ حلبی ۳۵۳/۳؛ ثقات ابن حبان ۳۰/۲؛ اکتفاء کلاعی ۱۶/۲؛ طبقات ابن سعد ۳۸۶/۵؛ تاریخ طبری ۱۴۵/۲

[۶۱] منذر ابن ساوی به گفتهٔ ابن حجر (الاصابه ۱۶۹/۴-۱۷۰) از عشیرهٔ مالک ابن حنظله بود

[۶۲] یاقوت حموی تأیید می‌دارد که گاه‌گاهی همه منطقهٔ بحرین به نام الهَجَر یاد می‌شد (معجم البلدان ۳۹۳/۵)

[۶۳] سِیَر ذهبی ۱۶۱/۳-۱۶۲

[۶۴] فتوح البلدان بلاذری ۱۱۱؛ طبقات ابن سعد ۳۶۰/۴؛ معجم البلدان یاقوت ۳۴۸/۱

قبیلهٔ بزرگ بنی‌بکر ابن وائل که در رأس آن شخصی به نام حُطَم ابن زید قرار داشت توافق میان منذر ابن ساوی و پیامبر را نپذیرفته بود و با استفاده از فرصت مرگ محمد و به قدرت رسیدن ابوبکر سر به شورش زد. با اغتشاش بنی‌بکر ابن وائل، ابان که غافلگیر شده بود از بحرین فرار و به مدینه برگشت و در آنجا یکجا با برادران خود با «انتخاب» ابوبکر به خلافت در مخالفت قرار گرفت.[۶۵] شورش بنی‌بکر ابن وائل و فرار ابان ابن سعید، منذر ابن ساوی را در رویارویی آشکار با شورشیان قرار داد و مرگ منذر که در فاصلهٔ کوتاهی پس از مرگ محمد صورت گرفت وضعیت را پیچیده‌تر ساخت. در بحبوحهٔ این انکشافات اعضای قبیلهٔ بنی‌عبدقیس که بر اسلام پایدار مانده و خود را در برابر نیروی فزایندهٔ بنی‌بکر ابن وائل تنها و بیکس یافتند بِشر ابن عمرو العبدی معروف به جارود ابن معلّیٰ[۶۶] را به ریاست خود برگزیدند. لشکری که ابوبکر به فرماندهی العلاء ابن حضرمی فرستاد برای پشتیبانی از بنی‌عبدقیس بود.

در بحرین – چون همه عربستان – گفتمان قبیلوی بستر همه بازی‌ها، پیوندها و گسست‌های سیاسی بین‌الاقوامی بود. بنی‌بکر ابن وائل که مانند قبیلهٔ بنی‌حنیفه مربوط به کنفدراسیون قبیلوی ربیعه بود انقیاد به کنفدراسیون قبیلوی رقیب یعنی مُضَر را که قریش شامل آن بود عار می‌پنداشت. خاطر نشان باید ساخت که درین جنگ‌های به اصطلاح «ارتداد» دین کمتر موضوع مناقشه بود و آنچه آتش کین-توزی‌ها و کینه‌ورزی‌ها را فروزان می‌ساخت قبیله‌گرایی اعراب بود.

درین گیر و دار قبیلهٔ بنی‌بکر ابن وائل به حامی و ارباب خود – شاهنشاه فارس – رو کرد و عرض داشت: «پیامبری که مُضَر را مایهٔ ناز و مباهات بود مُرد. آنکه ورا جانشین است مردیست ضعیف و سست در جثه و اراده. کارگزار محمد نزد ما نیز به

---

[۶۵] (توضیح مترجم:) دیده شود: کشمکش، صفحه ۱۳۳

[۶۶] جارود ابن معلیٰ در عام الوفود (سال نهم هجری) در مدینه با پیامبر ملاقات کرده و از دین ترسایی به اسلام گرویده بود. نام اصلی او بِشر بود اما او را جارود (به معنی چپاولگر) از آن نام داده بودند که در طی یورشی قبیلهٔ رقیب بنی‌بکر ابن وائل را پاک غارت کرد و چیزی برای‌شان باقی نگذاشت.

موطنش برگشته و کنون جز بنی‌عبدشمس مسلمانی نمانده است. ما را از آنان اکراه است، علی‌الخصوص آنکه ما به مردان جنگی و هم به اسپان تازی از آنان پرشمارتریم. گر تو امروز بر بحرین فرمانداری بگماری هیچ مخالفتی او را نباشد چون ما مر او را قوت‌الظهریم.» شاهنشاه فارس به آنان پیشنهاد کرد تا زاده‌یی از دودمان لَخم که مسیحی و خراج‌گزار ساسانیان بودند و تا آغاز سدهٔ ششم میلادی بر حیره (پایتخت لخمیون) حکم می‌راندند تخت‌نشین بحرین گردد. انتخاب شاهنشاه فارس برای این مقام بر منذر پسر ابوقابوس نعمان ثالث ابن منذر آخرین پادشاه لخمی حیره که در سال ۶۰۲ درگذشته بود قرار گرفت. بنی‌بکر ابن وائل ازین انتخاب استقبال کردند چون برای آنها یک لخمی بسی پسندیده‌تر و پذیرفتنی‌تر از ابن‌ابی‌قحافه بود. این انتصاب برای آنها از آن نیز خوشایندتر بود که تخت‌نشین منتخب شاهنشاه فارس نوباوه‌یی بیش نبود — برخی متون[۶۷] قید کرده‌اند که هنوز او را ریش بر زنخ نروییده بود — و بنابران آنها می‌توانستند او را حسب دلخواه دستکاری کنند.

فرمانروای جدید در رأس لشکری انبوه (درین ارتباط از هفت هزار پیاده و سوارکار یاد شده است) برای غلبه بر بنی‌عبدقیس رسید. مسلمانان بنی‌عبدقیس در برابر نیروی عظیم مخالفین شکست سختی خوردند و جنگاوران حُطَم ابن زید حتی شهرهای قطیف[۶۸] و هجر[۶۹] را اشغال کردند. بنی‌عبدقیس پا به فرار گذاشتند و به قلعهٔ مستحکم جواثا[۷۰] پناه بردند اما به زودی توسط دشمن شهربند گردیدند. چنبرهٔ محاصره چنان تنگ بود که قحطی و گرسنگی محصورین را واداشت تا نامه‌یی حاکی از درماندگی و پریشانی به ابوبکر بنویسند. خلیفه که کمک به مسلمانان را در هر جایی که بودند

[۶۷] رِدَّه واقدی ۱۴۸

[۶۸] معجم البلدان یاقوت ۳۷۸/۴

[۶۹] معجم البلدان یاقوت ۳۹۳/۵

[۷۰] معجم البلدان یاقوت ۱۷۴/۲-۱۷۵

فرض خود می‌دانست نمی‌توانست ابان را بفرستد[۷۱] چون این اخیرالذکر یکجا با برادرانش با مخالفین خلیفه در مدینه همدست شده بود. همچنین، با در نظر داشت شمار جبهاتی که در برابر مخالفین باز کرده بود، ابوبکر نمی‌توانست نیروی بزرگی بفرستد، پس العلاء را در رأس شمار ناچیز سپاه به پشتیبانی مسلمانان بنی‌عبدقیس فرستاد. در مسیر راه چون العلاء به قلمرو قبیلهٔ بنی‌حنیفه رسید ثمامه بن أُثال با دنباله‌روانش با او یکجا شد و سپس پیوستن بخشی از لشکر خالد پس از پیروزی یمامه شمار لشکرش را بیشتر ساخت. بدینگونه، بر اساس بیان منابع تاریخی، تا هنگامی که العلاء به جواثا رسید لشکری دوهزار نفری با او همراه بود.

دربارهٔ جنگی که به وقوع پیوست زیاد نمی‌دانیم. آنچه می‌دانیم اینست که العلاء شبانه جاسوسی را فرستاد تا اعمال محاصره کنندگان و متحدین فارسی آنانرا دیده‌بانی کند. وقتی مخبر برگشت خبر آورد که محاصره‌گران همه از فرط باده‌گساری مست و مدهوش بودند، پس العلاء تصمیم گرفت از سیه‌مستی دشمن استفاده برده بر آنها حمله راه اندازد. با غریو حملهٔ مسلمین حطم با تکانی از خواب غفلت بیدار شد و کوشید بر اسپ خود برجهد و بگریزد ولی به سبب ثقلت تنهٔ ستبرش سوار شدن نتوانست. بر پایهٔ روایت دیگری از واقدی، وی از اسپ خود برای رفع حاجت فرود آمد ولی حین بازسوار شدن رکابش شکست و چون فریاد کمک بلند کرد مسلمانی در تاریکی شب نزدیک آمد و گفت «اینک ترا مددگارم، پایت بده به من!» و چون حطم پا بلند کرد مرد مسلمان پایش را با شمشیر برید. حطم با چیغ درد بر زمین غلتید و از شدت تعب می‌زارید تا کسی بر وی رحم آرد و از رنج زندگی رهایش کند. سر انجام جنگاوری مسلمان به نام قیس ابن عاصم بر وی دل سوزاند و ضربهٔ مرگ را بر وی وارد آورد و راحتش ساخت. مرگ حطم برای بنی‌بکر ابن وائل که جنگندگان‌شان به

---

[۷۱] الیاس شوفانی تاریخ‌نگار و نویسندهٔ فلسطینی بر آنست که العلاء به تنهایی (بدون ابان) عازم گردید و رفتن او بیشتر جنبهٔ نمادین داشت تا کمک‌رسانی نظامی (حروب الرده شوفانی، صفحات ۱۱۵-۱۱۷)

اثر حملهٔ مسلمانان پراکنده شده بودند ناقوس مرگ بود. سپاهیان ظفرمند العلاء بی-درنگ شتافتند و بنی‌عبدقیس را از دژ محصور آزاد ساختند.

با این هزیمت بنی‌بکر ابن وائل به هر سو تار و مار گردیدند. شمار زیاد آنها به بندر دارِین[۷۲] شتافتند تا به وسیلهٔ کشتی خود را به جزیره‌یی (که همانا شاید کشور امروزی بحرین بود) برسانند. مسلمانان آنانرا تا کرانهٔ دریا دنبال کردند. با آغاز شرح داخل شدن اسپان العلاء و سپاهیانش در آب، بیان احادیث و روایات با عنصر اعجاز و کرامات آمیخته می‌گردد و از معجزاتی سخن رانده می‌شود که در حین تعقیب و فرار در میان امواج دریا به وقوع پیوست. ابن کثیر[۷۳] صحنهٔ غریبی را روایت می‌کند که افسانهٔ موسیٰ و تعقیب فرعون و گذشتن از دریای سرخ (بحیرهٔ احمر) را به یاد می‌آورد و در آن العلاء را می‌بینیم که رو به دریا کرده دعا می‌کند و سپس دریا ناگهان به خشکی می‌گراید و سپاهیان مسلمان از میان آبی که تنها تا سُم اسپان‌شان می‌رسد می‌گذرند. می‌توان پنداشت که آن «معجزه» که گویا آب بحر دو نیم شد و به سپاهیان اسلام اجازه داد از میان آن ره پویند در واقع یک پدیدهٔ طبیعی دریایی بود که «جزائر عارضی» خوانده می‌شود و درین قسمت دنیا وقوع آن زیاد نادر نیست.[۷۴] از برکت این «معجزه» مسلمانان توانستند بدون مشکل خود را به کشتی‌های فراریان برسانند و در یک روز همه کشتی‌ها را شکسته پارچه پارچه کنند و اموال و دارایی محمول آنها را به یغما برند.

---

[۷۲] معجم البلدان یاقوت ۴۳۲/۲

[۷۳] البدایه ابن کثیر ۳۶۲/۶

[۷۴] دانستن این نکته شاید دلچسپ باشد که در روایت ذکر شده می‌توان به نحوی پیشگویی پُلی را خواند که امروز کشور عربستان سعودی را با بحرین پیوند می‌دهد. این پل که بیست و پنج کیلومتر طول دارد و رسماً به نام «گذرگاه ملک فهد» یاد می‌شود لقب «پل جانی واکر» (نام ویسکی مشهور) به خود گرفته است چون در روزهای آخر هر هفته صدها شهروند سعودی از روی آن به بحرین می‌روند تا در آنجا تشنگی خود را برای مشروبات الکلی که در عربستان سعودی قدغن است فرو نشانند.

و اما منذر، شاه دست نشانده‌یی که فارسیان او را به بحرین فرستاده بودند، نیز پا به فرار گذاشت ولی به زودی به چنگ مسلمانان افتاد و به دست العلاء به قتل رسید. نیروی کمکی شکست خوردهٔ فارسی در شهرهای زاره[۷۵] و قطیف پناه گرفتند. قطیف مانند شماری از شهرهای دیگر منطقه به مقاومت ادامه داد و تنها در آغاز خلافت عمر منکوب و منقاد گردید. شماری از سربازان فارس توانستند سرانجام به خانه و کاشانهٔ خود برگردند و شاهنشاه فارس را از شکستی که دامنگیر آنها شده بود آگاه سازند. دیگران که برگشتن نتوانستند از بیم جان به العلاء تسلیم شده در بحرین باقی ماندند و به زمینداری و کشاورزی رو آوردند.

سردار سپاه مسلمین در هَجَر اردو زد و مژدهٔ پیروزی لشکر مسلمانان را به ابوبکر فرستاد. در مدینه مردم با هیجان و شادمانی این ظفر را تجلیل کردند و از شاهکار العلاء به مثابهٔ معجزهٔ موسای نوینی که حتی امواج بحر از او فرمان می‌بردند شگفتی‌ها نمودند. العلاء که برای بنی‌عبدقیس حیثیت قهرمان آزادی‌بخش یافته بود در برابر دیده‌گان شیدا و ستایشگر آنان خطبه‌یی ایراد کرد و آنان را بشارت داد که اجر جنگ آنها با «مرتدین» برابر با غزواتی بود که پیامبر خود در زمان حیات خود راه انداخته بود.

در پایانِ کارزارِ بحرین مسلمانان مقادیر عظیم غنیمت در دست داشتند. العلاء آنچنان که مرسوم بود خمس (پنجم حصه) آنرا به خلیفه فرستاد و باقیمانده را میان سربازان خود تقسیم کرد. پاداش سربازان بس سخاوتندانه بود. طبری می‌نویسد که هر سپاهی پیاده مبلغ دو هزار درهم و هر سوارکار سه چند آنرا به دست آورد. قابل یادآوری‌ست که کتب حدیث و مغازی پس از روایت هر نبرد و یورش مسلمانان شرح مفصلی از مقدار غنیمت به دست آمده – زنان و کودکان، اسپان و شتران، مواشی و پول – به قلم آورده‌اند به گونه‌یی که گویی جهاد مسلمین هدفی جز جنگ و غارت و تاراج نداشته است. ابوبکر به العلاء پیام تبریک و شادباش فرستاد و از آن سپهسالار خواست

---

[۷۵] معجم البلدان یاقوت ۱۲۶/۳

تا منحیث والی در بحرین باقی بماند. العلاء تا پایان حیاتش در سال چهارده (۶۳۵) یا بیست و یک هجری (۶۴۱) در بحرین باقی ماند.[۷۶] کارزار نظامی سرکوب «مرتدین» بحرین و فتح آن سرزمین علی‌رغم پایان شکوهمند آن، قطعی و تعیین کننده نبود و وضعیت بحرین همچنان ناپایدار باقی ماند تا آنکه در سال سیزده هجری (۶۳۴) در آغاز خلافت عمر آخرین مقاومت‌ها سرکوب و فتح منطقه تکمیل شد. در هنگامی که ابوبکر چشم از جهان پوشید العلاء هنوز «مرتدین» بحرین را در شهر زاره زیر محاصره داشت.

روایات و احادیث در بارهٔ کارزار نظامی راه انداخته شده برای سرکوب و منقاد سازی عُمان[۷۷] نیز بس مغشوش و درهم برهم اند.[۷۸] بر اساس نوشتهٔ جواد علی[۷۹] منطقهٔ عُمان که در آن عمدتاً قبیلهٔ بادیه نشین أزْد عُمان[۸۰] سکناگزین بود نقش گره‌گاه بازارگانی در دهنهٔ خلیج فارس یعنی در نقطهٔ تلاقی ساحات اقتصادی و فرهنگی عربی، هندی و چینی را داشت که در آن، به خصوص در دَبا[۸۱] و صحار،[۸۲] «سوق

---

[۷۶] منابع تاریخی اسلامی دو تاریخ را بدون مرجح دانستن یکی بر دیگری پیش می‌کشند. پس از مرگ العلاء عمر خلیفهٔ دوم ابوهریره الدوسی (محدث مشهور) را به جای او والی بحرین تعیین کرد.

[۷۷] معجم البلدان یاقوت ۱۵۰/۴-۱۵۲

[۷۸] برای شرح جنگ‌های قشون خلیفه در عُمان از منابع ذیل استفاده شده است: فتوح البلدان بلاذری ۱۰۳-۱۰۶؛ الکامل ابن اثیر ۲-۲۲۵-۲۲۶؛ البدایهٔ ابن کثیر ۳۶۳/۶-۳۶۵؛ اکتفاء کلاعی ۹۲/۲-۹۵؛ تاریخ طبری ۲۹۱/۲-۲۹۳؛ تاریخ یعقوبی ۱۷/۲-۱۸

[۷۹] جواد علی، المفصل فی تاریخ العرب قبل الاسلام، ۱۹۹/۷

[۸۰] (توضیح مترجم:) قبیلهٔ أزْد از بزرگترین قبایل عرب بود که مؤرخین آنرا نظر به مناطقی که در آن سکنا گزین شدند به چهار شاخهٔ أزد شنوءة، أزد سراة، أزد غسان و أزد عُمان تقسیم نموده‌اند.

[۸۱] معجم البلدان یاقوت ۴۳۵/۲-۴۳۶

عظمیٰ» (بازارهای مکارۀ بزرگی) دایر می‌گردید که در آن تجار عرب، هندی و چینی به مبادلۀ حال و احوال و اموال می‌پرداختند.[۸۳] جُلَندی ابن مستکبر پادشاه خود خواندۀ عُمان بود که عُشر (دهم حصه) بهای مبادلات تجاری منطقه را به نام مالیه می‌ستاند. به باور جواد علی،[۸۴] «جُلَندی» عنوانی بود که به پیشوایی که حیثیت پادشاه و در عین حال حیثیت بالاترین مقام مذهبی را داشت داده می‌شد. ازین بر می‌آید که اتوریتۀ سیاسی در عُمان حتی قبل از استیلای اسلام قبای دینی به تن داشته است. وقتی آن شاه–پیشوا از زندگی چشم پوشید دو پسرش به نام‌های جَیفَر و عبّاد قدرت را به دست گرفتند. محمد شاید در سال هشتم هجری (۶۳۰) یا هم بعد از آن عمرو ابن عاص و ابو زید را از جانب خود نزد همین دو حکمروا سفیر فرستاد که در نتیجه آن دو تخت-نشین اسلام آوردند.

عمرو و ابو زید هنوز در عُمان بودند که خبر مرگ پیامبر به آنها رسید و باعث شد که آنان بی‌درنگ عُمان را علی‌رغم حالت وخیم سیاسی آن ترک داده به مدینه برگردند. در واقع، مرگ محمد باعث آشوب و اغتشاش بزرگ سیاسی در عُمان گردید چون لقیط ابن مالک از دودمان سرداران بزرگی که زمانی تاج حکمروایی را از شاهنشاه فارس دریافت داشته بر عُمان حکم می‌راندند و ازینرو به «ذوالتاج» (تاجوَر) ملقب بودند (لقیط تا همان دم نیز به آن لقب مسمیٰ بود) علیه برادران جلندی شورید. وی که از دیر باز و پیش از گرویدن برادران جلندی به اسلام رقیب آنها بود با آنکه خود نیز مسلمان شده بود در روز پس از رسیدن خبر مرگ محمد از اسلام برگشت. قرار نوشتۀ طبری[۸۵] لقیط ابن مالک حتی دعوی پیغمبری کرد و شمار زیادی از همتبارانش از قبیلۀ أزْد به او ایمان آوردند. با انتشار خبر مرگ محمد، لقیط دریافت که بخش بیشتر قبیلۀ أزْد از اسلام رو گردانده بود، پس در صدد شد تا با استفاده از فرصت ورق

---

[۸۲] معجم البلدان یاقوت ۳۹۳/۳

[۸۳] البدایۀ ابن کثیر ۳۶۳/۶

[۸۴] جواد علی، المفصل فی تاریخ العرب قبل الاسلام، ۳۲/۸

[۸۵] تاریخ طبری ۲۹۱/۲

روزگار را بر برادران جلندی برگرداند و تاج و تخت نیاکان خود را دوباره به دست آرد. وی طرفداران خود را در دبا که به سبب سوق عظمایی که داشت منطقهٔ ستراتیژیک اقتصادی شمرده می‌شد گرد آورد و قیام پیروزمندی را راه انداخت که در نتیجهٔ آن حکمروایی جلندی‌ها برانداخته شد و خودشان به کوه‌ها متواری گردیدند.

دو برادر جلندی چرا از ابوبکر کمک نخواستند؟ احادیث و سیره‌ها جواب قاطعی به این پرسش نداده‌اند. خلیفه احتمالاً از طریق عمرو و ابو زید در جریان اوضاع عُمان قرار گرفت. آیا شورش لقیط در برابر سلطهٔ مدینه بود یا اینکه مقام خلافت در مدینه به بهانهٔ برگرداندن گمراهان سرگشته به حیطهٔ مقدس اسلام و عقوبت کردن مرتدین در واقع به مداخله‌گری در یک منازعهٔ کاملاً محلی دست یازید؟ هر چه بود، انچه آشکار است اینست که جنگ مسلمین علیه لقیط مانند جنگ علیه حطم در بحرین در زمینهٔ یک جنگ داخلی میان دو عشیرهٔ رقیبی که از مدت‌ها پیش از اسلام با هم عناد و کینه توزی داشتند صورت گرفت.

خلیفه تصمیم گرفت یک گُند (گردان) سرباز به رهبری حذیفه ابن مِحصَن بارقی از عشیرهٔ بنی‌بارق که شاخه‌یی از قبیلهٔ اَزْد عُمان بود به کمک جلندیان بفرستد. وی همچنین از عرفجه بن هرثمه بارقی که در اصل به استان مجاور مَهره توظیف شده بود خواست تا جهت نیرودهی و استوارسازی گُند حذیفه به دنبال او به عُمان رود و سپس به عکرمه ابن ابوجهل دستور داد تا با نیروهای این دو سردار بپیوندند. به یاد آوریم که این اخیرالذکر با راه اندازی یورش مآل‌نیندیشانه و شتاب زده‌یی بر مسیلمه از خود کارنامهٔ رقتباری به جا گذاشته بود. در تنبیه آن بی‌بصیرتی او خلیفه گفته بودش «می‌نخواهم دیگر هرگز ترا بینم یا از تو شنوم!»[۸۶] و او را به عُمان و سپس به یمن فرستاد و دستور صریح داد: «هر مرتدی را که سر راه بینی از دم تیغ درکش!»[۸۷]

---

[۸۶] البدایهٔ ابن کثیر ۳۶۳/۶؛ تاریخ طبری ۲۹۱/۲

[۸۷] البدایهٔ ابن کثیر ۳۶۳/۶؛ تاریخ طبری ۲۹۱/۲

سه سردار جنگی که ابوبکر به عُمان گسیل کرد در جایی نه بسیار دور از عُمان به نام رِجام[88] تجمع نموده نامه‌یی به دو برادر شکست خورده فرستادند تا رسیدن نیروی اسلامی پشتیبان را به آنها ابلاغ دارند. برادران جلندی از مخفیگاه‌های خود در کوه‌ها بیرون آمدند و در صحار اردو زدند. درگیری با لشکر لقیط بی‌درنگ در اطراف دَبا آغاز گردید و کشتار وحشتناکی که شمار کشتگان آنرا ابن کثیر[89] ده هزار گزارش داده راه افتاد. شمار چشمگیر لشکریان لقیط سپاه مسلمانان را خُرد و خمیر کرده مجبور به فرار ساختند ولی نیروی کمکی نابیوسیده‌یی متشکل از اعضای قبایل بنی‌ناجیه و بنی‌عبدقیس به سر وقت شان رسید و داخل معرکه شده با کشتن لقیط و شکست دادن لشکرش وضع را به نفع مسلمانان تغییر داد. مسلمانان زنان و کودکان اهالی دَبا را به بردگی کشیدند و همه دارایی و ثروت آن شهر پر رونق را غارت کردند. عرفجه مامور گردید تا خمس غنیمت را به مدینه برد. این خمس که حق خلیفه بود آنقدر هنگفت بود که کم از کم هشت صد اسیر به شمول تعداد زیاد کودکان را شامل می‌شد که خلیفه هر یک را به مبلغ چهار صد درهم در بازار برده فروشان به فروش رسانید.[90]

جیفر جلندی دوباره به حکمرانی عُمان رسید ولی باید قدرت را با حذیفه ابن محصن والی گماشته شدهٔ خلیفه که تا مرگ ابوبکر درین مقام باقی ماند تقسیم می‌کرد. عکرمه پس از پیروزی مسلمانان به راه خود به سوی مَهره،[91] جایی که دو امیر محلی المُسَبِّح (یا المُسَبَّح) و شخریت بر سر قدرت منازعه داشتند، ادامه داد. در مَهره — همانند بحرین و عُمان — لشکر مسلمانان با بهره‌گیری از منازعهٔ محلی خود را به مثابهٔ اتوریتهٔ داور و جانشین تحمیل کرد. آنچنان که طبری و ابن‌کثیر هر دو به صراحت می‌نویسند، مناقشاتی که جامعهٔ قبیلوی اعراب را از هم می‌درید برای

---

[88] معجم البلدان یاقوت ۲۷/۳
[89] البدایهٔ ابن کثیر ۳۶۳/۶
[90] تاریخ یعقوبی ۱۷/۲
[91] معجم البلدان یاقوت ۲۳۴/۵

مسلمانان موهبت خدایی بود.[۹۲] به گفتهٔ ابن‌کثیر «و کان هذا الاختلاف رحمة علی المؤمنین (و این اختلافات رحمت خداوندی بر مؤمنان بود)»[۹۳] پر آشکار است که این بیان کلیدی برای همه مراحل پی‌ریزی و پایه‌گیری خلافت اسلامی، صادق است: از برکت اختلافات میان اوس و خزرج در جرگهٔ سقیفهٔ بنی‌ساعده بود که مهاجرین توانستند سعد ابن عباده را خلع و ابوبکر را به مثابهٔ رهبر مسلمین تحمیل نمایند.

با رسیدن به مَهره در رأس قشون اسلامی عکرمه نامه‌های احضاریه به رهبران دو اردوگاه رقیب فرستاد و از آنان خواست تا فرمان برند و به آغوش اسلام برگردند. ازین احضاریه‌ها بر می‌آید که همه مرتدین از یکسر گردن زده نمی‌شدند چون معیار برای کشتن یا امان دادن به این یا آن مرتدِ از دین برگشته خالصاً دینی نبود. طبری می نویسد که تنها شخریت به جلب‌نامه پاسخ مثبت داد زیرا در موقف ضعیفتر قرار داشت، پس تشخیص داد که برگشتن به آغوش اسلام به نفع او بود چون می‌توانست از پشتیبانی نظامی مسلمانان در برابر حریف بهره برد. و اما المسبّح از آنجاییکه به سبب شمار بزرگ طرفدارانش در موقف قویتر قرار اشت تمکین و انقیاد را رد کرد. پس عکرمه یورش بی‌امانی بر المسبّح راه انداخت و جنگ خونینی درگرفت که باعث واژگون شدن وضع گردیده لشکر المسبح شکست خورد و خودش در ناوردگاه کشته شد. در نتیجهٔ این پیروزی لشکر مسلمانان غنایم شگفت‌انگیزی به دست آوردند که عکرمه یک پنجم آنرا به ابوبکر فرستاد و باقیمانده را میان سربازان خود تقسیم کرد. خلیفه ازین کارروایی عکرمه سخت شادکام و دلشاد شد و از او خواست تا از مَهره به سوی حضرموت و یمن رو کند تا به داد مسلمانانی رسد که در مضیقهٔ سختی گیر بودند.

---

[۹۲] المنتظم ابن‌جوزی ۸۶/۴؛ تاریخ طبری ۲۹۲/۲

[۹۳] البدایه ابن‌کثیر ۳۶۳/۶

از آنجا که سرزمین یمن از دیر باز از نظر سیاسی و دینی منقسم و پارچه پارچه بود، وضعیت آن نیز همواره مغلق و خطیر بوده است.[۹۴] قبایل زیادی با شعبات و شاخه‌های گوناگون آنها درین سرزمین سکنا داشتند که از آن جمله بود قبیلهٔ کنده (شامل عشایر معاویه‌الاکرمون، سَکاسِک و سَکون)، قبیلهٔ مَذْحِج (شامل عشایر عَنْس، زُبَید و مراد)، قبیلهٔ أنمار (شامل عشایر بُجَیله و خَثْعَم) و برخی شاخه‌های قبیلهٔ اَزْد مانند اشعر، عَکّ، و جَنَد. پیش از رسیدن اسلام نیز همزیستی مسیحیان، یهودان و کافران مشرک در یمن همواره با صلح و صفا توأم نبود، و ناگزیری‌های ژئوپولیتیک وضع را وخیم‌تر می‌ساخت: یمن که از مدت‌های مدید سلطنت مقتدر یهودی‌کیش حِمْیَری در آن حکم می‌راند در حاشیهٔ ساحهٔ نفوذ شاهنشاهی فارس و درست رو در روی حبشهٔ مسیحی-کیش که به سبب اشتراک دینی متحد طبیعی امپراتوری بیزانس (روم شرقی) بود قرار داشت. بدین لحاظ، آن دو امپراتوری از قرن‌ها بدینسو درگیر جنگ نیابتی در دو سوی دهنهٔ بحیرهٔ احمر بودند.[۹۵] یک کولونی (مستعمره) نیرومند فارسی در یمن پا گرفته بود و بخش عمدهٔ آن سرزمین را اداره می‌کرد. بدین ترتیب، کولونی مختلط ابناء[۹۶] از مزاوجت لشکریان ساسانی و زنان عرب محلی به وجود آمده بود.

---

[۹۴] برای شرح جنگ‌های قشون خلیفه در یمن از منابع ذیل استفاده شده است: فتوح البلدان بلاذری ۹۶-۱۰۳، ۱۳۹-۱۴۹؛ الکامل ابن اثیر ۲-۲۲۶-۲۴۲؛ المنتظم ابن‌جوزی ۴/۸۶-۸۸؛ البدایهٔ ابن کثیر ۶/۳۶۳-۳۶۵؛ اکتفاء کلاعی ۲/۹۲-۱۰۸؛ تاریخ طبری ۲/۲۹۳-۳۰۶؛ رِدّه واقدی ۱۶۷-۲۱۳

[۹۵] دیده شود:

G. W. Bowersock, *Le Trône d'Adoulis. Les guerres de la mer Rouge à la veille de l'Islam*, Albin Michel, 2014

[۹۶] (توضیح مترجم:) «ابناء» به معنی «پسران» (مشتق از کلمهٔ «ابن») اصطلاحی بود که در قبل از اسلام و در آغاز دورهٔ اسلامی در یمن به فرزندان پایوران ساسانی و سپاهیان فارسی‌نژادی که با زنان محلی عرب مزاوجت نموده بودند و در منطقهٔ صنعاء پایگاه داشتند اطلاق می‌شد. «ابناء» را ایرانیان « آزادزادگان» ترجمه نموده‌اند، و ویکی‌پدیای فارسی این اصطلاح را چنین تعریف کرده

باذان پسر ساسان والی یمن که از صنعاء بر بخش بزرگی از یمن حکم می‌راند در سال پنجم هجری (۶۲۷-۶۲۸) مسلمان شده بود و شمار زیادی از شهزادگان و بزرگان حِمْیَری به پیروی از وی در سال معروف به عام الوفود (سال نهم هجری) به اسلام گرویدند. این اسلام آوردن‌ها وضعیت یمن را بیشتر متشنج ساخت چون بخش قابل توجه قبایل یمنی از منقاد شدن به سروران مدینه اِبا داشتند. با وجود همه ناراحتی‌ها، باذان توانسته بود به سبب احترامی که فارسی‌ها و اعراب هر دو به او قایل بودند ادارهٔ امور را در دست خود نگهدارد.

مرگ زودرس باذان محمد را از پشتیبانی آن مرد توانا و مدبر محروم ساخت، پس برای تأمین ادارهٔ آن منطقه بی‌درنگ شهر پسر باذان را به حیث نمایندهٔ خود در صنعاء گماشت و تنی چند از صحابهٔ خود را برای پیشبرد آموزش‌های دینی مردمان محلی و به ویژه گردآوری مالیهٔ زکات به نقاط مختلف یمن و حضرموت فرستاد.[۹۷] درین راستا به خالد ابن سعید ابن عاص وظیفهٔ نظارت بر منطقهٔ میان زَبید و نَجران را سپرد و عمرو بن حزم را در نجران[۹۸]، طاهر بن ابی‌هاله را در ساحات مربوط به قبایل اشعر و عَکّ، ابوموسی اشعری را در مَأرِب[۹۹]، و یعلیٰ بن امیه را در جَنَد[۱۰۰] در جنوب یمن توظیف نمود. پیامبر همچنین مُعاذ بن جبل انصاری را که از نخستین اصحاب و پیروانش بوده و به سبب آگاهی عمیق از قرآن و جمال ظاهری‌اش شهره بود موظف ساخت تا در میان ساحات مختلف یمن در تردد باشد تا از آموزش دینی مردمان پراکندهٔ آن مناطق اطمینان حاصل کند.[۱۰۱] و اما، مطالعهٔ دقیقتر منابع و احادیث نشان

---

است: «دسته‌ای از ایرانیان بودند که در زمان پادشاهی انوشیروان ساسانی به درخواست اهالی یمن در برابر حملات اهالی حبشه آنان را حمایت کردند و بعدها به حکمرانی یمن رسیدند.»

[۹۷] معجم البلدان یاقوت ۲/۲۶۹-۲۷۱

[۹۸] معجم البلدان یاقوت ۵/۲۶۶-۲۷۱

[۹۹] معجم البلدان یاقوت ۵/۳۴-۳۵

[۱۰۰] معجم البلدان یاقوت ۲/۱۶۹

[۱۰۱] سِیَر ذهبی ۳/۲۶۹-۲۸۰

می‌دهد که انگیزهٔ ماموریت معاذ در یمن در گام نخست مالی و اقتصادی بود. معاذ که مردی بس مسرف و مبذر بود به حدی در قروض غرق بود که حتی فروش همه دارایی و داشته‌هایش کفاف بازپرداخت وام‌هایش را نمی‌کرد. پس از آنکه مشکل خود را با پیامبر در میان گذاشت، محمد او را به یمن توظیف کرد و گفتش «باشد که الله ترا از یُمنْ این سفرها اجر و گشایشی دهد و توفیق ادای دیون اعطا فرماید.» پیامبر بجا گفته بود: مأموریت معاذ برایش منفعت‌آور ثابت شد چون او پول زکات را در معاملات منفعت‌بار تجاری به مضاربه گذاشت و نفع سرشاری از آنها به دست آورد. در منابع اسلامی دربارهٔ معاذ ابن جبل آمده است: «فکان أوّل مَن تَجُر فی مال الله (و او نخستین کسی بود که با پول خدا تجارت کرد)».[۱۰۲]

در حضرموت نیز پیامبر برای قبیلهٔ گشن‌شاخ کِنده نمایندگانی تعیین کرد. بخش بیشتر قبیلهٔ کنده در عام الوفود به اسلام ایمان آورده بودند. پیامبر عکاشه ابن ثور، زِیّاد ابن لبید، و مهاجر ابن ابی‌امیه را از سوی خود برای قبیلهٔ کنده نماینده گماشت، ولی مهاجر که برادر ام‌سلمه (نام دیگرش هند) و نه تنها خسربرهٔ پیامبر بلکه پسر عم خالد ابن ولید نیز بود به بهانهٔ بیماری بی‌درنگ به حضرموت نرفت[۱۰۳] و تنها بعد از مدتی پس از مرگ محمد به دستور ابوبکر به آنجا رفت. وقتی نمایندگان پیامبر به حضرموت

---

[۱۰۲] الاستیعاب ابن‌عبدالبر ۴۰۴/۳؛ تاریخ دمشق ابن‌عساکر ۴۳۰/۵۸؛ اُسد ابن‌اثیر ۴۱۹/۴؛ طبقات ابن‌سعد ۵۸۷/۳

[۱۰۳] این نخستین شانه خالی کردن مهاجر از وظیفهٔ سپرده شده نبود. وی پیش از آن از رفتن به جنگ تبوک اِبا ورزیده باعث خشم و آرزدگی محمد شده بود ولی با شفاعت ام‌سلمه مورد بخشایش قرار گرفت.

رسیدند با آغاز خیزش بزرگی به سرکردگی اسود عنسی[۱۰۴] که پس از مرگ باذان ابن ساسان و اعلام اکمال رسالت محمد در خطبهٔ حجة الوداع دعوی پیغمبری کرده بود مواجه شدند. اسود که نام اصلی‌اش عبهله بن کعب عنسی بود لقب «ذوالخِمار (پرده-پوش)» داشت چون روی خود را با خِمار (پرده)یی که او را مرموز و مرعوب‌کننده می-نمود می‌پوشانید. وی با غیب‌بینی‌ها و ترفندهای جادویی که می‌دانست باعث شگفتی همتباران قبیله‌اش شده مورد تحسین و ستایش آنها قرار می‌گرفت و با هوشمندی و فرهمندی که داشت توانسته بود در پیرامون خود شمار چشمگیر پیروانی را که شیفتهٔ افسون‌ها و استعداد سخنوری‌اش بودند گرد آورد.

اسود توانست با پشتیبانی پیروان پرشمارش یک نیروی شبه‌نظامی تشکیل داده به شورش مسلحانه اقدام ورزد. وی با کمک شماری از سرداران بزرگ قبیلوی چون عمرو بن مَعدْیَکرِب از عشیرهٔ زُبَید قبیلهٔ مَذْحِج که در عام‌الوفود اسلام آورده بود توانست چندین نمایندهٔ پیامبر چون ابو موسی اشعری، معاذ ابن جبل، عمرو ابن حزم و خالد ابن سعید را به گریز وادارد. خالد ابن سعید که اندکی پس از آنکه ابوبکر به خلافت انتخاب شد به مدینه رسید حین گریز با گروه کوچکی از مسلمانان مورد حملهٔ عمرو بن مَعدْیَکرِب قرار گرفت اما توانست از چنگ حریف در رود و حتی شمشیر معروف او صمصام را نیز قبضه کند.

ولی با وجود این پیروزی درخشان، مقاومت در برابر اسود به خصوص از سوی بزرگان کولونی ابناء به شمول شهر پسر باذان، دادویه و فیروز دیلمی (فارس‌نژادی که از مدت‌های مدید در میان قبیلهٔ حِمْیَر زیسته بود و به باور ابن‌اثیر خواهرزادهٔ نجاشی پادشاه حبشه بود) ادامه داشت. قیس بن مکشوح رئیس عربی قبیلهٔ انمار نیز به مقاومت‌گران پیوست.[۱۰۵]

---

[۱۰۴] برای شرح احوال اسود عنسی و ظهور او به مثابهٔ رقیب پیامبر در یمن از منابع ذیل استفاده شده است: الکامل ابن‌اثیر ۲/۱۹۶-۲۰۱؛ البدایه ابن‌کثیر ۶/۳۳۹-۳۴۲؛ تاریخ طبری ۲/۲۴۷-۲۵۳

[۱۰۵] سیره نویسان تأیید می‌دارند که قیس متحد عشیرهٔ مهم مراد مربوط به قبیلهٔ مَذْحِج بود.

اسود که از مخالفت ابناء پریشان حال گردیده بود بر صنعاء حمله راه انداخت و شهر پسر باذان را به قتل رسانده زوجهٔ او آزاد را با جبر به زنی گرفت. از پیروزی اشغال صنعاء به بعد قدرت اسود، به گفتهٔ ابن‌اثیر[۱۰۶]، چون «آتش در بیشه‌زاری خشک» گسترش یافت و به زودی نجران، صنعاء و بخش وسیعی از یمن را در کام خود فرو برد.

در مدینه پیامبر از قدرت روزافزون اسود سراسیمه گردیده از نمایندگان و پیروان خود در یمن خواست تا او را از میان بردارند. اهل ابناء، شاید نه با انگیزهٔ از خود گذشتگی دینی بلکه بیشتر بخاطر انتقام کشته شدن شهر پسر باذان، به این خواست پاسخ مثبت دادند. گروه سه نفری فیروز، دادویه و قیس ابن مکشوح نقشه‌یی برای قتل اسود هنگام خواب طرح ریختند. آزاد بیوهٔ شهر پسر باذان که اکنون زوجهٔ اسود شمرده می شد عم‌زادهٔ فیروز بود، ازینرو توانست فیروز را به خوابگاه شوهر جدیدش راه دهد تا گلوی او را ببرد.

خبر کشته شدن اسود به سرعت به مدینه رسید و همگان نفسی به راحت کشیدند. سیره‌ها و احادیث روایت دارند که پیامبر در بستر مرگ در شام روزی که اسود کشته شد از «مجرای آسمانی» از این خبر آگاه گردیده آن را بر همگان اعلام داشت، اما منابع زیادی بیان می‌دارند که محتمل‌تر آنست که این خبر در روزهای آغازین حکمروایی ابوبکر در مدینه پخش گردید. از میان رفتن فتنه‌گری چون اسود مشکلی را در یمن حل نکرد، چون به زودی به تعقیب آن پیغمبر نیز از جهان چشم پوشید. مرگ محمد انشقاق و تفرقهٔ بزرگی میان قبایل یمنی بار آورد و سبب گردید تا شَبَح جنگ داخلی سر بالا کند. برخی مناطق چون نجران و صنعاء[۱۰۷] یکجا با گروه‌هایی چون ابناء و عشیرهٔ مراد که فَروَه بن مُسَیْک سرکردهٔ متمول آن در عام‌الوفود مسلمان شده بود به اسلام وفادار ماندند، اما سایر قبایل یمنی چون عَنْس، زُبَید و عشایری از قبیلهٔ مذحج که پیرو اسود شده بودند به کینه‌توزی در برابر اسلام ادامه دادند. گروه‌هایی از

---

[۱۰۶] الکامل ابن‌اثیر ۱۹۷/۲

[۱۰۷] معجم البلدان یاقوت ۴۲۵/۳-۴۳۱

سوارکاران وفادار به داعیهٔ شورشیان در منطقهٔ میان صنعاء و نجران پراکنده شدند و اسباب درد سر و نگرانی زیادی را برای مسلمانان درست کردند. همه مرکبات جنگ داخلی آماده و فراهم بود. درین حالت زُبَیْدیانِ شورشی به سرکردگی عمرو بن مَعدْیَکرِب در ساحهٔ میان صنعاء و نجران با عشیرهٔ مراد[۱۰۸] به سرکردگی فروه ابن مُسَیْک برخورد کرد. محدثین و سیره‌نویسان[۱۰۹] یمنی‌ها را مرتدین متکرر خوانده‌اند چون پس از رِدَّه (ارتداد)ی که اسود راه انداخت این آشفتگی سیاسی را رِدّهٔ دوم می دانند.

تعیین ابوبکر به خلافت افتراقات را عمیقتر ساخت و باعث چیدمان دوبارهٔ مهره‌ها شد، به گونه‌یی که متحدین دیروز به متخاصمین امروز مبدل گردیدند. خبر رسیدن ابوبکر به خلافت در نجران هیچگونه مخالفتی برنینگیخت ولی در صنعاء باعث گردید تا قیس ابن مکشوح که تا دیروز متحد اهل ابناء بود و در قتل اسود دست داشت بر آن شود تا راه خود در پیش گیرد. باید تصریح کرد که ابوبکر حکومت شهر صنعاء را به فیروز سپرده بود، نه به قیس، و این باعث گردید که آن مرد عرب از اینکه یک فارسی بر وی رجحان داده شده بود سخت آزرده و خشمگین گردد. پس قیس تصمیم گرفت تا جناح خود را تشکیل دهد تا بر همه یمن استیلا یافته، یاران سابق خود فیروز و دادویه را به قتل رساند، ابناء را برون راند و بدین ترتیب یمن را از حضور همه خارجیان پاک سازد. با چنین برنامه‌یی او توانست شهزادگان حِمْیَری را که از ابناء چندان دل خوش نداشتند در پیرامون خود بسیج کند.[۱۱۰] وی با دسیسه‌یی دادویه را در

---

[۱۰۸] زبیدیان و مرادیان دو عشیرهٔ رقیب از همان یک قبیلهٔ مذحج بودند.

[۱۰۹] الکامل ابن‌اثیر ۲۲۶/۲؛ تاریخ طبری ۲۹۳/۲

[۱۱۰] این شهزادگان حمیری «اقیال» خوانده می‌شدند که شکل جمع واژهٔ «قَیل» است. این کلمه در زبان عربستان جنوبی (که از عربی به حبشی نزدیکتر است) به معنی شاه یا سردار به کار می‌رود. امروز یک جنبش ناسیونالیستی یمنی همین نام «اقیال» را بر خود گذاشته است و خواستار برگشت به سرچشمه‌های حمیری تمدن یمنی از طریق زدودن اثرات سیاسی و فرهنگی حبشی، فارسی، هاشمی (اردنی)، عثمانی (ترکی)، بریتانوی و غیره می‌باشد. ازینرو کاملاً طبیعی است که این جنبش

هنگام یک مهمانی به قتل رساند ولی فیروز و افراد مربوط به او در آخرین لحظه از دامی که برای‌شان چیده شده بود رهایی یافتند. قیس به مدت کوتاهی صنعاء را به تصرف خود آورد ولی به زودی با یورش متقابلی که فیروز راه انداخت از آن شهر رانده شد. وی مدت های مدیدی به پرسه زدن و فتنه انگیزی در اطراف شهر صنعاء ادامه داد، به گونه‌یی که حضور او خطر و بلای دایمی تلقی می‌شد.

ابوبکر چون بر این انکشافاتِ نگران کننده آگاهی یافت مهاجر را نه به عنوان مستوفی (ستانندۀ مالیات) بلکه به عنوان فرمانده نیروی کمکی نظامی به یمن فرستاد. مهاجر در رأس لشکر مختلطی که صفوف آن با سپاهیانی که از طائف و مکه به آن پیوستند تقویه گردید به قلمرو قبیلۀ مراد (میان صنعاء و نجران) رسید تا در رویارویی آن قبیله با سپاهیان عمرو ابن معدیکرب ایشان را یاری رساند. عمرو که مسلمانِ از دین برگشته و پیش از آن از حامیان عمدۀ اسود بود پی برد که هیچگاه نخواهد توانست در برابر نیروی متحد دو لشکر مسلمانان پیروز گردد، پس برای آنکه دل سپهسالار اسلام را به دست آورد قیس ابن مکشوح را که در آن نواحی می‌پلکید به دام انداخت و زنجیر پیچ به مسلمانان تحویل داد. منابع احادیث و سیره‌ها می‌نویسند که عمرو ابن معدیکرب مامای قیس ابن مکشوح بود و کینۀ سابقۀ خانوادگی آنانرا دشمن یکدگر ساخته بود. با دستگیری و تسلیم‌دهی خواهرزاده‌اش به مسلمانان عمرو با یک تیر دو نشان زد، یعنی هم از او به سبب مخاصمت خانوادگی انتقام کشید و هم او را رشوۀ استخلاص خود قرار داد، ولی آنچه را کور خوانده بود این بود که چاهکن خود همیشه در چاه است: در وقت رشوه دهی فراموش کرده بود برای خود امان بخواهد، پس مهاجر خود او را نیز اسیر کرد و با غل و زنجیر یکجا با خواهرزاده‌اش قیس به مدینه فرستاد. ابوبکر هردو را مورد عفو قرار داد و پس از اخذ سوگند وفاداری به آنان اجازه داد به موطن و خانه‌های خود برگردند.

---

در صدد آنست تا نام و خاطرۀ اسود را نه به مثابۀ غاصب بلکه به مثابۀ شورشی میهن‌پرستی که در برابر هجوم بیگانگان قد علم کرده بود اعاده کند.

مهاجر خود در یمن پایید چون مأموریتش پایان نیافته بود. وی به شکار بقایای پیروان اسود ادامه داد و پس از آنکه همه را نابود ساخت سوی صنعاء رخ نمود و چند روزی لشکر را استراحت داد. سپس به حضرموت پویید تا به نمایندهٔ پیامبر زیّاد ابن لبید که در مضیقهٔ سختی مانده بود مدد رساند. اهالی حضرموت اتوریتهٔ خلیفهٔ جدید را به رسمیت نمی‌شناختند و از پرداخت زکات اِبا می‌ورزیدند و به زودی شماری از سرداران قبیلهٔ کنده در برابر نمایندهٔ پیغمبر سلاح برداشتند. شرح مفصل این رویارویی را مدیون واقدی[۱۱۱] هستیم که می‌گوید رهبر این شورش معدیکرب ابن قیس از عشیرهٔ بنی‌معاویه شاخهٔ عمدهٔ قبیلهٔ کنده بود که به سبب موهای ژولیده‌اش «الأشعث (ژولیده مو)»[۱۱۲] لقب گرفته بود. أشعث مسلمان باقی‌مانده بود[۱۱۳] ولی سلطهٔ مدینه را علی‌رغم توصیه و تشویق پیرامونیانش قبول نداشت. اَمْرُؤُالْقَیْس ابن عابس که افدرزاده‌اش بود به وی هشدار داد: «به چشم سر بدیدی که بر سر آنانی که بیعت از ابوبکر دریغ داشتند چه آمد! این مرد هر آنکه را سر به طغیان بردارد سر زند!» أشعث پاسخ داد «محمد دیگر نیست و مرا هرگز سر آن نباشد که به ابوبکر تمکین کنم.»

– «خواهی دید که خلیفه فوج و لشکر از بهر کشتار ما گسیل خواهد کرد. از یاد مبر که زیّاد ابن لبید کماکان اینجا باشد. او ما را کاری کردن بنگذارد.»

– «دانم که اینجا اندر میان ماست، اما او را یارای هیچ کاری نباشد.»

بدینگونه حضرموت میان کسانی که از سرکوب خلیفه بیم داشتند و کسانی که از بیعت به او سر باز می‌زدند از هم دریده شده بود. برخی اهالی حضرموت مواشی خود را از ترس به عنوان زکات به نمایندهٔ خلیفه زیّاد ابن لبید می‌دادند. وی از گروه نخستین زکات گرد می‌آورد و گروه دوم را به کشتن تهدید می‌کرد. درین میان – به جبر یا به اشتباه – زیّاد ناقهٔ گزیده‌یی را ضبط و با مُهر زکات داغ زد و در جملهٔ مواشی خمس خلیفه قرار داد. مالکِ ناقه که مردی زید القُشَیری نام بود اعتراض کرد و استرداد شتر

---

[۱۱۱] رِدَّهٔ واقدی ۱۷۰–۲۱۳

[۱۱۲] سِیَر ذهبی ۳/۳۶۲–۳۶۵

[۱۱۳] المنتظم ابن جوزی ۳/۳۸۲

خود را که به آن سخت دلبسته بود خواست و حتی پیشنهاد کرد که در بدل آن ناقهٔ دیگری عرضه دارد، اما زیّاد نپذیرفت و حتی پس از روی‌داری شخصیت برجسته‌یی از قبیلهٔ کنده به نام حارثه بن سُراقه از برگرداندن آن شتر انکار ورزید و اظهار داشت «هرگز آن ناقه را مسترد کردن نتوان چون با داغ مُهر زکات ممهور است و هرآینه کنون داخل حق الله گردیده (إنّهاَ قدْ دَخلَتْ فیِ حَقِ اللّهِ) و کسی بر آن دست گذاردن نتواند.» حارثه از شگفتی و خشم لاجواب مانده زیر لب زمزمه کرد «حق الله!؟ چرا نگویی حق خلیفه؟»‌. وی زحمت پاسخ به زیّاد را به خود نداد ولی رفت و افسار آن ناقه را به دست خود قاپید و به مالکش برگرداند و در برابر انجمن سران قبیلهٔ کنده به مالک شتر گفت «گر کسی ترا اندرین باب چیزی گوید از شکستن پوزش با گُرزت دریغ مدار! آنگاه که فرستادهٔ خدا زنده بود او را اطاعت همی‌کردیم، و پس از وی گر مردی از اهل بیتش خَلَفش شدی او را بی شبهه اطاعت کردمی، لاکن این ابوبکر را چه حقی بر ما باشد؟ هرگز به او بیعت می‌نکنیم. مگر ابیات الحُطَیئه را به یاد می‌نیارید که اندر باب جلوس ابوبکر میان اعراب دهن به دهن همی‌گردد:

أطَعْنا رَسُولَ اللهِ إذْ کان بَیْـنَـنَا — فیا لَهْفَـتَی ما بالُ دِینِ أبـی بَکْرِ
أ یُـورثُها بکْـراً إذا مـات بَـعْـدَهُ — فتلِکْ و بَیْتِ اللهِ قاصِمَةُ الظَّـهْرِ
(فرمان‌بردیم فرستادهٔ‌خدا راچون‌بود باما — پس‌ای‌وای! چه‌آمد برسردین‌ابوبکر؟
آیاپس‌ازخودماده‌شتری به‌میراث‌گذاشت؟ — قسم‌به‌خانهٔ‌خداکه‌تیرپُشت‌راشکست!)

پس از چه رو، ای بزرگان و بزرگ‌زادگان بنی‌کنده، ما را بباید پول و داشتهٔ خویش قریشییان را دادن؟ ننگ باد ما را گر این خفت را گردن نهیم!»

سخنان حارثه بن سُراقه مورد تأیید همگانی قرار گرفت. زیّاد چو از غوغای ناشی از ماجرای ناقه آگاه گردید از ترس آنکه باقیمانده مواشی اخذ شده از دستش دررَوَد با فرستادن ابیات تهدید آمیزی به حارثه همان شب رو سوی مدینه نهاد تا شتران گرفته شده به نام زکات را به ابوبکر رساند.

خشم قبیلهٔ کنده به أشعث فرصت و زمینه داد تا بر آتش غضب آنان دامن زند: «اینک نتیجهٔ ترس و بزدلی خود را بنگرید! نقدینه و داشته و اموال‌تانرا به زیّاد پیشکش

کردید تا به همدمش در مدینه رساند، ولی پاس‌نشناسی بین که توهین و تهدید نیز نثارتان کند! شما را بایسته آن بودی که پیش از آنکه کار بدینجا رسد او را سر از تن جدا می‌بکردید!» سخنان أشعث شنوندگان را مشتعل‌تر ساخت، پس خروش برآوردند «ما که بندگان قریش نَبِیم! آنان زیّاد ابن لبید را از بهر آن مقرر داشتند تا پول ما بستاند و بر ما سروری کند! سوگند عظیم خوریم که قریش درهمی بیش ازین از ما ستاندن نتواند!» دامنهٔ نافرمانی میان قبیلهٔ کنده گسترش یافت، پس أشعث رهبری قیام را به دست گرفت و خشمگینانه بانگ داد «به یاد آرید که آنگاه که قریشی نبود ما همه شاه و شاهپور بودیم!» و بر مردان قبیله‌اش ندا داد تا متحد بمانند و از زنان و جایداد و حاکمیت خود در برابر قریش دفاع کنند.

لبید چو از بالا گرفتن شورش آگاهی یافت از رفتن به مدینه منصرف شد و شتران را به دست مردان مطمئنی به ابوبکر فرستاد و خود در جایی نزدیک حضرموت ماند تا انکشاف اوضاع را نظاره کند. وی به فرستاده‌های خود تأکید کرد تا به خلیفه در بارهٔ بحران رو به وخامت سیاسی حضرموت چیزی نگویند چون می‌خواست خود بر اوضاع فایق آید. با این قصد، ابتکار را به دست گرفت و پا پیش نهاد تا با حارث ابن معاویه که رهبر بنی‌ذُهل (عشیرهٔ دیگری از قبیلهٔ کنده) بود به مذاکره بنشیند. گزارشی که واقدی[114] از کنکاش میان آنان به دست می‌دهد بس آموزنده است، چون نشان‌دهندهٔ آنست که محدثین و سیره نگاران حتی پس از مرور اضافه از صد سال کماکان بر مشروعیت خلافت ابوبکر و نقش اهل بیت مباحثه و مناظره داشتند:

حارث از زیّاد پرسید: «از چه رو ما را باید از ابوبکر اطاعت کردن؟ چه کسی اراده کرد که او مهتر مسلمانان باشد؟ مگر از فرستادهٔ خدا اندرین باب هدایتی به جا مانده بود؟» و زیّاد با تأیید پاسخ داد «حق با توست. هیچ هدایتی دال بر افضلیت ابوبکر به جا نمانده است، ولی رأی ما بر انتخاب او بود.»

---

[114] رِدَّهٔ واقدی ۱۸۶–۱۸۷

— «برگوی به من، چرا اهل بیت پیامبر را که افضلیت و تقدم بود فرو گذاشتید؟ مگر خداوند در کتابش نفرموده "وَٱلَّذِينَ ءَامَنُواْ مِنۢ بَعۡدُ وَهَاجَرُواْ وَجَٰهَدُواْ مَعَكُمۡ فَأُوْلَٰٓئِكَ مِنكُمۡۚ وَأُوْلُواْ ٱلۡأَرۡحَامِ بَعۡضُهُمۡ أَوۡلَىٰ بِبَعۡضٖ فِي كِتَٰبِ ٱللَّهِۚ إِنَّ ٱللَّهَ بِكُلِّ شَيۡءٍ عَلِيمُۢ – و کسانی که بعد از آن‌ها ایمان آوردند و هجرت نمودند و با شما جهاد کردند، پس آنان از شما هستند و خویشاوندان در کتاب الله نسبت به یکدیگر سزاوارترند، و همانا الله به همه چیز داناست (سورهٔ أنفال:۷۵)"»

زیّاد خجلت زده کوتاه و خشک پاسخ داد «مهاجرین و انصار بهتر از همه صلاح کار دانستندی.» با مشاهدهٔ شرمساری در سیمای مخاطب، حارث پاسخ داد «ولله، مرا سوگند است که فرستادهٔ خدا بی آنکه قدرت را به کسی وصیت کند چشم از جهان پوشید و شما از روی رشک و حسد اهل بیت پیامبر را یکسو زدید ... از دیار ما رو برتابید و خاک ما را ترک کنید چون شما را اینجا کاری نیست.» وی به زیّاد خاطر نشان ساخت که اطاعت دینی از پیامبر را از اطاعت سیاسی از ابوبکر جدا می دانست و بیعت به ابوبکر را که مربوط به عشیرهٔ بی‌اهمیتی از قبیلهٔ قریش بود فاقد هرگونه مشروعیت می‌پنداشت و در شگفت بود که بنی هاشم چگونه به این خفت تن در داده بود.

مردان قبیلهٔ کنده چون از مذاکرات زیّاد با حارث ابن معاویه آگاهی یافتند همه سخنان حارث را تأیید کرده، یکی از آنان آواز داد: «آنچه حارث بگفت حق است و صواب. زیّاد را باید از دیار ما بیرون راندن. همدمش خلافت را نه شایسته است و نه مستحق؛ مهاجرین و انصار نیز از پیامبر شایسته‌تر نبیند تا تصمیم اندر باب مقدرات امت مسلمه را آنان گیرند.» و سپس این ابیات را برخواند:

فمَـنْ مـبُلِغٌ عَـنـاّ عَتيقًـا رِسَالَةً　　لبَسْتَ لِبأسَ الظَّـالمِينَ علَانيةْ
لَحاَاللّهَ مُنْ أعْطَاكَ طَاعهَ بَيْعهٍ　　مقُراً وَلا أبقَـى لهَ ألدَّهْر بُاَقيهْ
أتملْـكُهَا دُونَ القـرابـةِ ظَـالماً　　لكَ الذَّبح دُرْهاَ إنمّاَ هِيَ عارِيهْ

(کیست‌تا این پیام‌رساندبه‌عتیق[115] جامهٔ ظالـم به بر کردی به عیان
لعنتش بـاد کـه بیعـت بـه تو داد مماناد زو اثـری تا جهان بود آباد
بی‌قرابت تصاحب کـردی به ظلم آنچه عاریت و گذری بُوَد برای‌تو

علی‌رغم این موضعگیری قاطع، برخی مردان قبیلهٔ کنده از عکس‌العمل ابوبکر و احتمال سرکوب در هراس بودند و از همتباران خود می‌خواستند تا از خلیفه اطاعت کنند. یکی از آنان به نام عدی ابن عوف بغاوت در برابر سلطهٔ ابوبکر را همپای کفرورزی خواند که در ازای آن دشنام‌های غلیظ شنید و جانانه لت خورد. تشنج در صفوف کنده هر چه بیشتر اوج می‌گرفت. تنها حضور زیّاد مایهٔ نفاق را بسنده بود، پس بر آن شدند تا شر او را از سر خود کم کنند، ازینرو بر او وحشیانه حمله بردند و قصد جان او کردند ولی زیّاد توانست جان به سلامت برد و از قلمرو قبیلهٔ کنده فرار کند. وی سرانجام از درماندگی به خلیفه پیام اضطراری فرستاد و تقاضای کمک کرد. خلیفه بی‌درنگ نیروی مسلح پشتیبان به حضرموت گسیل داشت و از نمایندگان خود در منطقه – عُکاشه بن ثورکه در میان عشایر رام و سر به زیر قبیلهٔ کنده حضور داشت، مهاجر ابن ابی‌امیه که در آن زمان در صنعاء می‌زیست و عکرمه ابن ابوجهل که در مَهره بود – خواست تا به کمک او بشتابند.

اعضای قبیلهٔ کنده چو از لشکر آرایی خلیفه برای سرکوب آنان آگاه شدند، دستپاچه گردیدند. یکی از امیران آنها ندا داد: «اینک عاقبت کار! آتشی در خانهٔ خود افروختیم که شرارهٔ آن هستی ما را می‌بسوزاند و چگونگی فرونشاندنش می‌ندانیم! به خود آییم و تا دیر نشده چارهٔ کار اندیشیم! نامه‌یی به ابوبکر فرستیم و خلافت و امامت او را مطیع و منقاد گردیم و زکات پردازیم. این از طیب خاطر می‌نگویم، از بهر زنده ماندن ما را چاره‌یی جز این نیست!» وخامت وضع کسانی از قبیلهٔ کنده را که بر بغاوت و اغتشاش پا می‌فشردند در رویارویی با آنانی قرار داده بود که از ترس می‌خواستند

---

[115] عتیق لقب ابوبکر بود.

گردن بمانند و اطاعت کنند. تسلیم طلبان حتی حارثه ابن سراقه را نکوهش می‌کردند که به خاطر ماده شتر ناچیزی خشم خلیفه را بر آنان فراخوانده بود!

به زودی آوازۀ آمد آمد لشکر مسلمانان در همه جا پیچید. چون خطر نزدیک شد، ثور ابن مالک از قبیلۀ کنده همتباران خود را مخاطب قرار داده گفت «بینم که شما را به جنگ مسلمین عزم جزم است چون پندارید که قدرت و سلطه شما راست، اما شما را بباید دانستن که این پندار ژاژ باشد و تهی، چون با بعثت محمدِ نبی همه سلطه و فرمانروایی الله راست، و آن تیغ‌هایی که الله با آن مرتدین را به دَرَک واصل کرد فردا بر سر و گردن شما فرود آید، پس از من شنوید و تائب گردید، لشکر ابوبکر اینک دم دروازۀ تان رسیده است!» در برابر این سخنانِ شکست‌افگنِ ثور ابن مالک برخی از مردان قبیله او را به باد ناسزا گرفتند و با سیلی به رویش کوفتند.

شبه نظامیانی که زیّاد ابن لبید گرد آورده بود در آنگاه که در انتظار رسیدن نیروی کمکی بودند بر عشایر و امیرنشین‌های مختلف قبیلۀ کنده شبخون غارتگرانه زدند و حسب معمول اموال آنها را به تاراج برده زنان و کودکان شانرا به اسارت و بردگی کشاندند. با چنین ضربۀ گسترده‌یی شماری از شیوخ عشایر در همان دل شب به زیّاد ابن لبید تسلیم شدند، اما خشونت و درندگیِ حمله عزم دیگران را آهنین و ایستادگی شانرا در برابر متجاوزین مسلمان خارایین ساخت. اشعث پس از آنکه از سرنوشت عشایر منکوب قبیله‌اش (بنی‌هند، عاتک، هُجْر و جَمْر) و تسلیمی شمار دیگری از آنان آگاه گردید با خشم آتشفشانی نعره زد «مگر ما را غیرت و حمیتی باقیست!؟ زیّاد عم‌زادگان ما را به خاک و خون کشد و زنان و کودکان ما را به زنجیر، داشته و ملکیت ما را تاراج کند و زندگی ما را برباد، و ما دست بر سینه چلیپا کرده ایستادیم!؟»

وی با گردآوردن افدرزادگان خود از عشایر بنی‌مرّا، عدی و جبله توانست نیروی هزار نفری در برابر لشکر مسلمانان سرهم بندی کند، ولی فوج مسلمین چهار چند او نیرومند بود چون عکاشه که در موقعیت نزدیک قرار داشت به کمک زیّاد شتافته بود. حدود پنجصد تن از قبایلیان بنی‌کنده از عشایر سکاسک و سَکون نیز با آمادگی جنگیدن در برابر همتباران خود به لشکر مسلمانان پیوسته بودند. ای بسا که کلید

پیروزی مسلمانان در جنگ‌های آن دوره نهفته در مداخله و بهره‌گیری از نفاق‌ها و ستیزه‌هایی بود که قبایل عرب را از درون از هم می‌درید.

دو لشکر به فاصلهٔ کمی از شهر تَرِیْم[۱۱۶] بهم آویختند. سپاهیان اشعث با آنکه توازن نیروها به نفع‌شان نبود به زودی بر دشمن غلبه حاصل کردند و زیّاد علی‌رغم بهره‌مندی از نیروهای کمکی نتوانست جلو پیش‌رَوِی هماورد را گیرد. در پایان کار اشعث شکست خردکننده‌یی بر قوای زَیّاد وارد کرد و حتی توانست همه آنچه را مسلمانان غارت و چپاول کرده بودند به دست آرد و به مالکین آن برگرداند. زیّاد و لشکرش در شهر تریم پناه جستند و اشعث شهر را به محاصره کشید.

شکست سختی بود. با در نظر داشت بزرگی فاجعه زیّاد از مهاجر ابن ابی‌امیه که در رأس هزار جنگنده به حضرموت رسیده بود کمک خواست، ولی مهاجر چون با سپاه خود به تریم رسید در کمین اشعث و جنگاورانش افتاد. چنبر محاصره مرگبار بود. زیّاد رقعهٔ مددجویانهٔ دیگری به مدینه فرستاد. خلیفه از درماندگی نمی‌دانست رقعه را چگونه پاسخ دهد، پس تصمیم گرفت به اشعث نامه بنویسد و از او بخواهد چنبر محاصره را رفع سازد. اشعث ریشخند زنان به پیک خلیفه پاسخ داد «یارت، این ابوبکر، اتهام کفر بر ما دارد از آنکه ورا مخالفیم، اما بر همدمش زیّاد که همتباران قبیله‌ام را سلاخی کرده این اتهام وارد می‌نکند!» قاصد خلیفه در جواب گفت «تو کافر از آنی که آنچه مسلمین پیروی کنند تو می‌نکنی.» یکی از عم‌زادگان اشعث برجست و با شمشیر سر آن قاصد گستاخ را از تن جدا کرد. بدین‌گونه، محاصرهٔ تریم ادامه یافت و روز تا روز شکیب‌سوزتر و بیشتر غیر قابل تحمل می‌شد.

زیّاد نامهٔ اضطراری دیگری به مدینه نوشت که خلیفه را سخت آشفته و پریشان ساخت. وی با درماندگی از مشاورین خود پرسید «گویید مرا، با این اهل کِنده چه بایدم کردن؟» رایزنانش مشوره دادند که دست تسلیم بلند کند و بنی‌کنده را به حال خود گذاشته از آن مردم سرکش و خیره‌سر زکات نخواهد، اما ابوبکر بالقطع این

---

[۱۱۶] معجم البلدان یاقوت ۲۸/۲

خواست را رد کرد. شاید با آگاهی بر اینکه بنی‌کنده متمایل به اهل بیت پیامبر بود، رو سوی عمر کرد و گفت «مرا چاره‌یی در ضمیر گذشت: علی را سوی ایشان فرستم، باشد که آنانرا بر سر مرافقت آرد!» در واقع، پیامبر قبلاً علی را به غرض تبلیغ دین به یمن و حضرموت فرستاده بود و علی با مؤفقیت از عهدهٔ کار برآمده بود.

عمر لحظه‌یی بر راهکار ابوبکر خوض کرد ولی چون علی را که از روی استخفاف «الاُصَیْلع (کَلَک)»[۱۱۷] می‌خواند زیاد تحویل نمی‌گرفت، تردید خود را به ابوبکر اظهار داشت: «مرا گمان بر آنست که علی با آنان جنگیدن نخواهد. صواب آن باشد که او را اندر کنارت نگهداری چون نیک مشاوری‌ست. عکرمه را به جای او بفرست چون در مَهره است و تاخت اسپی از حضرموت فاصله دارد.» این توصیهٔ عمر شاید از روی آن بود که در فرستادن علی خطر آن می‌دید که مباد آنکه بنی‌کنده به علی بیعت کنند و وضع به ضرر ابوبکر برگردد. پس بر پایهٔ مشورهٔ عمر، ابوبکر از فرستادن علی منصرف شد و به جای او به عکرمه دستور شتافتن برای نجات زیّاد و مهاجر را صادر کرد. عملیات نظامی راه انداخته شده توسط عکرمه پیروزمندانه بود چون محاصرهٔ تریم را شکست و لشکر اشعث را به پناه‌گزینی در قلعهٔ نُجَیْر[۱۱۸] در سی کیلومتری شرق آنجا مجبور ساخت. اکنون روزگار برگشته بود و شورشیان خود را در محاصره یافتند و سر انجام جز تسلیم چاره‌یی نداشتند. مسلمانان قلعهٔ نجیر را تسخیر و زنان را غنیمت گرفتند و میان خود تقسیم کردند. طبری[۱۱۹] روایت می‌کند که به مهاجر از آن غنیمت دو اسیر رسید، ولی وقتی شنید آنها سرودهای طنزآمیزی در هجو پیامبر می‌خواندند دست‌ها و پاهای‌شان را مثله کرد و دندان‌های شانرا با انبور کشید.

اشعث نیز اسیر گردید و به مدینه فرستاده شد. وقتی او را به ابوبکر پیشکش کردند اشعث استرحام کرد و به ابوبکر بیعت نمود و با تضرع گفت «عقد زواج من با خواهرت ام‌فروه را برگردان و بین که از من وفادارتر خادمی نخواهی یافت.» در واقع یک سال

---

[۱۱۷] مستدرک حاکم ۱۰۱/۳؛ سِیَّر ذهبی ۵۰۸/۲؛ کنز متقی ۷۳۴/۵

[۱۱۸] معجم البلدان یاقوت ۲۷۲/۵-۲۷۴

[۱۱۹] تاریخ طبری ۳۰۵/۲؛ بلاذری در فتوح البلدان (صفحهٔ ۱۴۲) نیز همین روایت را آورده است.

پیش، آنگاه که اشعث با اعضای قبیلهٔ خود برای بیعت به محمد به مدینه آمده بود، ام‌فروه خواهر کوچک ابوبکر را به عقد اشعث در آورده بودند، اما آن ازدواج هیچگاه به پیوند زناشویی نینجامید چون اشعث به حضرموت برگشت و ام‌فروه در مدینه ماند و بعدتر به اثر «ارتداد» اشعث صیغهٔ عقد با او باطل اعلام شد.[۱۲۰] با استرحام اشعث ابوبکر نه تنها او را بخشید بلکه زوجهٔ او را نیز به او واگذاشت. دختری که ازین وصلت حاصل شد بعدها با حسن پسرِ مهترِ علی ازدواج نمود.[۱۲۱]

اشعث که اکنون عُرف‌النار (آتش‌یال) لقب یافته بود هیچگاه به حضرموت برنگشت. وی به خدمت خلیفه درآمد و در صفوف قشون خلیفه در کارزارهای نظامی سوریه و عراق سهم گرفت و در کوفه در هنگام حیات حسن بن علی چشم از جهان فرو بست. خلیفه زیّاد ابن لبید را دوباره به ولایت حضرموت گماشت و مهاجر ابن ابی‌امیه را در کنار فیروز دیلمی به حیث والی یمن منصوب کرد.

در همین سال دوازدهم هجری (مارس ۶۳۳ – مارس ۶۳۴) بود که با تسلیمی و انقیاد شورشیان بنی‌کنده سرکوب راه انداخته شده توسط ابوبکر در عربستان به پایان رسید. بخش بیشتر شبه جزیرهٔ عربستان اکنون زیر سلطهٔ جانشین پیامبر قرار داشت. پیروزی‌های جنگی مسلمانان با همه قربانی‌ها، کشتارها، آسیب‌های جناحی و غنیمت-ها و چپاول‌های آن ثروت سرشاری در پای خلیفه ریخت. این همه دستاورد امکانات بی‌پیشینه‌یی در اختیار ابوبکر قرار داد و پایه‌های اقتدارش را سدید و خارایین ساخت. ابوبکر اکنون می‌توانست جنگ‌های فاتحانهٔ بیشتری را تمویل کند. او توانسته بود وضعیت خطیر بقا یا فنای اسلام را به کامیابی ظفرمندی استحاله دهد. رِدّه (ارتداد) قبایل عرب به جای آنکه رشد و گسترش اسلام را سست‌بنیاد ساخته موجودیت و حیاتیت آنرا مورد سوال قرار دهد انگیزهٔ نیرومند جنگ و قتال به دست داد که نه‌تنها بقای اسلام را تضمین کرد بلکه پایه‌های آنرا مستحکم ساخت. در مکه، صحابی

[۱۲۰] اُسد ابن اثیر ۱۱۸/۱

[۱۲۱] اُسد ابن اثیر ۱۱۸/۱ (توضیح مترجم: این دختر همان جعده بنت اشعث است که خواهرزادهٔ ابوبکر بوده و همسر حسن بن علی شد و او را مسموم کرده به قتل رساند.)

پیغمبر سهیل ابن عمرو با شنیدن اخبار فتوحات درخشان قشون اسلامی با تهنیت-گویی بر مؤثریت آنچه می‌توان رژیم ترور و وحشت خواند بانگ برآورد «ارتداد کسانی که از اسلام روگرداندند تنها توانست اسلام را نیرومندتر سازد. ما هر آنکه را شکی در دل داشت سر بریدیم!»[۱۲۲]

ابوبکر اکنون دیگر از هیچ مخالفی در عربستان ترسی به دل نداشت، پس فکر و ذکر خود را بر فتح عراق و سوریه و گسترش قدرتش در بیرونِ عربستان متمرکز ساخت.

---

[۱۲۲] البدایه ابن کثیر ۳۰۰/۵

- ۳ -

# پرچم سیاه بر فراز عراق و سوریه

Antioche
EMPIRE
BYZANTIN
EMPIRE
SASSANIDE
Firâdh
Euphrate
Damas
Désert syrien
Anbâr
Ctésiphon
Tigre
'Ayn Tamr
Bâniqiyâ
al-Hîra
Amghîshiyâ
Madhâr
Ullays
Dûmat al-Jandal
Ghassanides
Lakhmides
Walaja
Basra
Ubulla
Kâdhima
Tabûk
ARABIE
250 km
Médine

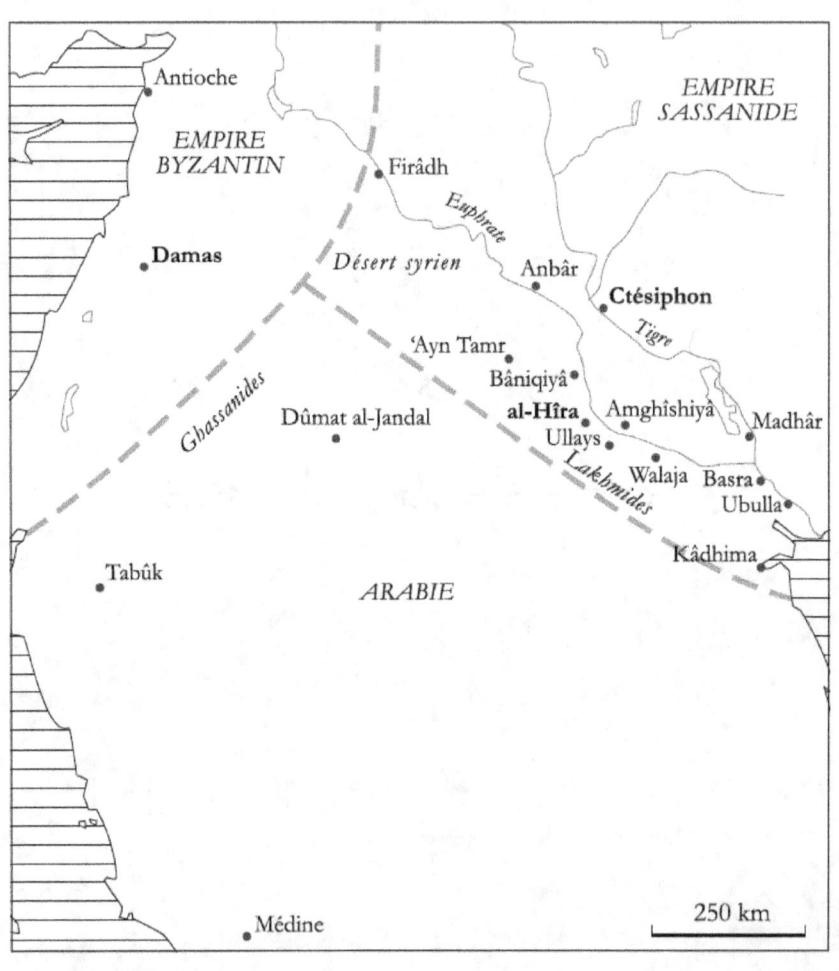

عراق یا میان‌رودانِ پایین (بین‌النهرین سفلیٰ) در آن روزگار زیر تسلط فارس قرار داشت. تیسفون سلوکیه (مدائن) پایتخت شاهنشاهی ساسانی نه در ایران بلکه در کنار رود دجله در حدود سی کیلومتر دور از جایی که بعدها شهر بغداد بنا شد قرار داشت. در آن زمان اعراب به این مرز و بوم «سواد»[۱] یعنی «سرزمین سیاه» می گفتند چون هامون میان دجله و فرات به اثر ته نشست سالیانهٔ خیزش این دو رودخانه مردابی و نهایت حاصلخیز بود، به گونه‌یی که سبزه در آن چنان انبوه می‌رویید که چمنزارها رنگ سبز تیره نزدیک به سیاه به خود می‌گرفتند. سرزمین سواد از جنوب حیره تا خلیج فارس امتداد داشت .

حیره یکی از سدهای سدید دفاعی قلمرو ساسانی بود. شاهنشاهی مقتدر ساسانی فارس همانند رقیب همیشگی آن شاهنشاهی بیزانس (روم شرقی) جهت پایان بخشیدن به تاخت و تازهای یغماگرانهٔ قبایل عرب که از مدت‌های مدید بدینسو جریان داشت با امیران مختلف عرب وارد پیمان و ائتلاف گردیده به شهزاده نشین-های نیمه‌مستقل محلی نقش حائل میان شاهنشاهی فارس و قبایل بادیه نشین عرب را داده بودند. چنین بود که پادشاهان لخمی حیره خود را وابسته به شاهنشاهی فارس

[۱] معجم البلدان یاقوت ۲۷۲/۳-۲۷۵

و پادشاهان غسانی (همتایان سوریایی لخمیون) خود را وابسته به شاهنشاهی بیزانس یافتند. این دو شاه نشین عربی همواره در جنگ و نزاع با یکدیگر به سر می‌بردند. فارس‌ها و بیزانسی‌ها ازین ستیزه‌های بی‌پایان خرسند بودند چون جنگ‌های باهمی امیران و قبایل عرب هیچگاه نمی‌گذاشت آنها به تهدیدی برای حامیان شان مبدل شوند. ظهور خلافت اسلامی در مدینه این تعادل را بر هم زد. دولت نوپای اسلامی با گسترش سریع و نیرومند خود در نظر داشت از طریق حمله بر شهرهای مرزی چون حیره تسلط خود را بر مناطق حاشیهٔ بادیه قایم سازد. نعمان ابن منذر پادشاه نصرانی حیره که می‌خواست خود را از سرپرستی فارس آزاد سازد در سال ۶۰۲ توسط خسرو پرویز شاهنشاه فارس سرنگون گردید و سپس کشته شد، و به جای او ایاس بن قبیصه از قبیلهٔ طیء به حیث پادشاه لخمی بر تخت نصب گردید تا آنکه فارس‌ها در سال ۶۱۸ آزادبِه بن ماهبیان بن مهربنداد را به جای او به مرزبانی (حکمرانی) حیره گماشتند.

در چنین حال و هوایی مثنی بن حارثه شیبانی یکی از امیران بادیه نشین که به آزادبه مرزبان (والی) فارسی سر اطاعت فرود نمی‌آورد از ابوبکر تقاضای کمک کرد.[۲] مثنی متعلق به قبیلهٔ بزرگ عربی بکر ابن وائل بود و برخلاف برادرانش که با سلطهٔ خلافت اسلامی در بحرین مخالفت کرده از پادشاهی پسر نعمان ابن منذر پشتیبانی نموده بودند او خود پس از آنکه در عام‌الوفود به اسلام گروید مسلمان باقی ماند و مرتباً علیه فارسیان دست به حملات چپاولگرانه می‌زد. با استفاده از ناتوانی روزافزون امپراتوری ساسانی که پس از سرنگونی خسرو پرویز در سال ۶۲۸ دچار نزاع و ستیزهٔ پایان ناپذیر درون دودمانی گردید (میان سال های ۶۲۸ و ۶۳۲ میلادی چهارده «شهنشاه (شاه شاهان)» بر تخت ساسانیان نشست) مثنی به مدینه رفت تا از ابوبکر نیروی کمکی

---

[۲] برای شرح وقایع هجوم لشکریان خلیفهٔ اول بر عراق از منابع ذیل استفاده به عمل آمده است: فتوح البلدان بلاذری ۱۵۵–۱۵۶، ۳۳۷–۳۵۰؛ تاریخ الخمیس دیار بکری ۲۲۱/۲؛ الکامل ابن اثیر ۲۳۴/۲–۲۴۵؛ المنتظم ابن جوزی ۱۱۱/۴؛ البدایهٔ ابن کثیر ۳۶۳/۶–۳۶۵؛ تاریخ طبری ۳۰۷/۲–۳۲۸؛ رِدّهٔ واقدی ۲۱۵–۲۳۰

بخواهد و نیز به خلیفهٔ مسلمین بیدار باش دهد که زمان حمله بر فارسیان فرا رسیده بود.

استمداد مثنی برای ابوبکر فرصت خدا دادی بود تا از یکسو بر ساسانیان یورش برد و از سوی دیگر (از وجههٔ سیاست داخلی) خالد ابن ولید را به عراق فرستاده غوغایی را که به اثر قتل مالک ابن نویره و ازدواج مفتضح آن سپهسالار وحشی با زوجهٔ مالک پس از کشتار عام یمامه برخاسته بود فرو نشاند. ازینرو خلیفه بی‌درنگ به تقاضای مثنی لبیک گفت و طی نامه‌یی به خالد او را به باد سرزنش توفنده گرفت و از کردار و رویهٔ رکیک او شدیداً مذمت کرد. همزمان با توبیخ و سرزنش، خلیفه به خالد دستور داد تا با نیروهایش سوی عراق بکوچد. خلیفه ابوسعید خضری را گماشت تا نامه را شخصاً به دست خالد بسپارد و به او اکیداً دستور داد: «تا به چشم سر بینی که خالد از یمامه رحل بربسته و سوی عراق رهسپار گردیده از او چشم بر ندار! برگوی به وی که مسلمانانِ سواد با فارسیان در جنگند و از ما چشم معاضدت دارند.»[3]

خالد نامهٔ دستوری خلیفه را با نقشهٔ کاری دقیقی که برایش کشیده شده بود در ماه محرم سال ۱۲ هجری در یمامه – جایی که در آن سکونت اختیار کرده بود – دریافت داشت.. خلیفه دستور داده بود تا در گام نخست خالد و لشکرش سوی اُبُله[4] در جنوب‌شرق عراق راه افتند. این شهر که در کنار دجله و در دهنهٔ خلیج فارس قرار داشت حائز موقعیت استثنایی جغرافیایی بود، چنان که دولت ساسانی این شهر را به سبب اهمیت بزرگ سوق‌الجیشی آن تحت ادارهٔ نظامی قرار داده بود. سپس دستور آن بود که خالد و لشکرش متوجه حیره گردند.[5] خالد نامهٔ خلیفه را به دقت خواند، سپس در حالیکه به چهرهٔ قاصد خیره شده بود با لب و لوچهٔ حاکی از بیزاری و آزردگی به ابوسعید گفت «این را نیک دانم که این فرمان نه آنست که ابوبکر خواستی نوشتن. دانم اندر پس انتقال من به عراق چه دستی در کار باشد!» خالد طبعاً عمر را عامل و

---

[3] رِدَة واقدی ۲۱۹

[4] معجم البلدان یاقوت ۱/۷۶-۷۸

[5] معجم البلدان یاقوت ۲/۳۲۸-۳۳۱

سائق دستور رسیده می‌دانست اما زیاد اعتراض نکرد: اگر آنها می‌خواستند او به جنگ فارسیان به عراق رود، او هم حاضر و آماده بود! خالد سربازان خود را فراخواند و به آنها اعلام داشت: «همین دم دستور خلیفهٔ مسلمین واصل است و رأی عالی بر آنست که به عراق رویم و جهاد فی سبیل‌الله را در آن دیار پی گیریم. هر آنکه را آرزوی غنیمت جهاد درین دنیا و نعمات بهشت درآن دنیا در سر است اندر پی من افتد. همین فردا پا در رکابیم!»

ابوبکر همچنین طی نامهٔ جداگانه‌یی مثنی را از ماموریت خالد مطلع ساخت و دستور داد از خالد فرمانبرداری کند و زیر دست او به جنگ و جهاد پردازد. خلیفه همچنین به سردار قریشی عیاض بن غنم که از نخستین گرویدگان به اسلام در ابتدای دعوت محمد بود هدایت داد تا به دومة الجندل که چهار راه بزرگ بازرگانی در نقطهٔ تلاقی عراق، سوریه و عربستان بود رفته از آنجا سوی حیره بپوید. طرح آن بود که از اُبُله از جنوب و از دومة الجندل از شمال بر عراق حملهٔ همزمان دوشاخه‌یی راه انداخته شود[6].

قشون خالد در ماه صفر سال ۱۲ هجری (آوریل ۶۳۳) به سوقیات آغاز کرد. سپاهیان نخست از منطقهٔ کاظمه[7] در شمال کشور امروزی کویت که در دست هرمز مرزبان ساسانی بود گذشتند. هرمز به سبب موقعیت ارزشمند سوق‌الجیشی کاظمه (میان بادیه و دریا) از شوکت و اعتبار بزرگی برخوردار بود و با سرسپردگی از امنیت امپراتوری ساسانی نگهبانی می‌کرد. طبری می‌نویسد که آنچه از همه بیشتر مرزبانِ کاظمه را امتیاز می‌داد حکمروایی و اختیارداری او بر آب منطقه بود. خالد که بر ارزش و اهمیت حیاتی آب برای فرجام نبردها و پیروزی لشکرها آگاه بود از این نکته برای برانگیختن سپاهیانش بهره برد و طی خطابه‌یی به آنها اظهار داشت «آب، که متضمن حیات و ممات و پیروزی و شکست قشون و افواج باشد، لشکری را پاداش و انعام است که در ناورد آتیه بیشتر و سخت‌تر از حریف پایداری ورزد و دادِ رادمردی دهد!» هرمز که از رسیدن قشون مسلمانان آگاهی یافته بود (برخی منابع گویند که خالد خودش او را

---

[6] معجم البلدان یاقوت ۴۸۷/۲-۴۸۹

[7] معجم البلدان یاقوت ۴۳۱/۴

اخطار کرده بود) لشکر خود را بسیج کرد و به پیشواز حریف به پهنهٔ صحرا برآمد و بی درنگ مقابله را آغاز کرد. وی خود تک سوار در ناوردگاه پیش تاخت و خالد را به جنگ تن به تن فراخواند ولی با همه رشادت به دست خالد کشته شد. سپاهیان مسلمان سپس با مدد جنگندگانی که مثنی به ناوردگاه آورده بود جنگاوران فارس را یکسر از دم تیغ کشیدند. گفته می‌شود که چون ارتشیان فارس خود را با زنجیر به همدیگر بسته بودند تا ننگ فرار دامنگیرشان نشود این نبرد را «معركة ذات السلاسل (نبرد زنجیرها)» می‌خوانند. یغمای سترگی که نصیب مسلمانان شد و مشتمل بر بار و بنه لشکر فارسیان و خزانهٔ شاهی هرمز بود در وصف و حساب نمی‌گنجید. در هنگام تقسیم غنایم خالد دیهیم جواهرنشان بی‌همتای مرزبان مغلوب را که گفته می‌شد ارزش آن صد هزار درهم بود برای خود گرفت.[۸]

این نخستین پیروزی مسلمانان در قلمرو شاهنشاهی ساسانی خالد را بر انگیخت تا به پویهٔ خود جانب حیره ادامه دهد. وی در جریان همان ماه در چند مقام با نیروهای فارسیان درگیر شد. در مذار[۹] نیروهای کمکی را که به پشتیبانی هرمز شتافته بودند شکست سختی داد. درین رویارویی که در کنار رودخانه واقع شد وقتی سپاهیان فارس در کنجی پشت به رود محاصره شدند شمار زیاد آنها لباس از تن برکنده خود را به آب انداختند. درین «معركة ذات الثنی (نبرد نهر)» تعداد بیشمار جنگندگان که شمار شانرا سی هزار گفته‌اند جان خود را از دست دادند و شمار زیاد دیگری به دست مسلمانان اسیر گردیدند. خالد همه غنایم را گردآورده یک پنجم آنرا به مدینه فرستاد. ساسانیان برای توقف پیش رَوِی خالد فوج پنجاه هزار نفری دیگری گسیل داشتند. این فوج در مقام وَلَجَه[۱۰] اردو زد و شماری از قبایل عرب به شمول عشایر ترسایی‌کیش قبیلهٔ بکر ابن وائل با آن یکجا شدند. سردار سپاه اسلام ازین آرایش نیرو در برابر خود مشوش نگردیده بر اردوی حریف و امدادگران عرب آن تعرض راه انداخت و آنها را مقهور

---

[۸] سِیَّر ذهبی ۲۲۹/۳

[۹] معجم البلدان یاقوت ۸۸/۵

[۱۰] معجم البلدان یاقوت ۳۸۳/۵

ساخت و به پیش رَوِی سوی حیره ادامه داد. وی درین پویه از خون کشاورزانی که سر راه می‌دید می‌گذشت و تنها به وضع خراج بر آنها بسنده می‌کرد. حین طی طریق سوی حیره خالد سخت مبهوت وفرت آب و سرسبزی مناطق میان راه گردید چون پیش از آن هرگز خطه‌یی چنان خرم ندیده بود. وی از بس شگفتی به سربازان خود اظهار داشت «اگر هم از بهر جهاد فی سبیل‌الله که بر ما فرض باشد نجنگیدمی، ما را از بهر استملاک این پدرام مرز و بوم از فارسیان باید جنگیدن. چنین سرزمینی ما را شاید، نه آنان را!»

خالد چون به بصره رسید از سوی سوید ابن قتبه از قبیلهٔ بکر ابن وائل که گاهگاهی بر فارسیان می‌تاخت و روزخون و شبخون می‌زد استقبال گردید. سوید از نگرانی خود در بارهٔ اهالی شهر اُبُله که کمتر از سی کیلومتر دور از بصره واقع بود و در معرض حملهٔ فارسیان قرار داشت به وی گفت. خالد نیرنگی سنجید و وانمود که نیروهایش از بصره رفتند، در حالی که در جایی نزدیک پنهان گردیده در کمین دشمن نشستند. وقتی ساسانیان بر شهر اُبُله حمله راه انداختند جنگندگان خالد از کمینگاه برآمدند و بر آنها برق آسا تاختند. باز هم کشتار در صفوف فارسیان راه افتاد و شمار زیادی از ایشان در دجله غرق گردیدند.

و اما، خلاف دستور خلیفه، خالد تلاش نکرد اُبُله را تسخیر کند، بلکه سرنوشت آن بود که آن شهر دو سال بعد در سال ۱۴ هجری (۶۳۵ میلادی) در عهد خلیفهٔ دوم عمر به دست عتبه ابن غزوان فتح گردد. خالد از بصره رو سوی حیره نهاد و پس از هفته‌یی چند بار دیگر در ماه ربیع‌الاول (مه – ژوئن ۶۳۳) در مقام اُلیس[۱۱] با قشون فارسیان و متحدین عرب آنها رو در رو گردید. این نیرو که توسط یک تن فارسی به نام جابان[۱۲] و دو تن عرب به نام های أبجر و عبدالأسود رهبری می‌شد به گونهٔ خاص رزمندگی و پایداری در جنگ نشان داد، تا جایی که خالد سوگند یاد کرد که تا آخرین

---

[۱۱] معجم البلدان یاقوت ۲۴۸/۱

[۱۲] در اصل قرار بود سپهسالار فارسی بهمن جادویه فرماندهی نبرد را به عهده داشته باشد اما چنان شد که پایور فرودست خود جابان را به جای خود فرستاد.

فرد شان را از دم تیغ گذراند و دست دعا بلند کرده زارید «خداوندا، ما را بر آنها برتری ده تا خون شان را در رودخانهٔ شان جاری سازیم)». سر انجام مسلمانان با راه اندازی حملهٔ آذرخش‌آسا در ساعتی که جنگندگان دشمن مشغول صرف غذا بود توانستند فارسیان و متحدین بنی‌بکری شان را به شکست مواجه ساخته شمار زیادی از آنانرا اسیر سازند. خالد به سربازان خود دستور داد تا اسیران را نکشند. فردای آن سربازان خود را پیرامون خود گرد آورده بانگ برآورد «اسیران را بیارید!» اسیران بخت برگشتهٔ بسته به زنجیر را کشان کشان آوردند و در لبهٔ رود فرات در صف طویلی کنار هم ایستاندند. خالد با اشارهٔ دست فرمان کشتار داد. آنروز تا به شام ذبح انسان ادامه داشت. بدین گونه خالد سوگند خود را بجا و دعای خود را به اجابت رساند. پس از آنروز آن بخش رود فرات «نهر الدم (رود خون)» نام گرفت.

خبر پیروزی اُلَیس و کشتاری که در آنجا راه افتاد به ابوبکر در مدینه رسید. خلیفه از کارروایی خالد چنان ذوق زده و شادمان گردید که به اطرافیان خود آواز داد «یا معشر قریش! عقمْنّ النساء أن یلدن مثل خالد! (ای جماعت قریش! دیگر زنی چون خالد فرزندی نزاید!)»[۱۳] قتل عام اُلَیس اهالی شهرهای دَور و بر چون امغیشیا[۱۴] در کنار فرات را که در رونق و آبادانی رقیب حیره دانسته می‌شد چنان به وحشت انداخت که همه اهالی خانه‌های خود را ترک و به روستاها متواری گردیدند. لشکر مسلمانان بدون هیچگونه مقاومتی داخل امغیشیا شدند و آنرا پاک تاراج کرده پس از چپاول خانه‌ها شهر را منهدم و به ویرانه مبدل نمودند. حاصل چپاول (غنیمت) به اندازه‌یی بود که به هر سپاهی مبلغی برابر با هزار و پنج‌صد درهم رسید که به گفتهٔ طبری مبلغی چنین پیش از آن شنیده نشده بود.[۱۵]

---

[۱۳] تاریخ طبری ۳۱۵/۲

[۱۴] معجم البلدان یاقوت ۲۵۴/۱

[۱۵] تاریخ طبری ۳۱۵/۲ . طبری درین ارتباط با احتیاط کامل کلمهٔ «فیء» را بکار می‌برد، یعنی غنیمتی که به اثر گریز خصم بی مالک مانده و بدون جنگ و درگیری به دست آمده باشد.

خالد علی رغم این پویهٔ ظفرمند هدف و مأموریت اصلی را که فتح حیره بود از یاد نبرد، پس با گام‌های استوار و مطمئن به آن دیار نزدیک شد. آزادبِه مرزبان ساسانی حیره اردوگاهی تأسیس کرده بود تا از شهر دفاع کند ولی پس از مدت کوتاهی لشکریان خود را ترک و خود به جای دوری فرار کرد و اهالی شهر را به سرنوشت شان رها نمود. در همان ماه ربیع‌الاول سال ۱۲ هجری (مه – ژوئن ۶۳۳) خالد شهر حیره را به محاصره کشید و نامه‌یی به ایاس ابن قابس حاکم عرب شهر که از سوی ساسانیان گماشته شده بود نوشت. در نامه چنین آمده بود: «ای ایاس! ترا سه چاره باشد: اسلام بیار، جزیه بده یا جنگ را آماده شو! ترا می‌باید دانستن که جنگجویان من جنگ را چنان مشتاقند که شما نعمات و لذایذ زندگی را!» در پاسخ این پیام ایاس با شماری از بزرگان شهر به شمول عمرو ابن عبدالمسیح، ترسایی پیری که ملقب به «بقیله (باقلی)» بود (چون همواره دو قبای سبز به تن می‌کرد) برای مذاکره با سپهسالار مسلمانان دربارهٔ متارکهٔ جنگ عازم قرارگاه خالد شد. در حین گفت و گو خالد متوجه کیسهٔ کوچکی گردید که از دوال بقیله آویخته بود. وی آنرا گرفت و محتوی آنرا که بذرهای کوچک ناآشنایی بود در کف دست خود ریخت و از بقیله پرسید «این چیست؟» بقیله پاسخ داد «این زهر باشد.» خالد ابرو درهم کشید و پرسید «از بهر چه این را با خود گردانی؟» بقیله گفت «از بهر آنکه به دل گویم مرگ بس شرافتمندانه‌تر است از آنکه کشتار عیال و فرزندان و همشهریان خود بینم.» اما این بار خالد قصد راه اندازی کشتار درین شهری که شاهنشاهی فارس آنرا به دست سرنوشت یله کرده بود نداشت، پس به بقیله و إیاس ابن قابس گفت «باری، شما را از گزینه‌ها کدام یک پسند افتد – اسلام، جزیه، یا مرگ؟» ایاس پاسخ داد «نه با تو جنگیدن خواهیم و نه از دین خود روگرداندن. پس رأی ما بر آن جزیه و خراجی‌ست که تو خواهی.» خالد ازین پاسخ مبهوت ماند.

– «گویید به من، عربید یا فارسی؟»

– «بی‌شبهه که عربیم! با چه زبانی کنون با تو سخن گوییم؟ مگر نه عربی است این؟ ما جز زبان عرب ندانیم.»

– «پس گویید به من، از چه رو با فارسیان مؤتلفید و متعهد و نه با اعرابی که چون شمایند و از شما؟ از چه رو با اخوان عرب‌تان تخاصم ورزید؟ این را هرگز دانستن نتوانم! شما ائتلاف با فارسیان را بر اتحاد با برادران عرب‌تان برگزیدید؟ ای تیره‌بختان خیره چشم! کفر بدترین کوری‌هاست. عرب ابله گمشده در بادیه دو راهنما یابد که یکی فارسی و دیگرش چون اوعرب است، و او در پی فارسی افتد! چه بلاهتی!»

با اینهمه، استدلال قومی و تباری کارگر نیفتاد و هیئت نمایندگان شهر حیره بر تصمیم خویش مبنی بر پرداخت جزیه و رونگرداندن از کیش خود پابرجا ماند. آنها مبلغ هنگفت نود هزار درهم را گرد آوردند و به خالد دادند. مؤرخین و سیره نویسان این پرداخت را نخستین جزیه‌یی می‌دانند که دولت نوپای مدینه ستاند. اضافه بر آن، به حوالهٔ طبری، باشندگان شهر حیره پذیرفتند تا «چشمان» خالد در دیده‌بانی بر فارسیان باشند.

سردار سپاه مسلمین مدتی در حیره ماند و در طی آن گُندهایی از سربازان را چپ و راست گسیل داشت تا نواحی گرد و پیش را چپاول و تاراج کنند. دهگانان (اربابان و زمینداران بزرگ) روستاهای دَور و بر نیز بر آن شدند تا به مسلمین منقاد گردند. نام-آورترین آنها ابن‌صلوبا سرکردهٔ بانقیا[16] (نجف امروزی، در نزدیکی کوفه) بود که نه تنها پرداخت جزیه را گردن نهاد بلکه پذیرفت تا مالیهٔ سرانهٔ چهار درهم از هر باشنده را نیز که پیش از آن به فارسیان پرداخته می‌شد به مسلمانان بپردازد. بنا به نوشتهٔ بلاذری، خالد گُندی را برای فتح شهر بانقیا به سرکردگی بشیر ابن سعد فرستاد که در درگیری حاصله بشیر زخم کشنده برداشت. طبری می‌نویسد که اهالی سواد پس از مرگ ابوبکر به توافقات پرداخت جزیه پایدار نماندند، از همین رو عراق در زمان خلافت عمر بار دوم فتح گردید.

امپراتوری ساسانی که پنج سال هرج و مرج سیاسی را از سر گذرانده بود و در برابر پیشرفت بی‌امان مسلمانان خود را درمانده و بیچاره می‌یافت، از نامهٔ تهدید آمیزی که

---

[16] معجم البلدان یاقوت ۳۳۱/۱-۳۳۲

خالد به آنان فرستاد دستپاچه گردید. خالد نوشته بود: «ستایش مر خدایی راست که شاهنشاهی شما را برباد دهد! اسلام بیارید و به قوانین ما گردن نهید چون طوعاً یا کرهاً مؤمنینی آنرا بر شما تحمیل خواهند کرد که مرگ را مشتاقند چنان که شما زندگی را مشتاقید!»[۱۷] فارسیان با همه اختلافات و افتراقات داخلی‌شان مصمم بودند در برابر تهدید مسلمانان تسلیم نشوند، ازینرو جنگندگان خود را در قلعه‌های مستحکم أنبار[۱۸] و عین‌التمر[۱۹] در غرب پایتخت آرایش رزمی دادند اما بیش ازین جرئت نکردند حرکتی کنند. خالد با آنکه در همه جا جاسوس و مخبر داشت از رزم آرایی فارسیان بی‌خبر ماند، و چون بیصبرانه می‌خواست ساحۀ تسلط خویش را گسترش دهد به سپاهیان خود فرمود تا سوی شمال‌غرب کوچیده أنبار را که دیوارهای ستبر محاط با خندق عمیقی در چهار سو آنرا محافظت می‌کرد و یکی از بزرگترین مخزن های آب آشامیدنی در منطقه بود آماج قرار دهند. در این زمان حاکم شهر أنبار شیرزاد مرزبان ساسانی بود. چون خالد به پای حصار شهر رسید سربازان دشمن را سنگر گرفته در بالای دیوارها دید که سرتا پا جوشن پوشیده تنها چشمان شان از کلاهخودهای‌شان نمایان بود. خالد به کمانداران خود دستور داد تا چشمان دشمن را آماج گیرند. بی-درنگ رگبار تیر بر سپاهیان فارسی ریختن گرفت. تاریخنامه‌ها روایت می‌کنند که آنروز مسلمانان هزارها چشم را از کاسه برون کردند، ازین رو نبرد آن روز «معرکة ذات العیون (نبرد چشم ها)» نام گرفت. فردای آن سردار سپاه اسلام دستور داد تا شماری شتر ذبح کنند و با نعش آنان بخشی از خندق را پر سازند. مسلمانان با پل ساختن نعش شتران بر دروازه‌های شهر هجوم بردند. شیرزاد از ترس بی‌درنگ خواهان مذاکره شد و تسلیمی شهر را پیشنهاد کرد؛ در ازای آن به او اجازه داده شد تا بدون خون ریزی از شهر بیرون شود.

---

[۱۷] بنابر روایت دیگری، خالد گفته بود «مؤمنینی آنرا بر شما تحمیل خواهند کرد که مرگ را مشتاقند چنان که شما باده و می را!» (سِیَر ذهبی ۲۲۹/۳؛ تاریخ طبری ۳۲۱/۲)

[۱۸] معجم البلدان یاقوت ۲۵۷/۱-۲۵۸

[۱۹] معجم البلدان یاقوت ۱۷۶/۴-۱۷۷

خالد که مصمم بود به دشمن فرصت تنفس ندهد حفاظت شهر أنبار را به دستیار خود زبرقان ابن بدر گذاشت و خود سوی شهر سترگ عین‌التمر در حاشیهٔ صحرا که زیباترین واحه‌های مشرق‌زمین در آن واقع بود رو کرد. در ین شهر مستحکم یک پادگان بزرگ فارسی – بی‌گمان برای آنکه یکی از ستراتیژیک‌ترین نقاط آبشخور منطقه را محافظت کند – کمین گرفته بود. حکمران شهر عین‌التمر مهران پسر بهرام چوبین بود که شمار زیاد سپاهیان عرب را که بیشترینه از قبیلهٔ نامدار بنی‌تغلب (قبیلهٔ سجاح زن مدعی پیغمبری) بودند زیر فرمان داشت. در آن زمان برخی سروران قبیلهٔ بنی‌تغلب، از آنجمله عقّه بن ابی‌عقّه و هذیل ابن عمران، پیرو سجاح شده بودند.

عقّه به مهران چنین پیشنهاد کرد: «ما را بِهِل تا خالد را مصاف دهیم؛ ما چون او عربیم و بهتر از فارسیان با اعراب جنگیدن دانیم.» مرزبان پذیرفت ولی عقّه و طرفدارانش چنان زار و ناتوان جنگیدند که در همان روز نخست شکست خوردند و عقّه اسیر و سپاهیانش تسلیم مسلمانان شدند. از آنجا که خالد با اعراب ترسایی کینهٔ خاص داشت – چون آنان را خائن به عربیت می‌دانست – با آنها با قساوت و سنگدلی خاص برخورد کرد: سر از عقّه همه سرکردگان شان را در پای دیوارهای عین‌التمر سر برید و سپس جنگدگان‌شان را همه نابود ساخته زنان و کودکان‌شان را میان سپاهیانش تقسیم کرد تا پس از اطفای شهوت و هوس در بازار برده فروشان بفروشند. شماری از مردان در صومعهٔ شهر عین‌التمر پناه گرفته بودند، اما به زودی به دست خالد افتادند. در میان آنها مردان جوانی بودند که اولادهٔ شان در گهنامه‌های مسلمانان از خود نامی به جا گذاشته‌اند، از آن جمله اند سیرین پدر دانشمند و حکیم معروف عرب محمد ابن سیرین، نُصَیْر پدر موسی ابن نُصَیر فاتح هسپانیه، و یسار پدر کلان سیره‌نگار معروف پیامبر محمد ابن اسحق.

خالد در طی چند هفته توانست سیطرهٔ خود را بر بخش بیشتر خطهٔ سواد گسترش داده از دست آورد چپاول و تاراج خزانهٔ عظیمی بیندوزد. اکنون دیگر کسی را یارای ایستادن در برابر «سیف‌الله المسلول» نبود. با در اختیار داشتن آنهمه ثروت و هزاران جنگنده‌یی که «مرگ را بیشتر از زندگی مشتاق بودند»، خالد در تقابل با شاهنشاهی

در حال فروپاشی فارس خود را شکست ناپذیر می‌دید. یگانه پریشانی او ازین بود که از عیاض بن غنم که مطابق هدایت خلیفه باید از سمت شمال با او یکجا می‌شد هیچگونه اطلاعی نداشت و گمان می‌برد که آن برادر مسلمانش حتماً دچار دردسر و گرفتاریی شده بود. در واقع، عیاض از هفته‌ها در دشت‌های سوریه در محاصرهٔ قبایل عرب مسیحی که از هر سو بر سرش ریخته بودند قرار داشت. او چندین بار بیهوده تلاش ورزیده بود از چنبر محاصره خود را رها سازد، تا آنکه سرانجام مجبور شد و فریاد استمداد خود را به گوش خالد رساند.

خالد که پیامبر او را دو سال قبل به دومة الجندل فرستاده بود و ازینرو با آن دیار آشنایی نزدیک داشت افراد اعتمادی خود را برای نگهداری حیره و أنبار در برابر حملهٔ متقابل فارسیان به فرمانداری آن دو شهر گماشت و خود از عین‌التمر به کمک عیاض سوی دومة الجندل که به فاصلهٔ ده روزه راه دورتر واقع بود شتافت. وی از میان زمین‌های مزروعی و کشتزارهای درهٔ فرات سوی کربلا پیش رفت و چند روزی در آنجا اقامت گزید تا روستاهای گرد و نواح را مطیع و فرمانبردار سازد. آوازهٔ نزدیک شدن او به دومة الجندل به گوش اهالی آن سامان و دو سردار عرب آن شهر اکیدر ابن عبدالملک از قبیلهٔ کنده و جودی ابن ربیعه رسید. نیروی کمکی از هر سو، به خصوص از خطهٔ پادشاهی عرب غسانی‌ها در سوریه که خراج‌گزار امپراتوری بیزانس بود، برای مقابله با مسلمانان در حال سرازیر شدن بود. همه جز یکتن آمادهٔ جنگ بودند و آن اکیدر ابن عبدالملک بود که از گذشته با درنده‌خویی و وحشیگری خالد ابن ولید آشنا بوده و از همه بیشتر خوف بیداد او را در دل جا داده بود. پیامبر در خزان سال ۹ هجری (۶۳۰) در پایان اردوکشی تبوک به خالد دستور داده بود تا همین اکیدر سرکردهٔ ثروتمند دومة الجندل را اختطاف کند. در هنگام اجرای دستور آدم‌ربایی و گروگان گیری حسن برادر اکیدر کشته شد و خودش مجبور گردید مبلغ سترگی به عنوان سربها باج دهد.[۲۰]

---

[۲۰] دیده شود: *واپسین روزهای زندگی محمد*، صفحات ۳۲-۳۳

اکیدر به هیچ وجه نمی‌خواست چنان کابوسی را باز از سر گذراند، ازینرو جودی و اطرافیانش را چنین هشدار داد: «پیش ازین مرا با این خالد سر و کار افتاده است. شما را مصلحتی بِه ازین نباشد که سر تسلیم فرود آرید!» هشدارهای اکیدر با پاسخ خشمگین دیگران که برافروخته پرسیدند او چگونه می‌توانست چنین بی‌آبرویی را پیشنهاد کند، رد شد. پس اکیدر به امید امان یافتن از عواقب وحشتناک آتیه بر آن شد تا به تنهایی تسلیم شود، ازینرو سوی قرارگاه مسلمانان راه افتاد ولی سپاهیان خالد بدون در نظر داشت نیات تسلیم طلبانهٔ او وی را اسیر ساختند و با غل و زنجیر به حضور خالد آوردند. سیره‌ها و منابع در بارهٔ سرنوشت او اتفاق نظر ندارند: برخی گویند که خالد بدون آنکه به او فرصت حرف زدن دهد جا به جا او را کشت و همه دارایی هنگفت او را تصاحب کرد: دیگران بر آنند که او را زندانی نگهداشت و در برابر فدیهٔ هنگفتی او را رها کرد.

رویارویی دو لشکر بی‌درنگ آغاز گشت و چنانکه اکیدر پیش بینی کرده بود به زودی به پیروزی مسلمانان انجامید. سربازان مسلمان قلعه را اشغال و بیشماری را اسیر گرفتند، مردان به شمول جودی را سر بریدند و زنان را پیش از آنکه در بازار به حراج گذارند میان خود تقسیم کردند. در ساعاتی که در پی آمد دختر جودی که به زیبایی شهرهٔ آفاق بود برای اطفای شهوت خالد ابن ولید به بستر او کشانده شد.

هنوز خمار کامروایی پیروزی از سر سپاهیان مسلمین نپریده بود که سپهسالار آنانرا درگیر نبرد جدیدی برای مهار ضد حملهٔ فارسیان ساخت. بازگویی جزئیات کارزارهایی که راه افتاد، از حَصِید[۲۱] تا خنافس[۲۲] و از مُصَیَّخ[۲۳] تا ثِنّی[۲۴] و زُمَیل[۲۵] ملال آورد خواهد بود. طبری می نویسد که در طی این نبردها خالد مسلمانی را گویا «به خطا» کشت و

[۲۱] معجم البلدان یاقوت ۲/۲۶۶-۲۶۷

[۲۲] معجم البلدان یاقوت ۳۹۱/۲

[۲۳] معجم البلدان یاقوت ۱۴۴/۵

[۲۴] معجم البلدان یاقوت ۸۶/۲

[۲۵] معجم البلدان یاقوت ۱۵۱/۳

پسر او به ابوبکر شکایت برد و خلیفه در ازای قتل پدر به او دِیّه (خونبها) پرداخت. خالد سپس لشکر را به سوی شمال جانب فِراض[۲۶] واقع در ساحل شرقی فرات در مرز عراق و سوریه پیش راند. قشون فارس که این خطه را در اشغال داشتند با شنیدن آوازهٔ نزدیک شدن لشکر مسلمانان به چابکی منطقه را تخلیه کردند. خالد که از فرط خستگی رمقی در خودش و سربازانش نمانده بود در روزهای پایانی ماه رمضان سال ۱۲ هجری (آخر نوامبر ۶۳۳) در فراض توقف کرد. طبری می‌نویسد[۲۷] که خالد از بس خستگی قادر به گرفتن روزه نبود.

بیزانسی‌ها چون از خطر حضور خالد و لشکرش در سرحدات قلمرو خود آگهی یافتند مصمم به دفع او شدند، پس نه تنها از برخی قبایل عرب خراج گزار خود که در حاشیهٔ امپراتوری می زیستند بلکه حتی از رقیب فارسی خود کمک خواستند. نیروی متحده-یی که در پاسخ این فراخوان تشکیل شد در ساحل رود فرات در کرانهٔ مقابل مسلمانان اردو زد. پس از چند روز درگیری آغاز شد و در روز پانزدهم ذیقعده سال ۱۲ هجری (۲۱ ژانویه ۶۳۴) به اوج خود رسید. در جنگِ آن روز مسلمانان هماوردان خود را پاک روفتند، چنانکه درین ارتباط طبری از صد هزار کشته سخن می گوید.

خالد ده روز دیگر در فراض پایید و به روز ۲۵ ذیقعده سال ۱۲ هجری (۳۱ ژانویه ۶۳۴) ناگهان فرماندهی طلایهٔ لشکر را به یکی از یاوران خود عاصم ابن عمرو سپرد و خود در ساقهٔ لشکر قرار گرفت و دستور عقب نشینی به حیره را صادر کرد[۲۸]. این طرفه اقدامی بود که خالد به آن دست یازید. چه خیالی در سر و چه ترفندی در آستین داشت؟

---

[۲۶] معجم البلدان یاقوت ۲۴۳/۴-۲۴۴

[۲۷] تاریخ طبری ۳۲۸/۲

[۲۸] تاریخ طبری ۳۲۸/۲

آنچه ذهن خلیفه را درین میان مشغول می‌داشت عراق نه، بلکه سوریه — یا بهتر گفته شود «بلادالشام» - بود که شامل فلسطین نیز می‌شد و نقش برازنده‌یی در جهان‌بینی و مخیلهٔ اسلام نوپا داشت. پیامبر آخرین تلاش‌های خود را وقف غلبه بر امپراتوری بیزانس (روم شرقی) در منطقهٔ بلادالشام کرده بود و علی‌رغم شکست خُرد کنندهٔ مؤته در سپتامبر ۶۲۹ خود یک سال بعد در اکتوبر ۶۳۰ در رأس فوج مسلمانان در فرجامین نبرد خود بر تبوک لشکر کشید.[۲۹] چنانکه دیدیم، نخستین جانشین پیامبر از آغاز حکمروایی برای خویشتن دَین شرف می‌پنداشت تا با فرستادن لشکری زیر فرمان اسامه بن زید به بلادالشام کارزار سوریه را از سر گیرد تا گویا آخرین خواست پیامبر را برآورده سازد. پیروزی‌های قشون خلافت به سرکردگی خالد ابن ولید نخست در عربستان و سپس در عراق اکنون به خلیفه اجازه می‌داد تا به گونهٔ جدی خیال پیشرفت درین جبهه را در سر بپروراند.

منابع متعدد سیره وحدیث[۳۰] روی این نکته همداستانند که حوالی پایان سال ۱۲ هجری (حدوداً ماه دسامبر ۶۳۳) ابوبکر دستور آغاز سفربری به بلادالشام را صادر کرد. فرستادن خالد ابن ولید به این ماموریت در ابتدا در دستور کار نبود، ازینرو نخستین ساخلویی که خلیفه گسیل داشت زیر فرمان خالد نام دیگری یعنی خالد ابن سعید ابن عاص اموی بود که در ماه ربیع‌الثانی سال ۱۲ هجری (ژوئیه ۶۳۲) از شورش «مرتدین» محلی در یمن پس از مرگ پیغمبر گریخته و به مدینه برگشته بود. با رسیدن به مدینه، خالد ابن سعید در برابر انتخاب ابوبکر قد علم کرد و کوشید با پیش کشیدن این استدلال آنها را بر ضد خلیفه متحد و همپیمان سازد که علی و عثمان

---

[۲۹] دیده شود: *واپسین روزهای زندگی محمد*، فصل ۱

[۳۰] برای شرح وقایع فتح سوریه در زمان حکمروایی ابوبکر از منابع ذیل استفاده به عمل آمده است: فتوح البلدان بلاذری ۱۴۹–۱۵۸؛ تاریخ ذهبی ۸۱/۳–۸۶؛ تاریخ الخمیس دیار بکری ۲۲۲/۲–۲۳۶؛ الکامل ابن اثیر ۲۴۸/۲–۲۶۱؛ المنتظم ابن جوزی ۱۱۵/۴–۱۲۳؛ البدایهٔ ابن کثیر ۵/۷–۲۰؛ اکتفاء کلاعی ۱۰۹/۲–۱۶۰؛ تاریخ طبری ۳۳۱/۲–۳۴۸؛ فتوح الشام واقدی ۵/۱–۸۵

چون او متعلق به اشرافیت قریش بودند و تمکین به تازه به دوران رسیده‌یی چون ابوبکر دون شأن ایشان بود، ولی سر انجام پذیرفت تا خود به ابوبکر بیعت کند.[۳۱]

عمر چون شنید خلیفه آن معاند سرکش پیشین را فرمانده لشکر سوریه گمارده بود از خشم و شگفتی از کوره بدر رفت: «اعوذ بالله! مردی چنین را که ترا مذمت کردی و تا مدیدْ مدت دو ماه ترا بیعت نکردی چنین شرف انتصاب بخشی!؟ این مردک همانست که چون بفرمودی تا به یمن بازگردد گستاخی را تا بدانجا رسانید که به عناد بانگ داد "امور خود را رس! ترا بر ما فرمانی نیست!" چگونه وقاحتی چنین را از یاد بری؟ او را که گردن‌کش و کله پر از باد است عزل بباید!» ابوبکر که به عربده‌های تند و پرخشونت همدمش کاملاً آشنا و از آنهمه هیاهو دلتنگ بود این فوران خشم را به خموشی تاب آورد، گویی با خود می‌گفت «اینک خالد دیگری پس از خالد ابن ولید که ابن خطاب کوزه و کاسه بر سرش بشکند!»

کینهٔ عمر در برابر خالد ابن سعید از آن بود که پس از بازگشت شتابناکش از یمن با جُبه (ردا)ی دیباج فاخری بر تن با نخوت در مدینه اینسو و آنسو می‌چمید و با بانگ رسا از مخالفت خود با خلیفه داد سخن می‌داد. این رویهٔ او عمر را چنان برمی‌آشفت که بانگ برمی‌کشید «ردا را بر تن او بردرید، او حریر می‌پوشد ولی مردان ما را در مشقت ترک داده! ردا را بر تن او بردرید!)»[۳۲] عمر تجمل و خودنمایی اصحاب، به خصوص از آنانی را که چون معاذ ابن جبل جهت گردآوری زکات به یمن فرستاده شده بودند، سخت بد می‌دید. پیامبر– چنانکه گفته آمد – معاذ ابن جبل را جهت گرد-آوری زکات به یمن فرستاد و او از سوداگری با پول زکات قروض خود را باز پرداخت.[۳۳] وقتی پس از مرگ پیامبر از یمن به مدینه برگشت عمر راه بر او گرفت و از او طلبید تا همه سهم نفع خود را به خزانهٔ بیت‌المال بازگرداند، ولی معاذ حجت آورد

---

[۳۱] دیده شود: کشمکش، صفحات ۱۳۳-۱۳۴

[۳۲] تاریخ دمشق ابن عساکر ۷۸/۱۶؛ کنز متقی ۴۷۸/۱۵؛ جامع الاحادیث سیوطی ۲۲/۳۵؛ تاریخ طبری ۳۳۱/۲

[۳۳] ذکر آن در صفحه ۱۲۲ اثر حاضر درج است.

که فرستادۀ خدا از برای آن او را به یمن فرستاده بود تا نه برای امت مسلمه بلکه برای خود نفع بردارد، لذا هر آنچه کمایی کرده بود حق مشروع او بود. عمر قضیه به خلیفه برد و با یادآوری اینکه پول خدا به همه مسلمین تعلق دارد از او خواست تا همه پول معاذ را مصادره کند. ابن سعد گوید که عمر که خود را نوعی خزانه‌دار می‌انگاشت پس از آن همواره معاذ را زیر نظر می‌داشت و بر او خرده می‌گرفت، چنانکه روزی در هنگام حج وقتی شماری بردگان جوان را در پیرامون او دید بر وی بانگ داد «اینت از کجا آمده؟ چگونه بدین مکنت رسیدی؟» و معاذ پاسخ داد «این از بخشش و سوغات-هایی‌ست که مرا پیشکش کرده‌اند»، عمر گفتش «می‌ندانی که هر هدیه و سوغات را نیز به بیت‌المال خلافت اعلام بباید؟»[۳۴] ابوبکر جهت اعمال کنترل بهتر بر اصحاب از آنها شفافیت کامل مالی می‌خواست، ازینرو عمر خود فروشی و تجمل خالد ابن سعید را با ثروتی که از نگاه او مشروعیتش مشکوک بود بی‌حیایی و چشم سفیدی در برابر اتوریتۀ خلیفه می‌انگاشت.[۳۵]

ابوبکر از مخالفت عمر در برابر رأی و تصمیمش ناراحت و سرخورده بود می‌اندیشید که با پس گرفتن فرمان تقرر خالد ابن سعید در برابر خواست عمر تمکین کند یا نه؟ شاید هم حرف یار بدسگالش درست بود و باید در برابر خالد ابن سعید با حزم و احتیاط رفتار می‌کرد، اما خلیفه می خواست از راه نیکویی و مدارا با مخالفین پیشین در پیرامون خود وفاق و اجماع عمومی به بار آورد. گذشته از آن، پس از مشاجرۀ سوگ انگیزش با فاطمه ابوبکر با خود عهد کرده بود که دیگر درگیر هیچگونه ستیزه و منازعه با نزدیکان پیامبر نشود. از سوی دیگر، خالد ابن سعید مردی بی بیخ و ریشه

---

[۳۴] تاریخ دمشق ابن عساکر ۴۳۱/۵۸؛ طبقات ابن سعد ۵۸۷/۳

[۳۵] در همین راستا، سیره‌ها و احادیث صحنۀ دیگری را از استفسار عمر از خالد ابن سعید روایت کنند که بر طبق آن عمر از ابن سعید پرسید «این همه مال و مکنت از کجا کردی؟» و سپس بخش بزرگ دارایی او را ضبط و مصادره کرد. (تاریخ دمشق ابن عساکر ۲۶۶/۱۶)

نبود[۳۶] و نه تنها اموی ثروتمند و نوادهٔ امیه و عم‌زادهٔ فرد قدرتمندی چون ابوسفیان بود بلکه عضو حلقه خاص هشت تن «سابقون» یا «متقدمون» نیز بود که در جملهٔ اولین گرویدگان به اسلام یکجا با محمد از مکه به مدینه هجرت کرده بودند. گفته می‌شد که خالد ابن سعید چهارمین کسی بود که اسلام آورده و همه بردگانی را که از پدر به او میراث رسیده بود به پیغمبر هبه کرده بود. محمد نیز به او عز تقرر به حیث یکی از نخستین کاتبان وحی را بخشیده و وظیفهٔ ثبت آیات قرآن را آن چنان که آشکار می-شد به او سپرده بود. خالد همچنان در سال معروف عام‌الوفود (سال ۹ هجری) نقش «رئیس تشریفات» پیغمبر را به عهده داشت. گفته می‌شود که همو نیز ازدواج پیامبر با دختر عموی خویش ام‌حبیبه دختر ابوسفیان را در زمانی که ابوسفیان دشمن قسم خوردهٔ پیامبر بود بند و بست کرده بود. نقش سیاسی خالد ابن سعید در سال ۱۰ هجری هنگامی بیشتر پایه گرفت که پیامبر او و برادرانش را برای گردآوری زکات از سوی خود در یمن نماینده تعیین کرد. این همه بیانگر آنست که برای ابوبکر بس مشکل بود خالد ابن سعید را از حلقهٔ مقربین پیغمبر نادیده بگیرد.

منابع سیره و حدیث در بارهٔ اینکه خلیفه معضلهٔ تقرر خالد ابن سعید را چگونه حل کرد دو روایت مختلف دارند. روایت نخست که طبری آنرا نقل می‌کند بیان می‌دارد که عمر سرانجام غالب آمد و خالد ابن سعید پیش از آنکه جانب سوریه رهسپار گردد از سوی ابوبکر عزل گردید و به جای او اموی دیگری یعنی یزید بن ابوسفیان به فرماندهی سپاه گماشته شد. روایت دوم که پذیرفتنی تر می نماید بر آنست که ابوبکر تقرر ابن سعید را کماکان نگهداشت ولی او را منحیث نیروی قوت الظهر سپاهیانی که برای مقابله با بیزانس گسیل می‌شدند به فرماندهی یک ساخلوی ذخیره در تَیماء[۳۷] در

---

[۳۶] نکات زیستنامه‌یی زندگی خالد ابن سعید از منابع ذیل گرفته شده اند: سِیَر ذهبی ۱۶۰/۳-۱۶۱؛ الاستیعاب ابن عبدالبر ۴۲۰/۲-۴۲۴؛ تاریخ دمشق ابن عساکر ۷۶/۱۶-۸۶؛ اُسد ابن اثیر ۵۷۴/۱-۵۷۶؛ الإصابه ابن حجر ۲۰۲/۲-۲۰۴؛ تهذیب المزی ۸۱/۸-۸۳؛ طبقات ابن سعد ۹۴/۴-۱۰۰

[۳۷] معجم البلدان یاقوت ۶۷/۲

شمال حجاز گماشت. این تعدیل موقف خالد ابن سعید به ابوبکر اجازه می‌داد تا بدون باطل ساختن فرمان خود عمر را راضی نگهدارد.

پس خالد ابن سعید با هدف تشکیل ساخلویی از بادیه نشینانی که می‌توانست جذب کند در رأس دستهٔ کوچکی از سپاه از مدینه سوی تَیماء روانه گشت. کارزار جلب و جذبی که راه انداخت مؤفقیت آمیز بود و چندین قبیلهٔ اعراب مستقر در منطقهٔ مرزی میان امپراتوری بیزانس و عربستان با او یکجا شدند. لشکر کشی به سوریه – چنان که در عراق نیز واقع شد – در متن بحران روابط میان امپراتوری بیزانس و قبایل عرب تحت‌الحمایهٔ آن صورت گرفت و باعث شد بخش چشمگیری از آن قبایل در پهلوی دولت نو پای اسلامی بایستند.

خالد ابن سعید با شادمانی از پشتیبانی اعرابی که میان حجاز و شام می زیستند به خلیفه نوشت و نوید امداد آنها را به او رساند. ابوبکر با آگاهی بر اینکه می‌توانست بر پشتیانی آن قبایل حساب کند به خالد ابن سعید دستور داد تا با حزم و احتیاط در قلمرو سوریه پیش رَوَد ولی آژیر داد «هوش دار تا زیاده پیش نروی، مباد آنکه رومیان ترا از قفا غافلگیر کنند!» هشدار ابوبکر بجا و به مورد بود زیرا بیزانسی‌ها آنگاه که با نگرانی از حضور جنگاوران مسلمان در تَیماء و پشتیبانی شمار زیادی از اعراب منطقه از آنان آگاه گردیدند خود به بسیج قبایل اعراب مسیحی که زیر سلطه داشتند آغاز کردند. سیره ها و احادیث روایت دارند که به زودی قطعاتی از قبایل بهراء، کلب، سُلَیح، تنوخ، لخم، جُذام و غسّان زیر فرمان سپهسالار ارمنی باهان (یا واهان) در مرز جنوبی منطقهٔ بلقاء[۳۸] (فلات ساحل شرقی رود اردن) به فاصلهٔ دو روزه راه از تَیماء در جایی نزدیک آبِل[۳۹]، زیزاء[۴۰] و قَسطَل[۴۱] جا بجا شدند. هرقل امپراتور بیزانس خود ارمنی نسب بود و ارکان عمدهٔ دولت خود را از همتباران خود بر می‌گزید. سپاه

---

[۳۸] معجم البلدان یاقوت ۴۸۹/۱

[۳۹] معجم البلدان یاقوت ۵۰/۱

[۴۰] معجم البلدان یاقوت ۱۶۳/۳-۱۶۴

[۴۱] معجم البلدان یاقوت ۳۴۷/۴

بیزانسی و متحدین عرب آنها چون تعرض لشکر اسلام را در آستانه می‌دیدند در حالت آماده باش قرار داشتند.

خالد ابن سعید چون خلیفه را از نزدیکی نیروهای بیزانسی آگاه ساخت ابوبکر متهورانه تصمیم گرفت تا خطر کند و برد و باخت را در یک داو قرار دهد، ازینرو به خالد ابن سعید نوشت «از آنجا که بیزانسی ها را بر نیت ما برای حمله وقوف حاصل شده، بیش ازین دلیلی نباشد که قصد خود پوشیده داریم. تعرض را آغاز باید!»

تهاجم لشکر مسلمانان بر متحدین عرب مسیحی بیزانسی‌ها پیروزمندانه بود و سپاهیان خالد ابن سعید توانستند جنگاوران دشمن را تقریباً بدون جنگ تار و مار کنند و با رسیدن به مرزهای منطقهٔ بلقاء در نقاط مرتفع قسطال اردو زنند. درین هنگام خالد ابن سعید برای آمادگی در برابر ضد حمله‌یی که از سوی رومیان تدارک دیده می‌شد به خلیفه نامه نوشت و تقاضای قوت الظهر کرد.

نامهٔ خالد ابن سعید هنگامی به دست خلیفه رسید که داوطلبانِ کمر بسته به کارزار از هر سو به مدینه سرازیر می شدند. از آنجا که بیشترینهٔ سپاهیان خلیفه قبلاً به چهار گوشهٔ عربستان و به عراق گسیل شده بودند – این را در بخش‌های پیشتر گفته آمدیم – خلیفه قبایل منقاد را در واقع با وعدهٔ پاداش ثروت بیکران به جهاد سوریه کشانده بود. ابوبکر چون (شاید هم بحق و بجا) به صداقتِ ایمان و انگیزهٔ دینی قبایلی که به زور شمشیر مسلمان شده یا پس از ارتداد به اسلام برگشته بودند شک داشت، دلبری و فریبایی سود و ثروت را منحیث برهان قاطع و حجت موجه برای راغب ساختن مترددترین‌ها پیش می‌کشید. بلاذری آشکارا از آزپیشگی و حرص آن اجیران مزوّر سخن می‌راند.[۴۲] گذشته از آن، پیامبر خود برای تحریص پیروانش به جنگ با

---

[۴۲] فتوح البلدان بلاذری ۱۴۹

رومیان از همین ترفند کار گرفته به آنها یغمای بنات الاسفار (زنان موطلایی) رومی را وعده داده بود.[۴۳]

این شیوه‌یی بود آزموده و خطاناپذیر. جنگندگان از مکه، طائف، نجد و حتی یمن با هیجانِ چپاول دارایی و زنان و فرزندان کفار دسته دسته به صدها تن به مدینه ریختند. همه را تبِ طلا گرفته بود. طبری می‌نویسد که شماری از جنگندگان حمیری به سرکردگی ذوالکلاع[۴۴] به امید اینکه در شهرهای سوریه که خواب فتح آنرا می‌دیدند سکناگزین گردند با زنان و فرزندان خود آمده بودند. حتی عکرمه ابن ابوجهل با آنکه می‌دانست که سربازانی که در «آرام سازی» عُمان، مَهره و حضرموت سهم گرفته بودند باید برای حفظ آن جاها در موضع خود می‌پاییدند با طمع غنیمت با لشکری از نیروی امدادی از یمن رسید.

ابوبکر با دیدن شمار چشمگیر سربازانی که به خدمت حاضر گردیده بودند از شادمانی در جامه نمی‌گنجید چون اکنون مقدمات تهاجم عمده‌یی علیه سوریه کاملاً مهیا بود. وی نخست فوج نیروی تقویتی به فرماندهی عکرمه و ذوالکلاع در پاسخ به درخواست خالد ابن سعید فرستاد و سپس ولید ابن عقبه را در رأس قطعه‌یی از مردان جنگی از قبیلهٔ قُضاعه که در خطهٔ پهناور وادی‌القریٰ[۴۵] سکونت داشتند با آنها منضم ساخت. فردای آن خلیفه برای ریاست حج سال ۱۳ هجری سوی مکه عزیمت کرد.

خالد ابن سعید با رسیدن نیروی امدادی تصمیم گرفت تا در دل قلمرو سوریه سوی دمشق پیش راند. وی عقب کشی نیروها توسط باهان را نشانهٔ ضعف تعبیر کرد، غافل از آنکه سردار ارمنی برای نیروهای مسلمین تله گذاشته بود. به مجرد آنکه لشکر خالد ابن سعید در هامون مَرجُ‌الصُّفَر[۴۶] به فاصلهٔ یک روزه راه در جنوب دمشق اردو زد تله

---

[۴۳] تفسیر مجاهد ۲۸۱/۱؛ تفسیر طبری ۲۸۷/۱۴؛ المعجم الکبیر طبرانی ۶۳/۱۱؛ تفسیر ابوحیان ۴۳۱/۵؛ الدُر المنثور سیوطی ۲۱۳/۴

[۴۴] نام اصلی‌اش سُمَیفَع بن ناکور بود (اُسد ابن اثیر ۲۴/۲)

[۴۵] معجم البلدان یاقوت ۳۳۸/۴-۳۳۹

[۴۶] معجم البلدان یاقوت ۱۰۱/۵

بسته شد. بیزانسی‌ها در ماه محرم سال ۱۳ هجری (مارس ۶۳۴) حملهٔ بی‌امانی بر مسلمانان راه انداختند. مسلمین از وحشت یورش بیزانسی‌ها پا به فرار گذاشتند، بی‌خبر از آنکه لشکر دیگری در کمین نشسته راه فرار را بر آنها بسته بودند. پس چاره‌یی جز تن به تقدیر سپردن نداشتند. در میان چکاچاک و غریو نبرد ذوالکلاع بانگ برداشت «ای مسلمانان! درهای بهشت چهار تاق بازند و حوریانِ هفت قلم آراسته منتظر شمایند!»[۴۷] اما هیچ‌گونه طمع‌انگیزی وصال حوریان بهشت جلو سرکوبی و شکست مسلمانان را نگرفت و بیزانسی‌ها کشتار وحشتناکی راه انداختند. خالد ابن سعید بهای گزافی را در برابر شتاب‌ورزی خود پرداخت چون پسرش در نبرد آنروز کشته شد. وی که سیل غمِ فرزند بنیاد طاقتش را فرو ریخته بود سپاهیانش را به دست سرنوشت سپرد و به ذوالمروه[۴۸] در وادی‌القریٰ گریخت. تنها عکرمه تا آخر پایداری نشان داد و توانست با دسته‌یی از سربازانش خود را در حوالی دمشق نجات دهد.

برگردیم به بازگویی کارنامهٔ خالد ابن ولید. سرگذشت او را در بالا به جایی رساندیم که حین برگشت از فراض به حیره در پایان ماه ذی‌القعدهٔ سال ۱۲ هجری (ژانویه ۶۳۴ میلادی) پنهانی خود را از لشکر کنار کشید. وی پوشیده از همه در دل قصد داشت که بدون آنکه سربازانش به غیابت او پی برند به زیارت حج به مکه رود[۴۹] و امیدوار بود که علی‌رغم چنین بیراهه روی بزرگ خواهد توانست با رسیدن سربازانش

---

[۴۷] فتوح الشام واقدی ۲۱/۱

[۴۸] معجم البلدان یاقوت ۱۱۶/۵–۱۱۷

[۴۹] منابع متعدد اسلامی به این حج پنهان خالد ابن ولید اشاره دارند، از آنجمله الکامل ابن اثیر ۲۴۶/۲–۲۴۸ و المنتظم ابن جوزی ۱۱۱/۴. طبری در تاریخش فصل‌هایی را به این موضوع اختصاص داده است.

به حیره دوباره با آنها بپیوندد. پیاده ساختن این نقشه مستلزم شتاب و زیرکی خاص بود. خالد پس از جدا شدن از لشکر با دسته‌یی از ندیمان خاصی که با او بودند از فراض رو سوی مکه کرد و با همه سختی‌های راه در ماه ذی‌الحجه (فبروری ۶۳۴) در گرماگرم موسم حج به موقع خود را به مکه رساند و به گونه‌یی که شناخته نشود با انبوه حجاج درآمیخت و در منسک قربانی در منا سهم گرفت. سپس با همان سرعتی که در سفر سوی مکه بکار بسته بود برگشت و درست هنگامی که لشکرش وارد حیره می‌گردید با آن دوباره یکجا شد.

منابع و آثار در بارهٔ اینکه خالد در مکه دیگر چه کرد هیچ نگفته اند، و با این هیچ نگفتن در را به روی هرگونه گمانه‌زنی باز گذاشته‌اند. آنچه می‌دانیم اینست که با همه حزم و احتیاطی که به کار بست خبر حضورش در مکه به گوش ابوبکر که برای قیادت مراسم حج به مکه آمده بود رسید. خلیفه از خبر آمدن خالد به حج مبهوت و متحیر ماند: «ای شگفت! خالد در مکه و من او را ندیدم؟ این چگونه ممکن تواند بود!؟» تعجب و حیرت به زودی جای خود را به خشم داد: «خالد در آن گاه که من رئیس‌الحجاج و قائد مناسک بودم به مکه آمد و خود را از نگاهم پنهان داشت؟ چرا با من ندید؟ او نه از من استیذان کرد و نه حتی مرا از آمدن خود مطلع ساخت! از بهر چه کاری آمده بود؟ چه را از من پنهان می‌دارد؟ چه نیم‌کاسه‌یی زیر کاسه است؟» پرسش‌هایی چنین در ذهن خلیفه یکی با دیگری تنه می‌زدند و جز شک بی‌پایان هیچ پاسخی نمی‌یافتند. آیا شاه مُهره به تهدیدی مبدل شده بود؟

اینکه آثار و منابع اسلامی در مورد قصد و هدف اصلی خالد ابن ولید از زیارت حج آن سال هیچ نگفته‌اند خود شگفتی‌آور است. آیا یک فوران ناگهانی خداترسی و غفران-جویی بود که سردار سپاه را بر آن داشت تا به زیارت حج رود؟ این احتجاج مورد شک است چون خالد به پابندی عابدانه به احکام دین کمتر شهرت داشت، چنانکه پیشتر ازین دیدیم بی هیچ دریغ و دغدغهٔ خاطر روزهٔ رمضان را فروگذاشت. بار دیگری، وقتی در نماز به امامت ایستاده بود و سربازانش به وی اقتدا کرده بودند، در قرائت آیات قرآن چنان به لکنت افتاد که در پایان نماز از مقتدیان پوزش خواست و برهان

آورد که در کار و بار جهاد آنچنان مشغول و مستغرق بوده که فرصت نکرده است قرآن را درست بیاموزد.[50]

می‌توان اذعان کرد که خالد با خستگی از بزهکاری و بدکرداری نیاز داشت پلشتی گناهان را از خود بشوید، اما چرا باید این کار را دزدانه و در خفا انجام می‌داد؟ اینکه پنهان‌کاری او از برای آن بود که سپاهیانش به اثر غیابت او روحیه نبازند، یا اینکه غیابت او به گوش مخبران و جاسوسان فارس‌ها نرسد، قابل درک است، اما سفر حج را چرا باید از خلیفه پنهان نگه می‌داشت؟ ازینجاست که سفر زیارت خالد بن ولید بس مشکوک و بدگمانی‌انگیز می‌نماید. خشمناکی ابوبکر نشانگر این حقیقت است که این سفر بی‌درنگ عملی خطا و حتی خیانت‌آمیز تلقی گردید، چون در گام نخست در زمانی که فتوحات در قلمرو امپراتوری فارس هنوز قوام نیافته و خطر حملهٔ متقابل ارتش ساسانی و متحدین عرب آن تقریباً حتمی بود، خالد با بی‌سردار و رهبر گذاشتن لشکر مرتکب نابخردی و بی‌احتیاطی بزرگی گردیده بود (در واقع چند ماه بعد ساسانی‌ها ضد حمله راه انداختند و مسلمانان را به ویژه در پایان نبرد بنطس (پانتوس) در اکتبر – نوامبر ۶۳۴ عقب زدند). در گام دوم، با چنین تمکین نشان ندادن که به ابوبکر از قصد خود مبنی بر ادای حج اطلاع دهد یا حتی در مکه به دیدن او رود، خالد به گونه‌یی قدرت و سلطهٔ خلیفه را به چالش کشیده بود.

ازینرو بود که پرسش‌های جدی بحق و بجا ذهن خلیفه را بخود مشغول می‌داشت: آیا خالد آمده بود تا در همدستی با عشایر ناراضی قریشی که هیچگاه «انتخاب» او را به خلافت نپذیرفته بودند توطئه‌یی راه اندازد؟ یا اینکه سرشار از نشئهٔ فتوحات پی‌درپی جنگی و با تبختر از محبوبیت میان سربازانی که حاضر بودند برایش جان خود را فدا کنند به سرش زده بود تا گردن فراز آرد، خود را برکشد و کودتایی راه اندازد؟ انگیزهٔ اصلی خالد هر چه بود، سفر بی‌استیذان حج نباید از سوی خلیفه بی‌کیفر می‌ماند.

---

[50] مصنف ابن ابی شیبه ۲/۲۶۵؛ تاریخ دمشق ابن عساکر ۱۶/۲۵۰–۲۵۱؛ الاصابه ابن حجر ۲/۲۱۸

مجازاتی که ابوبکر به سپهسالار سرکش و نافرمان خود داد بعدها عامل چرخش بنیادین در تاریخ منطقه و جهان گردید.

ابوبکر تازه از زیارت حج برگشته بود که فاجعهٔ مَرجُ‌الصُّفَر را به اطلاع او رساندند. بر غضب خلیفه اینک سوگواری اضافه گردید: پس از سفر زیارتِ بی‌جواز خالد ابن ولید اکنون آن خالد دیگر – خالد ابن سعید – برایش غم بر سر خشم افزوده بود. عمر به راحتی به یاد او می‌داد که او را از اعتماد بر خالد ابن سعید برحذر داشته بود و اینک مبرهن گردید که بزدلی و نامردی آن مردک برابر با بی‌درایتی و نابخردی‌اش بود. خلیفه نامهٔ تند و کوبنده‌یی عنوانی خالد ابن سعید نوشت و در آن ازینکه با شکست ننگینش آبرو و نام پر آوازهٔ لشکریان اسلام را که از آغاز خلافت او از نصرتی به نصرت دیگر نایل می‌گردیدند لکه‌دار ساخته بود، برطرفی فوری و جابجای او را برایش اعلام کرد.

اکنون دیگر عقبگرد امکان نداشت. خلیفه پس از برگشتن از مکه و پیش از آنکه از ناکامی خالد ابن سعید آگاه گردد چهار لشکر اضافی جهت گسیل به سوریه آراسته و برای هریک هدف مشخصی معین کرده بود. دستور آن بود که ابوعبیده ابن جراح با لشکریانش از راه جابیه[51] بر حُمْص بتازد؛ یزید ابن ابوسفیان از راه بلقأ سوی دمشق راه گشاید؛ شرحبیل ابن حسنه سوی بُصْریٰ[52] سفربری کند و فوج چهارم زیر قیادت عمرو ابن عاص به مقصد فلسطین سوی غَمرالعَربات (که العَرَبة[53] نیز خوانده می‌شد)

---

[51] معجم البلدان یاقوت ۲/۹۱-۹۲

[52] معجم البلدان یاقوت ۲/۴۴۱

[53] معجم البلدان یاقوت ۴/۹۶-۹۸

بپوید. هدف این سوقیات آن بود که بیزانسی‌ها را با راه انداختن حملات همزمان بی-ثبات ساخته نیروهای شانرا پراگنده سازند. سیل داوطلبانی که به مدینه سرازیر شده بود تشکیل همزمان این چهار فوج را که هریک متشکل از هزاران سرباز بود ممکن ساخته بود. نویسندگان آثار و احوال از هفت هزار جنگنده در هر ساخلو سخن می گویند. شگفت آنست که سپهسالاری که درین میان دیده نمی‌شد اسامه ابن زید بود که در کارزار جدید سوریه نقشی به وی تفویض نگردیده بود.

بر اساس گفتهٔ بلاذری[۵۴] چهار فوج یاد شده در ماه محرم سال ۱۳ هجری (مارس ۶۳۴) از مدینه راه افتیدند. خلیفه پیش از عزیمت به آنها دستور صریح داد که هرگاه هر چهار لشکر باهم یکجا گردند فرمانده کل ابوعبیده ابن جراح باشد. ابوبکر همچنین به سرداران جنگی خود ارشاد کرد تا در تهاجماتی که قرار بود راه اندازند حد وسط را نگه دارند: «سپاهیان را پاس دارید و چون ببینید که زله و بستوهند آنها را مهمیز نزنید. به ناوردگاه هرگز پشت نکنید، کودکان و زنان و سالخوردگان را از دم تیغ نکشید، زمین کشتمند را آتش نزنید، نخلستان‌ها را برنیندازید و چهارپایان را جز از بهر خوردن نکشید. دیر و کنیسه را ویران نسازید و رهبانان و کشیشان را سر نزنید. اهل سوریه را همیش میان اسلام و جنگ و جزیه مختار سازید.»[۵۵]

لشکریان خلیفه بی‌درنگ راه افتادند. بیزانسی‌ها که از زمان رسیدن خالد ابن سعید به قلمروشان گوش به آواز بودند از پویهٔ چهار فوج آگاه گشتند. هرقل امپراتور بیزانس پس از اندک تردید تصمیم گرفت تا سپاهی جرار برای مقابله با قشون مسلمانان بفرستد. وی جهت دفع مهاجمین در مشوره با سپهسالاران خود تدبیر کرد تا اجازه دهد مسلمانان در قلمرو سوریه پیش روند تا بیزانسی‌ها بتوانند بر هر لشکر مسلمین جدا جدا در مناطقی که وضع الجیش گرفته بودند حمله برند. طبری گزارش می‌دهد[۵۶] که هرقل در آغاز نمی‌خواست با مسلمانان درآویزد چون خستگی از جنگ با فارس‌ها

---

[۵۴] فتوح البلدان بلاذری ۱۴۹

[۵۵] عِقد ابن عبد ربه ۱۱۶/۱

[۵۶] تاریخ طبری ۳۳۹/۲

در او عطالت آورده بود و از رویارویی با مسلمانان «ترس» داشت، پس به مشاورین خود پیشنهاد کرد تا با واگذاری نیمهٔ خراج سوریه به خلافت اسلامی جویای صلح شوند، اما این پیشنهاد با مخالفت خشمگینانهٔ برادرش و شورای سرداران جنگی مواجه شد، ازینرو با تردید و دودلی گزینهٔ جنگ را پذیرفت.

شهنشاه بیزانس خود تا حمص آمد تا صف آرایی سپاهیان خود را زیر نظر داشته باشد. سردار جنگی سرجیوس (سرگیوس) را به جنگ یزید در جبههٔ دمشق سوق داد، دراقوس (دراکوس) را برای مقابله با شرحبیل فرستاد، و فیقار پسر نستوس را مأمور ساخت تا جلو تعرض ابوعبیده را گیرد. بدنهٔ قوای بیزانسی که زیر فرمان تئودور برادر شهنشاه قرار داشت خنثی سازی لشکر عمرو ابن عاص در فلسطین را عهده‌دار گردید، چون مهمتر از همه صیانت بیت‌المقدس (اورشلیم) و راه‌های تردد زائرین به آن شهر بود.

نخستین فوج مسلمانان که درگیر نبرد با بیزانسی‌ها گردید لشکر یزید ابن ابوسفیان بود که عمدتاً مرکب از اهالی مکه بوده خود ابوسفیان پدر یزید نیز در شمار جنگندگان آن قرار داشت. خلیفه بی‌گمان مصلحت دانسته بود که این اموی‌های متنفذ و دردسرساز را از خود دور نگهدارد. لشکر یزید پس از گذشتن از وادی‌القریٰ و تبوک در قلمرو سوریه پیش رفت و در طی راه خالد ابن سعید ابن عاص گریختهٔ مرج‌الصفر را با خود برداشت. به یزید اطلاع رسید که سپاهیان بیزانسی از العربه که در جناح چپ او موقعیت داشت دیده‌بان حرکات او بودند، پس تصمیم گرفت مفرزه‌یی زیر فرمان ابو إمامهٔ باهلی سوی آنها بفرستد. واقدی گزارش می‌دهد[57] که برای تشجیع افسران اعزامی و سپاهیان ترس‌خوردهٔشان یزید آنها را مخاطب قرار داده اظهار داشت «به یاد دارید که وعدهٔ نصرت الهی با شماست و خداوند فرشتگان را فرو فرستد تا در کنار شما بجنگند! از پرشماری سپاهیان دشمن ترسی به دل راه ندهید، مگر الله در کتابش نفرموده "كَم مِّن فِئَةٍ قَلِيلَةٍ غَلَبَتْ فِئَةً كَثِيرَةً بِإِذْنِ ٱللَّهِ وَٱللَّهُ مَعَ ٱلصَّٰبِرِينَ – چه بسا

[57] فتوح الشام واقدی ۹/۱

گروه کوچکی که به فرمان الله بر گروهی بسیار پیروز شدند و الله با بردباران است (سورهٔ بقره:۲۴۹)" و از یاد نبرید که فرستادهٔ خدا می‌گفت "اعْلموا أن الجنه تحت ظلال السیوف (بدانید که بهشت زیر سایهٔ شمشیرهاست)!"» با خطبه‌یی چنین در گوش ابوإمامه بر نیروی بیزانسی حمله برد و توانست آنرا به یکی از روستاهای غزه به نام داثِن[58] عقب زند. نیروی بیزانسی تلاش کرد خود را دوباره در داثِن منسجم سازد اما ابوإمامه توانست پس از کشتن سرجیوس سردار آنها آنانرا به شکست مواجه ساخته و خود سپس به بدنهٔ لشکر یزید برگردد.

یزید ابن ابوسفیان از بی‌درایتی خالد ابن سعید درس گرفته و نمی‌خواست اشتباه او را تکرار کند، پس علی‌رغم پیروزی به دست آمده تصمیم گرفت بیشتر در قلمرو سوریه پیش نرود چون ناگهان سبز شدن بیزانسی‌ها در نقطهٔ غیرمنتظره‌یی قابل تصور بود، ازینرو به عوض پیش رَوی با سایر جنگندگان مسلمان در موضع‌الجیشی که داشتند ارتباط برقرار کرد. قبل از آن ابوعبیده که قرار بود تا حمص جلو رود بعد از پیروزی در یک درگیری با سپاه بیزانسی در قصبهٔ کوچک مَآب[59] در بلقاء، به جابیه در جلگهٔ حوران رسیده بود. وی در پویه به سوی جابیه عکرمه ابن ابوجهل و ذوالکلاع، دو دستیار نگون بختی که به کمک خالد ابن سعید فرستاده شده بودند را دریافت و با خود برداشت. شرحبیل ابن حسنه به منزلگاهش در نزدیکی بُصْریٰ رسیده بود، اما سردار چهارمی یعنی عمرو ابن عاص به فاصلهٔ دور از آنها در غمرالعربات در فلسطین سفلی میان بحرالمیت و مصر قرار داشت. بیزانسی‌ها (رومیان) از موقعیت نیروهای زیر فرمان عمرو ابن عاص نگرانی خاص داشتند چون حضور وی در آنجا شهر یورشلیم را تهدید می‌کرد، ازینرو رومیان لشکر مهیبی متشکل از هفتاد هزار جنگنده را در برابرش قرار دادند و حرکاتش را زیر نظر گرفتند. تئودور برادر هرقل امپراتور بیزانس این نیروی هفتاد هزار نفری را در جِلِّق[60] در نزدیکی دمشق جابجا ساخت اما عمرو به

[58] معجم البلدان یاقوت ۴۱۷/۲
[59] معجم البلدان یاقوت ۳۱/۵
[60] معجم البلدان یاقوت ۱۵۴/۲

زودی به حضور آن پی برد و ترس از حملهٔ ناگهانی در وی فزونی گرفت چون از سه همپایهٔ خویش که لشکرهای‌شان را سایر افواج بیزانسی دیده‌بانی می‌کردند جدا افتاده بود.

موجی از سراسیمگی و دست‌پاچگی صفوف رهبران مسلمانان را درنوردید. حال چه باید کرد؟ آیا باید همه جنگاوران را همگرا و یکجا کرد تا فوج بزرگ نیرومندتری ایجاد کنند؟ چنین اقدامی خطر آنرا داشت که در میانهٔ راه حتی پیش از آنکه لشکرها بهم برسند بیزانسی‌ها آنها را درهم کوبند، به خصوص آنکه عمرو هنوز در فلسطین گیر مانده بود. آیا لشکرها جدا از هم بمانند؟ در آنصورت اگر بیزانسی‌ها یورش آرند این گُندهایی که به مشکل شمار سپاهیان هر یک به هفت هزار نفر می‌رسید توسط ارتش ده‌ها هزار نفری بیزانسی‌ها سلاخی خواهند گردید. چهار سپهسالار مسلمان خود را بیمناک و درمانده یافتند، پس به ناچار دست به دامان خلیفه شدند.

ابوعبیده نامه‌یی به مدینه نوشت تا طالب هدایت شود. با خواندن نامه ابوبکر سخت پریشان شد و از گماردن ابوعبیده به سرقوماندانی قشون مسلمانان نادم و پشیمان گردید چون دانست که اهلیت او برای چنین امر و مقامی بس محدود بود. واقدی می نویسد[۶۱] که در واقع ابوبکر هیچ اعتماد و باوری به قابلیت و استعداد نظامی ابوعبیده نداشت و حتی او را شُل و ناجور می‌دانست، ولی سرقوماندانی نیروهای مسلمین را بی‌گمان به آن سبب به وی سپرده بود تا پاداش وفاداری بی‌دریغ سیاسی او در هنگام شورای توفانی سقیفهٔ بنی ساعده را داده باشد، زیرا همین ابوعبیده بود که یکجا با عمر ارکان عمدهٔ حمایت از او را تشکیل می‌دادند. گذشته از آن، خلیفه یزید را نه به سبب کارایی نظامی بلکه به سبب دلایل سیاسی به سرداری لشکر دوم مسلمین گماشته بود چون او پسر ابوسفیان یکی از کینه‌ورزترین بدخواهانش بود و گماردن فرزند چنین بدخواهی به مقام پرمسئولیتی جلب نظر نیک قبیلهٔ نیرومندی چون قریش را ممکن می‌ساخت. ازینرو، در اساس برای پاداش‌دهی متحدین و رشوه‌دهی به

---

[۶۱] فتوح الشام واقدی ۲۲/۱

مخالفین بود که ابوبکر آنانرا به سرداری و سپهسالاری لشکر برکشیده بود، اما اکنون که شبح وضعیت خطیری در افق نمایان شده بود باید حساب‌گری‌های سیاسی را کنار می‌گذاشت و به معیار لیاقت و قابلیت اولویت می‌داد.

پس چگونه باید از چنین منجلابی خود را رهانید؟ ابوبکر از خود می‌پرسید که آیا با فرستادن چهار فوج به کام مرگ اشتباه جبران ناپذیری را مرتکب نشده بود؟ خاطرات شکست خردکنندهٔ مؤته که دامنگیر خود پیامبر شده بود ذهن او را نیش می‌زد. آیا سوریه واقعاً تسخیر ناپذید است؟ پس آیا سرنوشت آنست که اسلام یک پدیدهٔ محضاً محلی باقی بماند و مسیحیان بر سرزمین‌های پیامبران مرسل چیره باشند؟ ابن کثیر گزارش می‌دهد[۶۲] که معضلهٔ سوریه خلیفه را چنان معذب ساخته بود که خواب به چشمانش راه نمی‌یافت و شب‌های آزگار را در سگالش و اندیشه‌ورزی می‌گذراند ولی به هیچ راه حلی نمی‌رسید. پس سرانجام به آنچه پرآشکار بود خستو شد: چه کسی جز سپهسالار شکست ناپذیری چون خالد ابن ولید می‌توانست او را از چنان گردابی برهاند؟ خالد از همه نبردها ظفرمند برون آمده بود، حتی در مؤته که همه سرداران تعیین شده توسط پیامبر نابود شده بودند خالد تقریباً به تنهایی چون شیر در برابر بیزانسی‌ها در نبردگاه جنگیده بود و می‌گفتند که در رزم‌آوری نستوهانه‌اش نُه شمشیر را شکسته بود.[۶۳] به تمجید و تحسین بهادری‌اش در نجات لشکر مسلمین از کشتاری وحشتناک بود که پیامبر لقب «سیف‌الله المسلول» را به او داده بود.

ناگفته پیداست که خلیفه بر خالد به سبب زیارت پنهانی و شگفتی‌آورش سخت خشمگین بوده او را توبیخ نموده بود، اما با آنکه مرد عاطفی و حساسی بود و اشک به آسانی در چشمانش حلقه می‌زد با مغز سرد می‌اندیشید و دارای چنان شخصیت پرصلابتی بود که وقتی پای مسائل حیاتی دولت‌داری در میان می‌آمد می‌توانست عواطف و احساسات خود را مهار کند. ابوبکر مردی شکیبا و روشن‌بینی بود که هیچگاه نمی‌گذاشت خشم‌ها و رنجش‌هایش جلو درایت و بصیرتش را گیرند. وی نه

---

[۶۲] البدایهٔ ابن کثیر ۹/۷

[۶۳] تاریخ دمشق ابن عساکر ۲۴۸/۱۶

به کسی نفرت می‌ورزید و نه کینه؛ عذابی که می‌کشید از وجدان بیدارش بود که او را می‌آزرد. او بر مسئولیتش در برابر قاطبهٔ امت مسلمه نیک آگاه بود و می‌دانست که خلافتش برتر از همه به قیمت قربانی‌های سنگین – در گام نخست لعنت دختر پیغمبر – برایش تمام شده بود، ازینرو جز مؤفقیت در وظیفه‌یی که به دوش گرفته بود برای خود گزیر و گزینه‌یی نمی‌دید. برای او قابل تصور نبود که پس از زنجیرهٔ پیروزی‌های درخشان در ناوردگاه‌ها اکنون صحنه را با شکست ننگینی از دست رومیان ترک کند. بنابران یکبار دیگر قلم برگرفت و به خالد ابن ولید نامه نوشت و به او امر کرد تا بی‌درنگ عراق را ترک داده رو سوی سوریه آرد. بدیهی است که خلیفه از درماندگی خود و ازینکه بدون خالد کشتی خلافت در حال غرق شدن بود چیزی ننوشت؛ برخلاف، لحن نامه چنان درشت بود که خالد گمان برد به املای عمر نوشته شده بود[۶۴] چون بر کینهٔ عمر در برابر خود آگاه بود.

با درخواست از خالد که عراق را ترک کند ابوبکر با یک تیر همزمان چند هدف را زد: شهسوار خود را به سوریه فرستاد، رضایت عمر را با «عزل» سپهسالار سرکش حاصل کرد، خالد را برای مدت مدیدی سرگرم ساخت و خود را مطمئن گردانید که تهدیدی از ناحیهٔ خالد برای دولت نوپای مدینه وجود نخواهد داشت و – مهمتر از همه – به همگان و به خصوص به خالد ابن ولید نشان داد که تصمیم گیرنده و اولی‌الامر کی بود. ابوبکر وقتی از تصمیمی که گرفته بود به شورای مشاورین خود آگهی داد جمله-یی بر زبان آورد که در گهنامه‌ها ماندگار است: «والله، لأنسین الروم وساوس الشیطان بخالد بن الولید (قسم به خدا، با خالد ابن ولید وسوسه‌های شیطانی را از یاد رومیان خواهم برد)!»[۶۵] ابوبکر همچنین به ابوعبیده نامه نوشت تا از آمدن خالد ابن ولید او را آگاه سازد و در ضمن به او گوشزد کرد: «چون خالد به سوریه رسد قیادت همه افواج او را باشد. بر توست تا منقاد او باشی و فرمان بری، چون در فنون جنگ از تو گربزتر است.»

---

[64] تاریخ دمشق ابن عساکر ۸۷/۲؛ ثقات ابن حبان ۱۸۵/۲؛ تاریخ طبری ۳۴۵/۲

[65] البدایهٔ ابن کثیر ۸/۷؛ اکتفاء کلاعی ۱۴۳/۲؛ تاریخ طبری ۲۴۲/۳

در ماه ربیع‌الاول سال ۱۳ هجری (مه ۶۳۴) خالد از پایگاهش در حیره برنامه‌های راه اندازی فتوحات بیشتر در قلمرو فارس را می‌سنجید. شاید هم تیسفون (مدائن) پایتخت شاهنشاهی ساسانی را آماج گرفته بود. روزی گفتندش که پیکی از مدینه رسیده است. عبدالرحمان حنبلی وارد شد و طوماری را به دستش داده گفت «پیامی-ست از خلیفه.» خالد با شتاب نامه را باز کرد و چنین خواند:

> «بسم الله الرحمن الرحیم. از عبدالله بن عثمان[۶۶] خلیفة الرسول به خالد بن ولید:[۶۷] مرا خبر رسیده که تو فوج مسلمین را یله کردی و در خفا آنگاه که من اندر مکه بودم آمدی و حج کردی. این مرا سخت گران آمده است اما نتوانم ترا از بهر حج نکوهیدن چون فریضهٔ باری تعالی بود که بجا آوردی، اما نتوانم نیز ترا بخشیدن که قشون بهلیدی و آنرا در کام خطر واگذاشتی. بدا به حالت گر بار دیگر چنین کنی! و اما بعد: اخباری که مرا از سوریه رسد بس پریشانی خاطر آورده و خواب از چشمان ما ربوده، زینرو چون این مراسله بگرفتی گر ایستادی منشین وگر سوار بر اسپی فرود میا! مباد آنکه ترا درنگی باشد در تاختن به سوریه و الحاق با ابوعبیده و دیگر مسلمین. خصم رومی لشکری عظیم فراهم آورده و هر لحظه بر مسلمین تاختن متصور باشد و ممکن. پس هان! به مدد ایشان بتاز و بدان و آگاه باش که ترا فرماندار همه مقرر فرمودیم.»

---

۶۶ عبدالله ابن عثمان نام اصلی ابوبکر بود (توضیح مترجم)

۶۷ تاریخ الخمیس دیار بکری ۲۲۹/۲؛ تاریخ دمشق ابن عساکر ۲۶۰/۱۶؛ اکتفاء کلاعی ۱۴۳/۲؛ تاریخ طبری ۳۲۹/۲

سپهسالار چون نامه را خواند نتوانست به استخفاف لب برون نیندازد، پس به نامه رسان گفت«خلیفه مرا فرماید تا به سوریه روم. مرا یقین باشد که این دسیسهٔ دیگریست که آن عمرکِ اَلأُعَیْسِر (چپ دستک)، آن پسر ... » با این بیان گستاخانه چشمان قاصد از حدقه برآمد، اما خالد با دهن کجی و نیشخند ادامه داد « ... آن پسر امشمله از بهر من چیده است. او حسد از آن می‌ورزد که فتح عراق به دست من صورت پذیرد و حتی باک ندارد رشک ورزی خود پنهان دارد!»[۶۸] سپس برای اینکه احساساتش ضمیرش را بیشتر فاش نسازد موضوع گفت‌وگو را تغییر داد و از نامه‌رسان پرسید «برگوی به من، در مدینه دیگر چه خبرهاست؟»

- «خیر خیریت باشد. آنجا اخیراً دو جشن عقدکنان برگزار کردند.»

- «راستی؟ جشن عقدکنانِ چه کسانی؟»

- «علی اُمامه خواهرزادهٔ زوجهٔ فقیدش فاطمه را به عقد خویش درآورد.»[۶۹]

خالد شگفت زده پرسید «این چگونه ممکن باشد؟ ابوالعاص[۷۰] پدر اُمامه چگونه به این زواج رضایت داد؟»

- «مگر آگاه نه‌ای؟ ابوالعاص رخ در نقاب خاک کشید و زبیر ابن عوام که اُمامه را قیم و ولی بود او را به عقد علی درآورد.»

ازدواج شگفت‌انگیز علی با نواسهٔ پیغمبر (اُمامه دختر زینب صبیهٔ مهتر پیامبر بود[۷۱]) باعث بحث‌ها و گفتمان‌های زیادی گردیده است. روایت‌گران شیعی به طور خاص

---

[۶۸] تاریخ دمشق ابن عساکر ۸۷/۲؛ ثقات ابن حبان ۱۸۵/۲؛ تاریخ طبری ۳۴۵/۲

[۶۹] آثار و منابع ثبت دارند که محمد اُمامه را مانند همه نوادگان دیگر خود سخت دوست می‌داشت. گفته می‌شود که محمد حتی در هنگام نماز نیز با اُمامه بازی و شوخی می‌کرد؛ چون به سجده می-رفت او را بر زمین می‌گذاشت و چون به قیام برمی‌خاست او را دوباره در آغوش می‌گرفت. (البدایه ابن کثیر ۳۸۹/۶)

[۷۰] ابوالعاص که نام اصلی او مِهْشَم یا مُهَشِم بود داماد پیغمبر و پسر هاله خواهر نخستین زوجهٔ او خدیجه بنت خویلد بود. (المنتظم ابن جوزی ۱۱۳/۴؛ سِیَّر ذهبی ۳/۲۰۱-۲۰۳)

[۷۱] سِیَّر ذهبی ۲۰۳/۳

ازین ازدواج ناراحتند چون بر تبرک پیوند علی و فاطمه منحیث زوج عرفانی و نمونه سایه می‌اندازد. در تلاش برای تبرئهٔ علی از چنین خفتی، اهل تشیع استدلال می‌کنند که فاطمه خود در بستر مرگ از شوهرش خواست تا از بهر رسیدگی به کودکان بازمانده‌اش حسن و حسین با اُمامه ازدواج کند.[۷۲] با این استدلال این پرسش بی‌جواب می‌ماند که درین صورت علی چرا تا ماه ذی‌الحجه سال ۱۲ هجری (فوریه ۶۳۴) منتظر وفات باجناق و خسر آیندهٔ خود ماند تا این پیوند را عینیت بخشد؟ همه ادله نشانگر آنند که ابوالعاص مخالف این زناشویی بود و پس از مرگش علی شتافت تا اُمامه را از ولی او خواستگاری کند.

شنیدن خبر ازدواج علی با اُمامه برای خالد جالب بود، پس لبخندزنان اظهار داشت «بینم که مرگ فاطمه علی را آسودگی آورده است. با کنیزان اسیری که من به مدینه فرستم و زنانی که در حبالهٔ عقد درآورده است حرمش پر و پیمان است!»[۷۳]

روایت‌گران سنی ازین تذکار فروگذاشت نمی‌کنند که هر باری که کنیزان اسیر شده در جنگ‌های مختلف ردّه (ارتداد) به مدینه می‌رسیدند دستلاف اول از علی می‌بود. می‌توان تصور کرد که ابوبکر و عمر با وسواسی که برای رفع و عقیم‌سازی مخالفت سیاسی داماد و پسرعم پیامبر داشتند مسرور به آن بودند که علی را با رژهٔ زنان در شبستانش سرگرم نگهدارند. چنان می‌نماید که علی خود از این وضع راضی و خرسند بود چون هنگامی که در قید ازدواج با فاطمه قرار داشت خسرش محمد شرط اکید تک همسری را بر وی تحمیل نموده بود، چنانکه روزی که جرئت کرد آرزوی خود برای گرفتن زن دوم را اظهار کند مورد توبیخ و سرزنش شدید محمد قرار گرفت.[۷۴]

---

[۷۲] بحارالانوار مجلسی ۲۱۷/۴۳

[۷۳] محتویات این گفت‌وگوی خیالی میان خالد ابن ولید و پیک خلیفه همه درین منابع موجودند: الکامل ابن اثیر ۲۴۷/۲؛ البدایه ابن کثیر ۳۸۸/۶؛ تاریخ طبری . مؤلفین تصریح می‌دارند که ازدواج علی با اُمامه خواهر زادهٔ زوجهٔ متوفایش و ازدواج عمر با عم‌زاده‌اش عاتکه هر دو در سال ۱۲ هجری صورت گرفتند.

[۷۴] دیده شود: *واپسین روزهای زندگی محمد*، صفحات ۱۳۱-۱۳۲

برای بانی اسلام چند همسری مجاز و پسندیده بود، جز زمانی که پای دختر خودش در میان می‌آمد.[۷۵] اکنون که علی از هرگونه قید و شرطی رها شده بود تلافی محرومیتی را می‌کرد که به نظرش غیرعادلانه بر او تحمیل شده بود.

خالد به صحبت با نامه‌رسان خلیفه ادامه داد: «گفتی دو جشن عقدکنان برگزار کردند. عرس دوم از کی بود؟»

- «عمر دختر عمش عاتکه بنت زید را در حبالهٔ عقد خود آورد.»

دهن خالد از حیرت باز ماند. عبدالرحمان حنبلی ادامه داد: «عاتکه این مزاوجت هرگز نخواستی. آنگاه که زوجش عبدالله پسر خلیفه اندک مدتی پس از مرگ فاطمه در بستر مرگ بود عاتکه با وی عهد کرد که پس از او هرگز مرد دیگری نشناسد و ازدواج نکند، و این شرطی بود که عبدالله از بهر آنکه بیشتر دارایی خود به وی به میراث گذارد بر وی گذاشت. ازینرو بود — و بر همگان عیان — که عاتکه بر سر پیمان بایستاد و هیچ خواستگاری را می‌نپذیرفت.»[۷۶]

- «پس عمر چگونه او را راضی ساخت؟»

- «گمان بری که عمر را رضایت زوجه در کار بود؟ او را به زیر اندر آورد. همین!»

خالد از حیرانی لال ماند. قاصد ادامه داد: «همگان در مدینه زین نکح به عنف مات و مبهوتند که عمر چون توانست عاتکه را که دخت عمش بود به زور زیر گیرد؟[۷۷] زان

---

[۷۵] سنن ابو داود ۱۸۵/۲؛ مسند ابن حنبل ۲۴۰/۳۱، ۲۲۹/۳۱؛ سنن بیهقی ۵۰۲/۷؛ صحیح بخاری ۱۳۶۴/۳، ۲۰۰۴/۵؛ سِیَّر ذهبی ۴۳۰/۵؛ تاریخ دمشق ابن عساکر ۱۵۹/۵۸؛ اُسد ابن اثیر ۲۲۲/۶؛ صحیح ابن حبان ۴۰۵/۱۵؛ صفة الصفوه ابن جوزی ۳۱۰/۱؛ سنن ابن ماجه ۶۴۳/۱-۶۴۴؛ صحیح مسلم ۱۴۰/۷؛ سنن نسائی ۴۵۷/۷-۴۵۸؛ روض سهیلی ۲۳۶/۷؛ المعجم الکبیر طبرانی ۱۸/۲۰؛ سنن ترمذی ۶۹۸/۵

[۷۶] کنز متقی ۶۳۳/۱۳؛ جامع الاحادیث سیوطی ۱۶۴/۲۸؛ طبقات ابن سعد ۲۶۵/۸

[۷۷] در بارهٔ تجاوز بر عاتکه توسط عمر دیده شود کنز متقی ۶۳۳/۱۳؛ جامع الاحادیث سیوطی ۵۰۰/۲۵؛ طبقات ابن سعد ۲۶۵/۸ . برخی منابع بر آنند که عاتکه پس از مرگ شوهرش عبدالله با زید ابن خطاب برادر عمر ازدواج کرد (اُسد ابن اثیر ۱۸۴/۶)

که بگذریم، این مزاوجت خیرگی میان عمر و خلیفه را زیادت کند چون هر چه نباشد عاتکه خلیفه را عروس بود. گویند که همین اکنون زلال‌ها تیرگی گرفته‌اند.»

در واقع، بمجرد شنیدن خبر ازدواج عاتکهٔ زیبا با عمر، عایشه دختر ابوبکر شتافت تا میراثی را که عبدالله برادرش به وی گذاشته بود باز ستاند چون عاتکه را به سبب نقض پیمان دیگر حقی به آن میراث نبود.[۷۸]

ابن اثیر نیز گزارش می‌دهد[۷۹] که عمر به مناسبت ازدواجش با عاتکه ولیمهٔ بزرگی راه انداخت و شمار زیادی از اصحاب پیغمبر به شمول علی را به آن دعوت کرد. علی با استفاده از فرصت وعده‌یی را که عروس به شوهر پیشین خود داده بود به یادش داد که باعث هجوم موج گریه بر عروس گردید. با در نظر داشت سیر بعدی حوادث، می توان گفت که این برخورد علی بدون مدعا و مقصد نبود چون خود به عاتکهٔ دلربا چشم داشت، چنانکه بعدها از او خواستگاری کرد.[۸۰]

با شنیدن اخباری که پیک خلیفه آورده بود خالد در فکر فرو رفت و پس از لحظات درازی بانگ برآورد «باژگون روزگاریست این! آنجا که حدیث از زن گرفتن من باشد همگان قاضی و فقیهند، اما از مناکحت‌های رسوای خود کسی را باکی نیست! علی خواهرزادهٔ زوجه را پس از مرگ پدرش به زنی گیرد و عمر دخت عم خود به عنف زیر گیرد و بعد به زور او را در حبالهٔ عقد خود درآورد، اما سپس آیند و از بزهکاری من احتساب گیرند و موعظه سر دهند! اغراق‌گرانند همه! دانی که پس از آنکه مرا با بیوهٔ

---

[۷۸] طبقات ابن سعد ۲۶۵/۸ . نسخهٔ دیگری ازین روایت بر آنست که نه عایشه بلکه علی بود که استرداد میراث شوهر متوفای عاتکه را از او طلب کرد. (کنز متقی ۵۵۳/۱۶)

[۷۹] أسد ابن اثیر ۱۸۴/۶ . همچنین دیده شود سیرهٔ حلبی ۱۶۹/۳؛ کنز متقی ۵۵۳/۱۶؛ الوافی صفدی ۳۱۹/۱۶

[۸۰] أسد ابن اثیر ۱۸۴/۶؛ الوافی صفدی ۳۱۹/۱۶ . به یاد بیاوریم که عاتکه پس از مرگ عمر بار سوم با زبیر ابن عوام پسر عمهٔ پیامبر ازدواج نمود و چون زبیر درگذشت و عاتکه سومین بار بیوه گشت علی از او خواستگاری کرد ولی جواب رد شنید. به حوالهٔ صدفی، عاتکه پذیرفت تا به جای علی با پسرش حسن ازدواج کند. (الوافی صفدی ۳۱۹/۱۶ )

مالک مزاوجت افتاد همین عمر که خود را اسوهٔ تقویٰ و عفت داند حکم رجم (سنگسار) بر من راند! و آنگاه که دختر مجاعه را در حبالهٔ عقد ازدواج درآوردم ابوبکر مرا نامه فرستاد و بی‌عار و بی‌مروتم خواند! عمر و علی را چرا چنین نام نگذاشت؟ عقل باور می‌نتواند!»

کوفتگی بیشتر خالد از آن بود که به سبب آن همه بهادری‌ها و جانفشانی‌هایی که در نبردها کرده بود و افتخارات جنگی که برای دولت نوپای مدینه ارمغان آورده بود خود را مستحق تسامح و حاشیه‌یی برای رندی و سرشادی می‌دانست. او که از آغاز حکمروایی ابوبکر هر آن با مرگ تنگاتنگ زیسته بود چشم آن داشت که هیچ کسی را یارای آن نباشد که او را توبیخ و سرزنش کند. به باور او، پیروزی‌ها همه مرهون جانفشانی‌های مستدام او بودند ولی بهرهٔ آنرا کسی می‌برد که در مدینه در ناز و تنعم لمیده بود. «این منم که می‌بجنگم و هر روز حیات در رهن مرگ گذارم، اما آنان را در راحتِ خانه‌ها شان در مدینه جز انباردن حرمسراها با زنان اندیشه‌یی در سر نباشد!» خالد گویی حضور پیک خلیفه را از یاد برده بود و با خود سخن می‌گفت. «آنان گمان برند که مر ایشان را بردهٔ زر خریدم! حتی مرا باید فریضهٔ حج را نیز از خلیفه اذن خواستن! این دیگر اهانت است و استحقار!» او نامهٔ خلیفه را باز مرور کرد و با مکث روی جمله‌یی که خلیفه در باب سفر پنهانی او به مکه نوشته بود خونش به جوش آمد، پس بلند خواند «بدا به حالت گر بار دیگر چنین کنی!» نامه‌رسان که از محتوی نامهٔ سر به مُهر خلیفه چیزی نمی‌دانست با وارخطایی پرسید «چه را بار دیگر چنین کنی؟» خالد ناگهان به خود آمد «هیچ! هیچ چیزی را! خلیفه مرا فرماید تا بی‌درنگ دامن از عراق برچینم و رخ سوی سوریه نهم.»

پیک خلیفه با چشمان کنجکاو خالد را پایید. آیا سپهسالار باز هم گردن‌کشی خواهد کرد و از رفتن به سوریه ابا خواهد ورزید؟ چنین کاری از او به خوبی برمی‌آمد چون همگان با سرکشی‌های او آشنا بودند. وقتی ابوبکر او را به سبب تقسیم غنایم مورد سرزنش قرار داد، خالد با چشم پارگی پاسخ داده بود«امور خود را رس!». وی پس از

جنگ یمامه بدون استیذان خلیفه با قبیلهٔ بنی‌حنیفه معاهدهٔ متارکه بست و اخیراً هم بدون آگاهی خلیفه مخفیانه سفر حج مکه پیش گرفته بود.

سپهسالار نامهٔ خلیفه را خاموشانه بار دیگر از نظر گذراند و سه‌باره خواند و پس از لحظه‌یی ناگهان فریاد برآورد «ای به چشم!» و رو سوی قاصد کرده افزود «رو خلیفه را گوی که فرمان برم و سوی سوریه رهسپارم.»

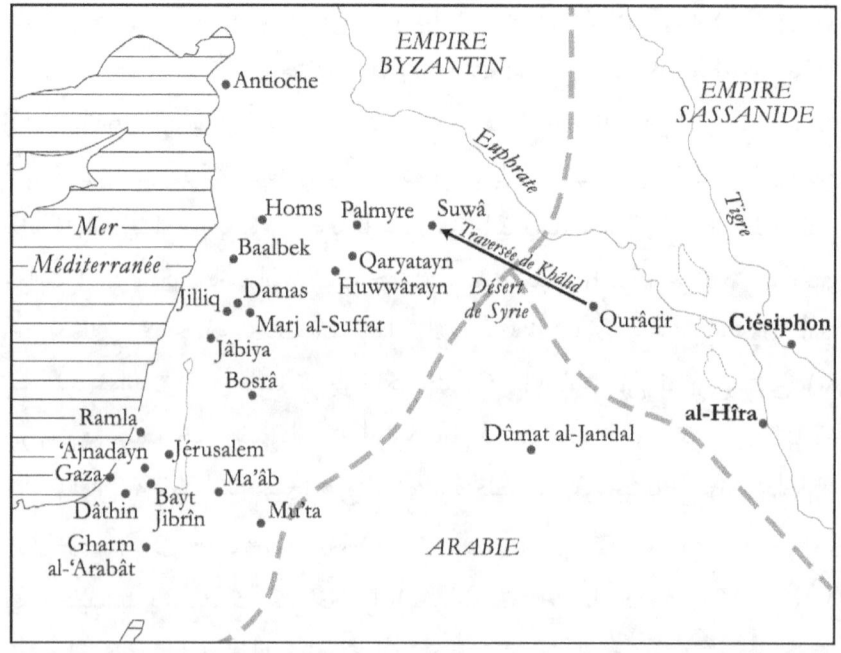

خالد دست عمر را در عقب نامهٔ خلیفه می‌دید - نامه‌یی که شاید او را به کام مرگ می‌فرستاد - ولی از آنجا که مردی خودشیفته و مغرور بود آن را فرصتی دید تا به

خلیفه نشان دهد که "بی همگان بسر شود بی او بسر نمی شود". بر پایهٔ دستوری که دریافته بود[۸۱] باید نیمهٔ لشکر را با خود می‌گرفت و نیمهٔ دیگر را زیر فرمان مثنی جا می‌گذاشت تا عراق را نگهدارد. پس شام آنروز مثنی را فراخواند تا او را از انکشافات اخیر آگاه سازد. «مرا باید به فرمان خلیفه سوی سوریه کوچیدن. ترا اینجا با برخی از فوج گذارم.» مثنی به مشکل توانست از شگفتن لبخند بر لبانش جلو گیرد و از شادمانی در دل فریاد زد «ایله به ایله!» خالد متوجه درخشش برق شادی در چشمان مثنی نشد و ادامه داد «اندیشه به دل راه مده، نیمهٔ لشکر با تو گذارم و حراست این خطه ترا سپارم. فارسیان کماکان ما را همی‌پایند و در هر لمحه‌یی حملهٔ متقابله را انتظار باید داشت.» افسری که با مثنی آمده بود با دلخوری گفت «واویلا! مباد آنکه ما را هَلید و سوی سوریه ره سپرید؟ این عراقِ خرمِ سرشار از رودبار و سبزینه علفزار را فروگذارید؟ سوریه را در کنار شکوه این پدرام سرزمین چه منزلتی باشد؟» مثنی با دلخوری از سخن پایور خود لب‌های خود را چید و آهسته با خود گفت «این خردباخته را چرا باید چنین گفتن؟». وی بی‌صبرانه می‌خواست از شر خالد راحت شود چون ابوبکر خالد را فرستاده بود تا او (مثنی) را در برابر فارسیان یاری دهد ولی خالد خود را فراتراز مثنی برکشیده و همانجا آشیانه کرده بود. از همینرو وقتی خالد پاسخ داد «فرمان همین است. مرا باید به سوریه رفتن چون مرا آنجا لازم دارند» مثنی نفسی به راحت کشید.

ذهن خالد پس از آن مشغول سنجش بهترین مسیر برای رسیدن به سوریه بود و اینکه چگونه می‌توانست در کمترین وقت و به دور از خطرِ کمین بیزانسی‌ها خود را به آن دیار برساند. چنین رهپویی مستلزم ذهن تاکتیکی، چابکی فوق‌العاده و بی‌باکی متهورانه بود.[۸۲] خالد سنجید که از آنجا که رومیان بدون شک می‌پنداشتند که

---

[۸۱] الکامل ابن اثیر ۲۵۲/۲؛ تاریخ طبری ۲۴۲/۳

[۸۲] برای شرح رسیدن خالد به سوریه و سهم او در فتح آن خطه از منابع ذیل استفاده شده است: فتوح البلدان بلاذری ۱۴۹-۱۵۸؛ تاریخ ذهبی ۸۱/۳-۸۶؛ تاریخ الخمیس دیار بکری ۲۲/۲-۲۳۶؛

نیروهای کمکی باید از سمت جنوب – از سوی حجاز – برسد، پس تردستی آن خواهد بود که خلاف انتظار آنها، ایشان را از سمت شمال غافلگیر کند. اما این گزینه معنی قبول رویارویی با دشمنی بس مهیب‌تر یعنی صحرای سوریه را داشت که در عربی به آن السَّماوة یا بادیة الشام[۸۳] می‌گفتند و پهنه‌یی چنان خشک و تفتان بود که هیچ کاروانی جرئت پا گذاشتن در آن را نداشت.

خالد سربازان و افسران خود را فراخواند تا راهی را که در پیش داشتند و تصمیمی را که گرفته بود به آنها توضیح دارد: «ما را بباید از میان این بادیهٔ سوزان و تفتان ره گشودن. بدانید و آگاه باشید که روز پی روز هیچ آبی در هیچ جایی می‌نخواهیم یافت. از بهر سختی‌های استسقاء کمرِ آمادگی بستن بباید، و برتر از همه نترسیدن و دل قوی داشتن!» همه به عنوان موافقت سر جنباندند چون اگر آن سپهسالار گرامی از آنها می‌خواست با او در آتش جنهم غوطه زنند بی چون و چرا در پی او در دل آتش می‌جهیدند. این گویی همان چیزی بود که اکنون از آنها می‌خواست.

بدینگونه خالد در ماه صفر سال ۱۳ هجری (آوریل ۶۳۴) در رأس دستهٔ صرفاً چند صد نفری (میان پنج تا هشت صد تن به حوالهٔ منابع و آثار) عراق را ترک گفت و خود را به قُراقِر[۸۴] در کنارهٔ صحرای سوریه رساند. وی بار دگر چشم در چشم مرگ دوخت و سربازان خود را فراخواند و به آنها خطاب کرد: «اینک در لبهٔ السّماوة ایستاده‌ایم. آنان که راه بلدند مرا بیم دهند که آبشخور بعدی جز در سُویٰ[۸۵] نباشد که کمترین یک هفته راه زینجا به دور است. پس عطش سوزان و استسقاء جوشان را دل سخت بباید کرد. ما پرشماریم و اسپان ما را نیز آب می‌باید. حتی گر مشک‌ها مان را لبالب نیز داریم این نَوَرد را کفاف ندهند. پس چه تدبیر باید؟» رافع ابن عُمَیره – رهنمایی که

---

الکامل ابن اثیر ۲۴۸/۲–۲۶۱؛ المنتظم ابن جوزی ۱۱۵/۴–۱۲۳؛ البدایه ابن کثیر ۵/۷–۲۰؛ اکتفاء کلاعی ۱۰۹/۲–۱۶۰؛ تاریخ طبری ۳۳۱/۲–۳۴۸؛ فتوح الشام واقدی ۵/۱–۸۵

[۸۳] معجم البلدان یاقوت ۲۴۵/۳

[٨٤] معجم البلدان یاقوت ۳۱۷/۴–۳۱۸

[85] معجم البلدان یاقوت ۲۷۱/۳

برای نوردیدن این بادیه گزیده شده بود — آواز بلند کرد: «ای امیر! مرا فکری در سر افتاد: شتری چند — شاید سی تا — چند روزی سخت از آب محروم داریم. سپس چون از تشنگی در تعب افتند آنانرا سیرابِ سیراب سازیم و پس از آن پوزه بند زنیم تا نشخوار نتوانند. با چنین فندی آن ستوران ما را خیک‌های زنده خواهند بود!»

خالد این پیشنهاد را پسندید، پس چنان کردند و سفر آغاز شد. او و سربازانش شبانه با رهنمایی ستارگان راه می‌پیمودند و روز استراحت می‌کردند. وقتی تشنگی تاب و توان از آنان می‌ربود یکی از آن شتران را ذبح می‌کردند و آب درون شکم او را می‌نوشیدند.

پس از چند روزی آن خیک‌های زنده همه ذبح شده بودند و هنوز دو روزه راه دیگر در آن بادیهٔ جهنم‌سان پیش رو داشتند. خالد سربازان و اسپان خود را می‌دید که از تشنگی جان می‌دادند و متیقن شد که پایان کار همهٔ آنها همان خواهد بود، پس رو سوی رهنما رافع ابن عُمَیره کرد و پرسید «همه از تشنگی می‌میریم! چه باید کرد؟ منبع آبی در نزدیکی‌ها دانی؟» رافع که از عارضهٔ چشم که او را تقریباً نابینا ساخته بود رنج می‌برد پاسخ داد «همچنان رهسپریم و چون به پهنهٔ همواری رسیم مرا آگاه سازید.» آنان چنان کردند و چون رافع را آگهی دادند گفت «بپالید و سراغ بتهٔ عوسج (نوعی بتهٔ خارداری که در ساحات بایر روید) گیرید.» همه مذبوحانه جستجو کردند ولی چیزی نیافتند. رافع گفت «یحتمل صحرانوردان دیگر پیش از ما جسته‌اند و همه را کنده‌اند، ولی بیخ‌ها برجای باشند. جویید تا بیابید.» چنان کردند و سرانجام یافتند. رافع گفت «کنون اطراف ریشه‌ها را نیک بکاوید!» چون به کاویدن اطراف ریشه‌های بتهٔ عوسج آغازیدند گویی معجزه‌آسا آب تراویدن گرفت. خالد و همرهانش از شادمانی فریاد زدند و خود را بر منبع آب انداختند. این پویهٔ مرگبار در گهنامه‌ها به مثابهٔ شاهکاری ثبت شده و نام خالد را در لفافهٔ اسطوره‌ها پیچانیده است. شاعران در تجلیل قهرمانی خالد اشعاری سرودند که از کران تا کران عربستان طنین انداخت — و شاید رشک و حسد ناشی از آن راه گلوی عمر را بست!

این رهپویی بالاتر از توان انسانی دو روز بعد پایان یافت. خالد ابن ولید و همرهانش به سُویٰ رسیدند و با قبیلهٔ بادیه نشین بهراء که در آن گرد و نواح می‌زیست سر

خوردند. مسلمانان تشنه و گرسنه به جان آن قبیله افتادند و پس از کشتار همه افراد، گلهٔ بزرگ مواشی آنها را به تاراج بردند. حرقوص بن نعمان بهرانی رئیس قبیله در حالی به قتل رسید که مشغول سرودخوانی و باده‌گساری بود. گویند که چون گردن زده شد سرش بر زمین لولید و خونش با می سرخ‌فام درآمیخت.

سربازان مسلمان پس از آنکه رمق و نیرو بازیافتند سُویٰ را ترک گفتند و رو سوی مغرب نهادند. چون به پالمیرا (که اعراب به آن تَدمُر گویند) رسیدند اهالی شهر خود را در دژ محصور کردند و از تسلیمی سر باز زدند. این شیوهٔ پارینه و آزمودهٔ شان بود چون جنگ‌های طولانی میان فارسیان و رومیان در آن منطقه به اهالی و مدافعان بیزانسی آموخته بود که به قلعه‌های مستحکم خود پناه برده سعی ورزند مانع کار و پیکار افواج متخاصم نگردند. خالد فرصت به محاصره کشیدن شهر را نداشت اما مقاومت باشندگان شهر او را بر سر خشم آورد، پس به آنها پیام فرستاد: «گر در آسمان پناه برید، پایین کشم شما را. خاطر جمع دارید، بر خواهم گشت و تا واپسین مردِ تان نکُشم و زنان و کودکان تان همه به بردگی نکَشم بنگذارم!» اهالی پالمیرا (تَدمُر) از وحشت به خود لرزیدند و نمایندگانی به عذر و اظهار انقیاد نزد او فرستادند ولی خالد اردو برچیده و رفته بود.

سپهسالار اسلام سپس سوی قَریَتَین[۸۶] رفت و پس از تاراج آن ناحیه و به دست آوردن غنیمت هنگفت به حُوّارِین[۸۷] کوچید. اهالی حُوّارِین پس از مقاومت کوتاهی تسلیم شدند، ازینرو خالد سمت دمشق پیش گرفت و از سوی شرق به مَرج راهط[۸۸] (مرغزار راهط) در منطقهٔ غوطه[۸۹] رسید که حومهٔ شهر دمشق بود و عشیرهٔ ترسایی-کیشی از قبیلهٔ غسانی در آن می‌زیست. خالد در روز عید پاک (عید رستاخیز مسیح) بر اهالی مرج راهط حمله راه انداخت. غسانی‌ها با جانفشانی جنگیدند ولی به زودی

---

[۸۶] معجم البلدان یاقوت ۳۳۶/۴

[۸۷] معجم البلدان یاقوت ۳۱۵/۲-۳۱۶

[۸۸] معجم البلدان یاقوت ۲۱/۳-۲۲

[۸۹] معجم البلدان یاقوت ۲۱۹/۴

شکست خورده مجبور به گریز و پناه گزیدن در عقب باروهای مستحکم شهر دمشق گردیدند. این همه کارروایی خالد حتی پیش از ملحق شدن با چهار لشکر دیگر مسلمانان بود ...

خالد پس از مرج راهط به پیش رَوِی به سوی دمشق ادامه داد و بر بلندای الثنیه در بیست کیلومتری شهر دمشق اردو زد. در اینجا خالد به سپاهیانش دستور داد تا «رایة العقاب» یعنی پرچم سیاه پیامبر را برافرازند، به همین سبب این ناحیه تا امروز بنام ثنیة العقاب[۹۰] یاد می‌گردد. اهالی آن بزرگ شهر باستانی از پشت باروهای شهر به آن پرچم سیاهِ شگفت که در آن دورها در اهتزار بود چشم دوختند. در برابر دیدگان بی-باور شان دولت جدیدی همچون گونهٔ جدیدِ درختی شگفت حاصل پیوند بدویت عربی و التهاب دینی در سرزمین شان رسته بود.

آیا باور می‌توانستند که در آن لحظه نظاره گر چرخشی در تاریخ بشریت بودند؟

سپهسالار پرچم سیاه اسلام را مدتی در دیدگاه همگان افراشته نگهداشت سپس اردوگاه خود را برچید و راه جنوب در پیش گرفت تا با سه سردار دیگر اسلام که از رسیدن او آگاه گردیده بودند بپیوندد. ابوعبیده را در جابیه دریافت و او را با خود گرفته سوی بُصریٰ که شرحبیل آنجا انتظار او را می‌کشید راند. از آنسو، یزید ابن ابوسفیان منطقهٔ بلقاء را ترک و با خالد در نزدیکی بُصریٰ ملحق گردید. تنها عمرو ابن عاص در فلسطین گیر مانده بود.

در بحبوحهٔ این همه پویش و جنبش عمق بن‌بستی که ابوبکر پیش بینی کرده بود بر خالد آشکار شد. بیشترین نگرانی خالد از آن بود که عمرو نتوانسته بود از ترس حملهٔ

---

[۹۰] فتوح البلدان بلاذری ۱۵۴–۱۵۵؛ الکامل ابن اثیر ۲۵۴/۲؛ معجم البلدان یاقوت ۸۵/۲

نیروی بیزانسی که در آن حوالی بود از غمرالعربات در جنوب فلسطین کوچیده با قشون دیگرِ مسلمین یکجا گردد. این وضعیت حساس باعث پریشانی و تردید فرماندهان و سربازان مسلمان بود، اما خالد که سردار گرم و سرد چشیدهٔ جنگی بود می‌دانست که مطلقاً و ناگزیر باید کار را از فتح یک شهر عمدهٔ سوریه آغاز کند. تنها یک ضربهٔ شاهکارانه می‌توانست سربازانش را به جنبش و هیجان آورده چنگال مرگبار بیزانسی‌ها را از گلوی نیروهای مسلمان رفع سازد. ازینرو از آنجا که می‌دانست که پسانتر فرصت کافی برای کمک به عمرو را خواهد داشت یگانه گزینه برایش اشغال بُصریٰ پایتخت غسانیان بود، پس قشون ابوعبیده، شرحبیل و یزید را زیر فرمان خود درآورده بُصریٰ را به محاصره کشید. شهر به زودی در ماه ربیع‌الاول سال ۱۳ هجری (مه ۶۳۴) تسلیم شد و پرداخت جزیه را پذیرفت و بدین ترتیب نخستین شهر خراج‌گزار مسلمانان در سوریه گردید. خالد خمس یغما و غنیمت را به خلیفه فرستاد. با رسیدن اخبار خوش از سوریه ابوبکر سرانجام توانست آرام بخسپد. پس ازین نخستین پیروزی بزرگ در قلمرو بیزانس، سپهسالار به یزید دستور داد تا به جایگاه خود در منطقهٔ بلقاء برگردد و شرحبیل را مؤظف ساخت تا با چند صد جنگاور بُصریٰ را نگهدارد تا او خود با ابوعبیده به حساب دمشق رسد.

با خبر سقوط بُصریٰ، هرقل امپراتور بیزانس سخت سرآسیمه و پریشان گردید و با برافروختگی و سرزنش بر مشاورین خود داد زد: «گفتم مر شما را که ما را می‌نبایست با آنان رو در روی جنگیدن! کنون ما را جز مقابله و تلافی گزیری نباشد!» نیروهای بیزانس در دو استقامت بسیج گردیدند. از یکسو واردان سردار بیزانسی به قصد جنگ با شرحبیل و واپس گرفتن بُصریٰ با بیست هزار جنگاور از حمص بیرون شد و مسیر بعلبک و شمال فلسطین را در پیش گرفت تا در پناه کوه‌های لبنان پویهٔ خود را از چشم سربازان خالد پنهان نگهدارد. از سوی دیگر هرقل هزاران جنگاور را از انطاکیه (آنتیوک) در مسیری به امتداد ساحل بحر الروم (مدیترانه) گسیل کرد تا با لشکر سی هزار نفری برادرش تئودور در جِلِّق[۹۱] یکجا شوند. در طول راه نمایندگان و جنگاوران

[۹۱] معجم البلدان یاقوت ۱۵۴/۲

قبایل عرب مسیحی با نیروی اعزامی یکجا گردیدند، بدین ترتیب هفتاد هزار مرد جنگی برای دفع عمرو بن عاص و سه هزار جنگاور مسلمانش که در نزدیکی اورشلیم مستقر بودند بسیج گردیدند.

دستور داده شده به تئودور آن بود که بمجرد رسیدن نیروی کمکی از نطاکیه جِلِّق را ترک و به اجنادَین[۹۲] برود. اجنادین در وادی تَرِبنت (که به عبرانی «اِمِق‌ها اِلاه» و به عربی «وادی‌السُنط» خوانده می‌شود) در ده کیلومتری شمال بیت جِبرِین[۹۳] (بیت گوبرین) و سی و نُه کیلومتر دور از رَمله در نزدیکی روستاهای امروزی المُجَوِّر و عَجّور در شمال غرب حبرون (یا به قول عرب‌ها الخلیل) موقعیت دارد، ولی تثبیت موضع دقیق آن دشوار است. اینکه بیزانسی‌ها چرا چنان نیروی بزرگی را برای سرکوب آنچنان دستهٔ کوچک جنگاوران مسلمان بسیج کردند پرسش برانگیز است. دلیل آن دفاع از بیت جبرین بود که در آن زمان به نام إلیوثیروپولیس یاد می‌شد و پایتخت یکی از مهمترین خطه‌های فلسطینِ بیزانسی به شمار میرفت که شامل غزه، رمله، اورشلیم (بیت المقدس) و حبرون (الخلیل) بود. بیت جبرین همچنین در تقاطع چندین راه تدارکاتی و امداد رسانی قرار داشت.

در آن هنگام که خالد ابن ولید با کمک نیروهای ابوعبیده دمشق را به محاصره کشیده بود، از جاسوسان و خبرکشانی که پس از رسیدن به سوریه هر سو گماشته بود آگهی یافت که یک قطعهٔ نظامی بیزانسی با هدف حمله بر شرحبیل از حمص به سوی بُصریٰ راه افتاده و نیروی قابل توجه کمکی از انطاکیه نیز به فوج بزرگ

---

[۹۲] اکثراً می‌خوانیم که نام «اجنادَین» شکل تثنیهٔ کلمهٔ عربی «جُند» یعنی «لشکر» و بنابران به معنی «دو لشکر» است. ایراد درینجاست که در نوشته‌های پارین این نام در ارتباط وقایع پیش از رویارویی لشکرهای بیزانس و دولت اسلامی بر این منطقه اطلاق شده است. احتمال بیشتر بر آنست که این نام شکل تغییر یافتهٔ کلمهٔ «جنابَتَین» یعنی تثنیهٔ «جنابة» خواهد بود که اشاره است به دو قریهٔ «جنابة الشرقیه» و «جنابة الغربیه» یا جنابهٔ علیا و جنابهٔ سفلی در شرق عجّور.

[۹۳] معجم البلدان یاقوت ۵۱۹/۱

بیزانسی‌ها که در جِلّق مستقر بود پیوسته است، و این لشکر عظیم اکنون زیر فرماندهی تئودور روانهٔ اجنادین است تا نیروهای عمرو بن عاص را سرکوب کند.

خالد تهاجم مهیبی را در آستانه دید و دانست که وقت آن رسیده بود تا همه امورات را کنار گذاشته به رزم‌آرایی بپردازد، پس وضع نگران کننده را با ابوعبیده که اکنون سمت دستیار او را داشت در میان گذاشت: «رومیان از کنام خویش بدر همی آیند. سه لشکر از سه سو ما را به ترصد نشسته اند: نخستین از باروهای دمشق، دومین به قیادت واردان سوی بُصریٰ آید و سومین که بزرگترین باشد و تئودور آنرا فرمان دهد به جنگ عمرو سوی اجنادین روانه است. مرا مسموع افتاده است که قبایل عرب فوج فوج می شتابند تا کمر این نیروی عظیم را سخت‌تر بندند. ما را چه تدبیر باید؟»

– «مرا رأی بر آنست که از بهر معاضدت شرحبیل شتابیم و او را در برابر واردان در بُصریٰ تنها بنگذاریم. شرحبیل را مردان جنگی زیاد نباشد.»

– «اما می‌نبینی که تدبیری چنین را بس خطرها باشد؟ چون اردوگاه برچینیم فوج دمشق ما را دنبال گیرد و در هجوم انبوری گیر مانیم. نه، بِه آن بود تا یک‌راست سوی اجنادین رویم، آنجا که بیشترین شمار عدو جمعند. شرحبیل را آگهی رسانیم که پیش از آنکه واردان به بُصریٰ رسد آنجا را ترک بباید و ما را در فلسطین دریابد. یزید و عمرو را نیز همین دستور است. همگان به پیش سوی اجنادین!»

ابوعبیده از تصمیم متهورانهٔ خالد بن ولید متحیر شد چون خالد از رویارویی با خطر رو نمی‌گرداند و سرراست خود را در دل آن می‌زد و با آن می‌ستیزید. به تأسی از فرمان سپهسالار، همه قشون مسلمانان در فلسطین بهم پیوستند و شتابناک خود را به اجنادین رساندند. تئودور که از حرکات نیروهای مسلمانان آگاه بود به واردان آگهی رساند که از رفتن به بُصریٰ صرف نظر کند و نیروهای خود را با او ملحق سازد چون قشون خلافت بُصریٰ را ترک داده بودند و رفتن به آنجا دیگر سودی نداشت. اکنون دو لشکر متخاصم در فلسطین در رویاروی یکدگر در اجنادین اردو زده بودند و نبردی فیصله‌کن – نخستین نبرد در جنگی که تا امروز ادامه دارد – در شرف آغاز بود. خالد در برابر صدهزار جنگجوی مسیحی تنها توانسته بود سی هزار مرد جنگی در صف

آراید، ازینرو در راه اندازی نخستین تعرض درنگ داشت. بیزانسی‌ها نیز جانب احتیاط از دست نداده به مدت هفته‌ها در حالت انتظار نشستند. دو لشکر چون دو حیوان غران بر یکدیگر چشم دوخته بودند بدون آنکه هیچیک حرکتی کند.

متون قدیم روایت دارند که در زمانی که این رویارویی و انتظار ادامه داشت رومیان یک جاسوس عرب به نام ابن هزارِز را جهت استکشاف به اردوگاه مسلمین فرستادند. جاسوس حین برگشت مسلمانان را گونهٔ نوینی از آدمیان معرفی داشت که «شبانگاه رهبان (پارسایان شب زنده دار) اند و چون روز شود همه فُرسان (شهسواران) اند، زیرا هر آن کس را که دزدی کند دست بُرند حتی اگر فرزند زعیم نیز باشد، ور کسی زنا کند او را رجم (سنگسار) کنند.» باز هم به روایت متون قدیم، تئودور ازین گزارش چنان واله گردید که بانگ برآورد «گر آنچه گویی عین حقیقت باشد مرا در زیر زمین بودن بِه از تقابل با چنین مردان بر روی زمین!» گرچه می‌توان گمان برد که نویسندگان متون و آثار روایت بازتابِ سپهسالار رومیان را با مبالغه آمیخته‌اند، با آنهم چنان می‌نماید که تئودور گزارش جاسوس را به جد گرفت و به فکر مذاکره و مصالحه با مسلمین افتاد و با عقبگرد بر پاسخ خشمگینانه‌یی که به برادر خود هرقل داده بود (آنگاه که امپراتور پیشنهاد کرد که به جای جنگیدن با مسلمانان به آنان رشوه داده شود) سر انجام به این تصمیم رسید که هر چه نباشد، تنها وسوسهٔ یغما و چپاول بود که این غارتگران را به اینجا کشانده بود.

بدینگونه، به حوالهٔ واقدی، تئودور خواستار گفت‌وگو با سپهسالار مسلمانان گردید و معاون خود واردان را مؤظف پیشبرد مذاکرات ساخت. پس روزی سحرگاهان مسلمانان چاووشی از بیزانسیان را دیدند که به اردوگاه آنان آمده از اسپ فرود آمد و بانگ داد «ای گروه تازیان! سرورمان واردان با امیرتان دیدار خواهد، باشد که آنانرا موافقت حاصل آید و خون مردان نریزد!» خالد پذیرفت و ملاقاتی میان او و سردار ارمنی مرتب شد. واردان آراسته و مزین با گردن‌بندی فاخر از مروارید سره و دیهیمی بر سر به میعادگاه آمد و خطاب به خالد گفت «سخن کوته و برهنه گویم. چه خواهید و از بهر چه اینجایید؟ مرا یقین باشد که توافقی را رسیدن توانیم.» خالد نه تنها از

افاده و تفرعن سردار بیزانسی مشمئز گشت بلکه جامهٔ فاخر و چشم سوز او نیز خشم او را برانگیخت. وی همانند همگن همزادگونش عمر ابن خطاب از نمایشگری و کروفر بیزار بود، چنانکه در سال نهم هجری در دومة الجندل نخستین کاری که پس از اختطاف اکیدر ابن عبدالملک به دستور پیغمبر انجام داد برکندن جامهٔ گرانبهای زربفت او از تنش بود.[۹۴] اکنون در رویارویی با واردان، خالد بر زیورات گرانبهای سردار رومی خیره چشم دوخت و با خود گفت «ان‌شاءالله، زود باشد که این گوهران مسلمانان را غنیمت گردند!»[۹۵] واردان بارقهٔ حرص و طمع را در چشمان خالد دید و افکار پنهانی او را خواند، پس افزود «در پرداخت هر بهایی که خواهید ما را خِسَّت نباشد. گر پول خواهید شما را با سخاوت خیرات دهیم. ما را عیان است که مردمان مفلوکی در میان بادیه‌یی خشک و سترون بیش نیستید. پس اینک! چون از قحط و گرسنگی همی‌میرید، راضی بر آنیم تا اضافه بر خوراک و پوشاک بهر هر یک تان ده دینار دهیم. آنچه صدقه دهیم‌تان ستانید و به موطن‌تان برگردید. سال دیگر همین مقدار شما را فرستیم.»[۹۶]

این گفته خالد را مشتعل ساخت. «ما مردمان مفلوکی بیش نیستیم!؟ ترا زهرهٔ این باشد که در حضورم چنین گویی، ای سگ رومی؟ یکی از مردانِ من ده هزارِ ترا ارزد! مذاکره و مفاهمه را چنین آغازی؟ با پیشکش رشوه؟ بدان که با خیرات و صدقات زین خطه نخواهیم رفتن و آگاه باش که خداوند ما را از خیرات و صدقات تو بی‌نیاز فرموده چون همه مال و داشتهٔ شما را از بهر ما هبه نموده و زنان و فرزندان تان بر ما حلال کرده مگر آنکه گویید لااله‌الاالله محمدرسول‌الله، وگر ایمان نیارید جز جنگ یا جزیه شما را اختیاری نباشد!» خالد از جا برخاست و تهدید کنان انگشت شهادت سوی واردان تکاند و گفت «سوگند به الله که جنگ را از صلح خوشتر داریم. خون ما را

---

[۹۴] دیده شود همین اثر، صفحه ۱۵۰-۱۵۱

[۹۵] فتوح الشام واقدی ۵۹/۱

[۹۶] فتوح الشام واقدی ۵۹/۱

شراب است و گویند خون رومیان بس خوشگوار باشد!»[۹۷] در حالیکه دهن واردان از حیرانی باز مانده بود خالد با خشم از خیمه برون زد.

پیامد مصیبت‌بار مذاکرهٔ صلح تشنج و تیرگی وضع را بیشتر ساخت. بیزانسی‌های خشمگین در پیرامون تئودور سوگند یاد کردند تا مسلمانان را از پا گذاشتن در سرزمین شان پشیمان سازند. و اما در اردوگاه مسلمانان، خالد می‌دانست که کلمات تخریش کننده و تحریک آمیز او حوادث فرازآینده را شتاب خواهد بخشید و هر لحظه شروع مخاصمات را باید انتظار داشت، پس به سازماندهی نبرد و گمارش پایوران خود آغازید. معاذ ابن جبل را به قوماندانی میمنه (جناح راست لشکر) و سعید ابن عامر را به فرماندهی میسره (جناح چپ لشکر) گماشت و فرماندهی پیاده نظام در قلب (وسط) لشکر را به ابوعبیده ابن جراح سپرد. سواره نظامی که در ساقه (دنباله) قرار داشتند زیر فرمان سعید ابن زید پسر عموی عمر بن خطاب قرار داده شد. خالد خود سوار بر اسپ در میان قطعات مختلف لشکر می‌تاخت تا جنگاوران خود را انگیزه داده روحیهٔ سلحشوری آنانرا مهمیز زند. برخی از سربازان که از عدم توازن قوا سرخورده و پریشان بودند نگرانی خود را به سپهسالار بیان داشتند اما فرمانده کل با سرزنش به آنها اظهار داشت «از رومیان ترسی به دل راه دهید؟ بدانید که قوّت لشکر نه از شمار سپاه بل از دلیری رزم‌آوران در نبرد است!»[۹۸]

طرفه اینست که در صفوف لشکر مسلمانان زنان نیز شامل بودند. حضور زنان در ناوردگاه پذیرفتنی نمی‌نماید، اما اگر نیک دیده شود شگفتی‌آور نیست. در بالا گفته آمدیم که شمار زیادی از جنگاورانی که به صلای ابوبکر برای جهاد در سوریه لبیک گفتند زنان و فرزندان خود را به قصد توطن دایمی در آن دیار همراه آوردند. خالد زنان را در پس‌قراول جا داد و از آنها خواست با فریادها و سرودهای حماسی مردان خود را تشجیع کنند و بر سر غیرت آورند. او همچنین ماموریت خاصی به آنان سپرد: «سنگ و چوب در دست گیرید و چون جنگاوری بینید که پشت به میدان راه فرار در پیش

---

[۹۷] فتوح الشام واقدی ۵۹/۱

[۹۸] فتوح الشام واقدی ۵۹/۱

دارد او را زنده بنگذارید!» متون و نصوص گزارش می‌دهند که در جملهٔ چنین زنان فاطمه خواهر خالد بن ولید با دخترش ام‌حکیم بنت حارث مخزومی و هند بنت عتبه زوجهٔ ابوسفیان (مادر معاویه و یزید) با دخترش جویره در صفوف لشکر مسلمین می جنگیدند.

پس شامگامی در ماه ژوئیه سال ۶۳۴ مسلمانان متوجه جنب و جوش غیرعادی در صفوف دشمن شدند. با آگاهی از آن جنب و جوش سپهسالار دانست که بیزانسی‌ها در آستانهٔ یورش بودند. روز بعد، شنبه ۲۷ جمادی‌الاول سال سیزدهم هجری (۳۰ ژوئیه ۶۳۴) پس از نماز بامداد خالد به سپاهیان خود امر آماده‌باش جنگی داده فرمود «چون شیر ژیان با کفار بستیزید و عقب ننشینید! از نعمات دنیوی از بهر پاداش اخروی بگذشته‌اید، پس از سیاهی لشکر کفار نهراسید چون خداوند غضب خود بر آنها فرود آوردنی‌ست!» سپس افزود «گر کفار صبحگاهان حمله آرند تا بعد از پیشین استقامت ورزیم و آنگاه به تعرض پردازیم.» درین تدبیر اقتدای او آشکارا به پیامبر بود چون محمد جنگیدن در پیشین روز را مستحب می‌دانست و می‌گفت «نسیم ظفر در بعد از ظهر همی‌وزد.»[۹۹] خالد در طلایهٔ لشکر جا گرفت و واپسین فرمان خود را صادر کرد: «چون مرا بینید که بر کفار حمله آغازم از پی من آیید!»

چنانکه پیش بینی می‌شد صبح آن روز بیزانسی‌ها نخستین حمله را بر جناح راست لشکر مسلمین راه انداختند و مسلمانان به دفع آن پرداختند. سپس نیروی پیادهٔ بیزانسی‌ها بر جناح چپ لشکر مسلمانان حمله کرد و با مقاومت همانند مواجه شد. ناگهان تگرگی از ناوک بر سر مسلمانان باریدن گرفت. مسلمین که کم‌کم شکیب از دست می‌دادند از سپهسالار رخصت خواستند تا به حملهٔ متقابل دست زنند تا مبادا بیزانسی‌ها گمان بزدلی و کم‌همتی بر آنها برند، اما خالد که مصمم بود تا پیش از پیشین حمله راه نیندازد ساعتی چند صبر کرد، آنگاه در پیشاپیش سواره نظام قرار گرفت و با کشیدن تیغ از نیام فرمان حملهٔ تمام عیار را صادر کرد و سوی دشمن

---

[۹۹] مصنف ابن ابی شیبه ۳۶۷/۱۱

تاختن گرفت. مسلمانان چون تن واحد از جا جنبیدند و همزمان بر میمنه و میسرهٔ دشمن یورش بردند. ابن کثیر گزارش می‌دهد که صحابی پیامبر ابوهریره در میان سربازان ایستاده بود و آنانرا هر چه بیشتر برمی‌انگیخت: «هله، بشتابید به سوی الله و باغ‌های بهشت که شما را در انتظارند! هله، بشتابید سوی حوریانی که شما را آغوش کشاده اند!»[۱۰۰]

جنگ دهشتناکی که تا نشست آفتاب ادامه داشت در گرفت. اجساد در ناوردگاه روی هم ریختن گرفتند. پیروزی مسلمانان با درهم ریختن پایداری و نظم صفوف رومیان مسجل گشت. رخنه‌یی که مسلمین در صفوف دشمن گشودند به آنها اجازه داد تا خود را تا نزدیک واردان که در پشت صفوف جا داشت بلغزانند. با دیدن وارونی روزگار سپهسالار بیزانسی روی خود را پوشاند تا «شکست لشکریان خود را نبیند». برخی روایات گزارش دهند که خالد ابن ولید با یاری ضرار ابن الأزوَر – همانی که سر مالک ابن نویره را بریده بود – سر واردان را از تن جدا کرد و حتی پوست از جسد او برکند. سپهسالار در پایان این سلاخی و پس از آنکه دیهیم و گردن بند گرانبهای سردار بیزانسی را قاپید سر او را در حالی که «هنوز در پارچهٔ شرم پیچیده بود» برداشت و آنرا در پیش رومیان وحشت زده انداخت.

تئودور با پذیرش شکست در صدد آن شد[۱۰۱] تا از زیان و تلفات بیشتر جلو گیرد، پس دستور عقب نشینی به وادی الوقاصه در منطقهٔ حوران[۱۰۲] را صادر کرد. بیزانسی‌ها نبرد اجنادین را باخته بودند اما جنگ و درگیری دراز مدت تازه آغاز گردیده بود. هرقل شاهنشاه بیزانس تازه به انطاکیه برگشته بود که خبر شکست بیزانسی‌ها به او رسید، پس به طرح برنامهٔ حملهٔ تلافی‌جویانه آغاز کرد. میزان تلفات نبرد اجنادین بس سنگین بود. متون تاریخی از هزاران کشتهٔ بیزانسی و تلفات چشمگیر مسلمانان سخن

---

[۱۰۰] البدایه ابن کثیر ۱۳/۷

[۱۰۱] روایت شاذی از ابن اثیر در دست است که بر طبق آن تئودور خود نیز در نبرد اجنادین به هلاکت رسید.

[۱۰۲] معجم البلدان یاقوت ۳۵۴/۵-۳۵۵

می‌رانند.[۱۰۳] قریشیان و اصحاب برجستهٔ پیامبر شامل صدها کشتهٔ مسلمانان بودند، چون عبدالله ابن زبیر ابن عبدالمطلب عم زادهٔ پیامبر و طُلیب ابن عمیر ابن وهب (که پسر أروی عمهٔ پیامبر بود)، سلامه ابن هشام ابن مغیره پسر عم خالد ابن ولید، و هشام برادر عمرو ابن عاص. خالد ابن سعید که قبلاً پسری را در سوریه از دست داده بود درین نبرد دو برادرش عمرو و ابان را نیز از دست داد. روایات نقل می‌کنند که أبان دو روز پیش از نبرد اجنادین عروسی کرده بود. همچنین عکرمه ابن ابوجهل که عم زادهٔ خالد و فاتح یمن و یکی از بازیگران عمدهٔ جنگ های «ارتداد» بود نیز در نبرد اجنادین کشته شد و ابوسفیان کاکای پیغمبر با تیری که درین جنگ به چشمش خورد کور گردید. و اما، خالد ابن سعید سلف خالد ابن ولید که پیش ازین در آغاز اغتشاش قبایل از یمن گریخته و سپس بعد از راه اندازی یک تعرض نابخردانه اردوی خود را در مرج الصفا رها کرد و پا به فرار گذاشت[۱۰۴] درین نبرد نیز پشت به ناوردگاه کرده از میدان گریخته بود. وی که بگیل متکرر بود بی‌گمان از ترس «تیغ آختهٔ الله» به گفتهٔ ابن کثیر[۱۰۵] دود هوا گشت و ناپدید شد.

متون و احادیث مسلمانان معمولاً سرشار از وصف کارنامه‌ها و بهادری‌های جنگی یلان مسلمان در نبردهای مختلف اند. در روایات نبرد اجنادین بصورت خاص از دلاوری‌ها و جانفشانی‌های ضرار بن الازور و قهرمانی‌های زنان (بطولات النساء)[۱۰۶] یاد گردیده که در آنجمله از خولهٔ بنت الازور خواهر ضرار نام گرفته شده و رشادت‌ها و قهرمانی‌های ام‌حکیم بنت حارث عم‌زادهٔ خالد ابن ولید که به تنهایی چهار جنگاور بیزانسی را با خادهٔ ستون خیمه کشت از همه بیشتر مورد تحسین قرار گرفته است.

---

[۱۰۳] ذهبی فصل کاملی را به کشته شدگان نبرد اجنادین اختصاص داده است. (سِیَر ذهبی ۱۹۲/۳–۱۹۴)

[۱۰٤] دیده شود همین اثر، صفحه ۱۶۰

[۱۰٥] البدایهٔ ابن کثیر ۱۸/۷

[۱۰٦] فتوح الشام واقدی ۴۹/۱–۵۲

شرزگی ام‌حکیم از آن بیشتر بی‌امان بود که می‌خواست انتقام کشته شدن شوهرش عکرمه ابن ابوجهل را بگیرد.

امپراتوری بیزانس نیروهای خود را به درون شهرهای مستحکم عقب کشید و فلسطین جنوبی را به مسلمانان واگذاشت، اما خالد ناآرام و ناراضی بود و جنگ با بیزانسی‌ها را به هیچ وجه تمام شده نمی‌پنداشت چون رومیان حتماً در صدد حملهٔ متقابل بودند. حدس و گمان او درست از آب درآمد چون از قضای روزگار نبرد فیصله کن میان بیزانسی‌ها و مسلمانان دو سال پسانتر در نقطه‌یی شمالی‌تر، در یرموک[۱۰۷] صورت گرفت.

عطش خالد ابن ولید برای اشغال یک شهر با اهمیت بیزانسی همچنان باقی بود، ازینرو تصمیم گرفت محاصرهٔ دمشق را از سر گیرد. پس قبل از آنکه اردوگاه برچیند و پویه سوی دمشق را بیاغازد به خلیفه پیروزی شاندار سپاه مسلمین بر رومیان را مژده نوشت، ولی وقتی ایلچی‌اش عقبه بن عامر جُهنی با شتاب به مدینه رسید و خواستار دیدار با خلیفه گردید دریافت که خلیفه سخت بیمار و زمینگیر بود و شاید هم شمع عمرش رو به خاموشی می‌رفت.

---

[۱۰۷] شرح جنگ یرموک در جلد سوم «جانشینان نفرین شده» خواهد آمد.

## - ۴ -

## مرگ یک مردِ حق

عایشه پاورچین به وثاق پدر خود که از چند روز بدینسو بیمار و زمینگیر بود درآمد، روی او خم شد و آهسته پرسید «پدر، خوابی؟» ابوبکر پاسخی نداد. چشمانش در میان صورت رنگ پریده و استخوانی‌اش بسته بود. عایشه دست خود را بر پیشانی داغ او گذاشت و با اصرار ادامه داد «پدر، پیکی از سوریه رسیده. خالد ابن ولید او را فرستاده.» با شنیدن نام خالد خلیفه چشمان خود را نیمه باز کرد و با آواز ضعیفی گفت «بگویش که زود اندر آید!» و از عایشه خواست کمکش کند تا در بستر خود بنشیند. ایلچی وارد شد. ابوبکر مشتاقانه گفت «هله، نامهٔ خالد را برخوان!»

«از خالد بن ولید به ابوبکر خلیفهٔ رسول خدا: ترا آگهی باد، ای صدیق، که ما را با کفاری که در اجنادین لشکری عظیم فراهم آورده بودند مقابله و مقاتلهٔ بزرگی درافتاد. کفار صلیب‌هاشان برافراشتند و کتاب‌هاشان آختند و سوگند همی کردند که مسلمین را از دیار خود خواهند راند، اما بعون الله تعالی با نیزه‌ها و شمشیرهامان پایداری کردیم و غلبه یافتیم و همانا که ما راست فتحی بزرگ و ظفری شکوهمند. پس سپاس و ستایش خدایی را سزاست که دین خود نصرت داد و همه اعداء الله خوار و ذلیل گردانید.»

ابوبکر دست‌های خود را به عنوان شکرگزاری بلند کرد و با شادمانی گفت «بالاخره، خوش مژده‌یی!» وی می‌دانست که روزهای عمرش به شماره افتاده بود و بیش از هر چیزی آرزو داشت خبری چنین خوش بشنود، چون با همه توکل و شکیبایی‌اش تاب آنرا نداشت که خلافتش با لعنتی آغاز و با شکست و خفتی به پایان رسد.[1]

اما اگر اخبار سوریه او را آسودگی خاطر بخشید، اخبار عراق نه چنان بود. چند روز پیشتر خلیفهٔ افتاده در بستر بیماری شاهد رسیدن مثنی به مدینه و آوردن اخبار فاجعه-بار بین‌النهرین بود: فارس‌ها با استفاده از غیبت خالد بن ولید ضدحملهٔ شدید و گسترده‌یی بر اردوگاه مسلمین در حیره راه انداخته بودند. بحران جانشینی شاهنشاه فارس گویی سرانجام حل شده بود و پارسیان از شهنشاه جدید یزدگرد سوم خواسته بودند تا بدون هیچ درنگی مهاجمان تازی را از سرزمین فارس براند. ازینرو یزدگرد ارتش سی هزار نفری علیه نیروهای مثنی سوق داد. مثنی چون از رسیدن قوت‌الظهر نومید گشت خود به مدینه آمد تا دست به دامان ابوبکر شود.[2] خلیفه که پیکرش را بیماری زار و نزار ساخته و فکر و ذکرش متوجه سوریه بود بدون حضور ذهن سخنان او را شنید. بی‌گمان حالت او ناشی از خستگی مفرط بود، چون از روزی که بر مسند خلافت تکیه زد لحظه‌یی هم آرامش و آسایش ندیده بود. تنها خبر فتوحات لشکر خالد بن ولید اورا آسودگی می‌بخشید و بار سنگینی را که از روز جرگهٔ سقیفه بدینسو به دوش می‌کشید کمی سبک می‌ساخت.

خبر پیروزی خالد در اجنادین تحفه‌یی بود که او را از ژرفای افسرگی بیرون کشید. باشنیدن محتوی نامهٔ خالد، خلیفه حتی وضع جسمی خود را بهتر احساس کرد، پس از دخترش و ایلچی خالد خواست تا او را به حال خودش گذارند. سپس در تنهایی و سکوت به مراقبه فرو رفت و در عالم خیال و خاطره اعمال دورهٔ حکمروایی خود را یک یک به ترازو کشید.

---

[1] تاریخ الخمیس دیار بکری ۲۳۵/۲؛ اکتفاء کلاعی ۲۰۴/۲؛ فتوح الشام واقدی ۶۲/۱

[2] الکامل ابن اثیر ۲۵۹/۲–۲۶۰؛ البدایهٔ ابن کثیر ۲۲/۷؛ المنتظم ابن جوزی ۱۲۴/۴؛ اکتفاء کلاعی ۳۹۹/۲؛ تاریخ طبری ۳۵۴/۲

ابوبکر تنها در طی دو سال (از ژوئن ۶۳۲ تا اوت ۶۳۴) توانسته بود سلطهٔ اسلام را بر شبه جزیرهٔ عربستان قایم سازد و دستی سوی عراق و دستی دیگر سوی سوریه فراز آرد. اویی که از آغاز دعوت محمد صلای او را لبیک گفته و به سبب آن قبیلهٔ خودش او را از خود رانده بود از سرنوشت خود در شگفت بود. چه راه درازی را تا به اینجا پیموده بود! خاطرات گذشتهٔ دور آهسته آهسته در مخیله‌اش به سطح می‌آمدند و او را با خود به آن گذشته‌ها می‌بردند، به زمانی که در مکه می‌زیست...

در آن زمان عبدالله بن عثمان را کسی به نام ابوبکر نمی‌شناخت.[۳] مردم مکه او را از روی کنیهٔ پدرش عثمان که ابوقحافه بود ابن‌ابی‌قحافه می‌خواندند.[۴] وی در حدود سال ۵۷۳ در خانوادهٔ بی‌نام و نشانی از عشیرهٔ بنی‌تَیْم که شاخهٔ کوچکی از قبیلهٔ بزرگ قریش بود[۵] به دنیا آمد. در جوانی ابن‌ابی‌قحافه به اثر فراست، جدیت و شهرت نیکوکاری‌اش بزّاز (پارچه فروش) مؤفقی شد. در کنار زیرکی در کار و بار بازارگانی، ابن‌ابی‌قحافه حافظهٔ نیرومندی نیز داشت که سبب شد همگان او را به مثابهٔ نَسّاب (نَسَب شناس) برجسته‌یی احترام گزارند. معروف است که اعراب نسب شناسی را یکی

---

[۳] همه معلوماتی که درین تصویر پردازی از ابوبکر گنجانده شده از منابع ذیل گرفته شده‌اند: سنن ابوداود ۲۱۲/۳-۲۱۹؛ حلیة الاولیاء ابونُعَیم ۲۸/۱-۳۸؛ المُحبّر بغدادی ۱۲-۱۳؛ انساب بلاذری ۵۱/۱۰-۷۵؛ صحیح بخاری ۱۳۳۷/۳-۱۳۴۶؛ سِیَر ذهبی ۳۵۵/۲-۳۹۷؛ مستدرک حاکم ۶۴/۳-۸۴؛ مجمع الزوائد هیثمی ۴۰/۹-۶۰؛ تاریخ دمشق ابن عساکر۳/۳۰-۳۶۲ (سرتاسر جلد ۳۰ این اثر به ابوبکر اختصاص دارد)؛ الکامل ابن اثیر ۲۶۳/۲-۲۶۶؛ أُسد ابن اثیر ۲۰۵/۳-۲۳۱؛ جمهرة نسب قریش ابن بکار ۳۶۶/۱-۳۸۰؛ فضائل الصحابه ابن حنبل ۶۵/۱-۲۴۳؛ المنتظم ابن جوزی ۵۳/۴-۶۴؛ سمط النجوم عصامی ۳۲۴/۲-۴۶۶؛ عثمانیه جاحظ ۲۵-۴۲؛ الریاض النضره محب‌الدین طبری ۷۳/۱-۲۶۸؛ کنز متقی ۴۸۵/۱۲-۵۴۴؛ نهایة الأرب نویری ۸/۱۹-۴۶، ۱۳۰/۱۹-۱۴۶؛ تاریخ الخلفاء سیوطی۲۶-۸۹؛ طبقات ابن سعد ۱۶۹/۳-۲۱۳؛ تاریخ طبری ۲۳۰/۲-۲۳۵

[۴] بر پایهٔ گفتهٔ دیار بکری (تاریخ الخمیس ۱۹۹/۲) نام ابوبکر در زمان «جاهلیت» عبدالکعبه بود و محمد پس از «بعثت» نام او را عبدالله گذاشت.

[۵] جمهرة نسب قریش ابن بکار ۳۶۳/۱-۳۸۰؛ جمهرة النسب کلبی ۷۹-۸۴

از علوم پر اهمیت می‌دانستند. ابن‌ابی‌قحافه در تعبیر خواب نیز دست بالایی داشت، و این استعداد را بعدها به سبب قرابت با پیامبر پرورش بیشتر داد.

در مکه همه کس ابن‌ابی‌قحافهٔ خوش سیما را که چهرهٔ ظریف و پوست سفیدش نام «عتیق»[۶] را برایش کمایی کرده بود، می‌شناخت و عزیز می‌داشت. طبیعت آرام و مؤقرش او را تا آن حد پرهیزکار بار آورده بود که حتی آرایه‌ها و پیرایه‌های لفظی را که حس زیبا پسندی اعرابِ شاعرمشرب در برابر آن سخت اثرپذیر بود نیز خوار می-دید. گفته می‌شد که ابوبکر در همه عمر حتی مصرعی نیز شعر نسروده بود.

ابن‌ابی‌قحافه با ابوالقاسم – یعنی محمد – مدت‌ها پیش از ظهور اسلام آشنا شده و دوست گردیده بود. در آن زمان او حتی تصور هم نمی‌توانست که آن جوان هاشمی را که چون خودش بازارگان بود چنان سرنوشت بزرگی که مسیر زندگی جهانیان را تغییر خواهد داد در انتظار باشد. نبوّت ابوالقاسم گویی برای ابن‌ابی‌قحافه آشکار و بدیهی بود و او آنرا بدون اندکترین درنگ از همان روز نخست پذیرفت، از همینرو لقب «صدیق» را که بیشتر از همه القابی که داشت به آن می‌بالید کمایی کرد.

ابوبکر آن لحظهٔ جادویی را به خاطر آورد که «نور ایمان» در دلش تابید و دیگر هرگز زایل نشد. همه چیز در سوریه، جایی که برای داد و ستد رفته بود، آغاز گردید. در آنجا وی با بحیرا راهب نامدار مسیحی که مدتی پیش از آن با محمد دیده بود سر خورد. ابن‌ابی‌قحافه از او تعبیر خوابی را که دیده بود جویا شد. بحیرا از او پرسید «از کجایی و قبیله‌ات را چه نام است؟» ابن‌ابی‌قحافه پاسخ داد «از مکه‌ام و از قبیلهٔ قریش.» بحیرا وخشورانه گفت «پیامبری از قوم تو سر برآرد و تو اش وزیر و خلیفه باشی.»[۷]

ابوبکر چون به مکه برگشت آشنایانش با خبر شگرفی از او استقبال کردند. «آگه نه‌ای که ندیمت ابوالقاسم را جنون دست داده؟ هر جا رود گوید که او نبی است و مردمان را

---

[۶] در برخی روایات آمده است که «عتیق» را باید به معنی «آزاده» و مشتق شده از فعل «عَتَقَ» به معنی «خلاص کردن، رهایی بخشیدن» دانست چون پیامبر این لقب را به او به سبب رهایی‌اش از آتش جهنم داده بود.

[۷] تاریخ دمشق ابن عساکر ۲۹/۳۰؛ الریاض النضره محب‌الدین طبری ۸۴/۱

به پرستش خدایی یگانه فراخواند!» ابوبکر با آشفتگی نزد ابوالقاسم شتافت تا سوالی از او پرسد: «ترا حجت و ثبوت چه باشد که پیامبر راستینی؟» ابوالقاسم پاسخ داد «مرا ثبوت آن خوابی‌ست که در سوریه بدیدی!» ابوبکر دوست خود را تنگ در آغوش گرفت، جبینش را بوسید و بانگ داد «گواهی دهم که خدایی نیست جز الله، و تو اش پیغمبری!»

مؤلفین آثار[۸] با چنین گزارش دهی‌ها ایمان آوردن ابوبکر را آیینهٔ وحی الهی قرار می دهند و درونمایهٔ آنرا انباز پیش آگاهی راهب مسیحی و خوابی که ابوبکر دیده بود قلمداد می‌کنند، چون در خواب بود که جبرئیل نخسین بار بر محمد ظاهر شد. زندگی آرام و بی‌سر و صدای ابوبکر با ایمان آوردنش به محمد چرخش سرنوشت‌سازی به خود دید، چون خشم و پیگرد قریشییان را در پی داشت و آزار او – همانند آزار محمد – از همان جا آغاز شد. اما ابوبکر در ایمان خود پایدار ماند و در برابر تهدید و تخویف سر خم نکرد. گویند که باری از دوست خود محمد در برابر قریشییان به دفاع برخاست و در ازای آن قریشییان خشمگین نزدیک بود او را بکشند، چنانکه روزی گروهی از قریشییان محمد را بر زمین انداخته زیر مشت و لگد گرفته بودند که ابوبکر سر رسید و چون محمد را بر زمین افتاده دید فریاد برآورد «الا ای زبون سیه دلان! چنین زجر و وهن کسی را روا دارید که شما را سوی پرستش خدای یگانه خواند؟ مگر شما را هیچ آزرمی نباشد؟» با این بانگ گروه مردان ژیان محمد را واگذاشتند و به جان منجی او افتادند و او را سخت کوفتند. ابوبکر بارها چنین قیمتی را پرداخت، مانند روزی که عتبه ابن ربیعه او را چنان کوبید که بینی‌اش پرخون شد و ساعت‌ها بیهوش بود، به گونه‌یی که خانواده‌اش گمان بردند مرده است.[۹] وی این همه عذاب و توهین را با شکیبایی چنان تحمل می‌کرد که گویی با هر آزار ایمانش نیرومندتر می‌شد. قریشییان

---

[۸] تاریخ دمشق ابن عساکر ۲۹/۳۰؛ الریاض النضره محب‌الدین طبری ۸۴/۱

[۹] تاریخ الخمیس دیار بکری ۲۹۴/۱؛ تاریخ دمشق ابن عساکر ۴۷/۳۰؛ البدایه ابن کثیر ۴۱/۳؛ سمط النجوم عصامی ۳۷۲/۱؛ الریاض النضره محب‌الدین طبری ۷۵/۱

از این همه بردباری او شگفت زده شده لقب «المجنون» (دیوانه) به او داده بودند.[10] خانواده‌اش نیز با او مخالف بود؛ تنها مادرش سلما (کنیه‌اش ام‌الخیر) در همان آغاز اسلام آورد در حالی که نخستین زوجه‌اش قتیله، پدرش ابوقحافه و پسرش عبدالرحمان هیچ رغبتی به اسلام نداشتند. وی بعدها قتیله را طلاق داد[11] و مدت مدیدی انتظار کشید تا آنکه پسرش[12] (پس از صلح حدیبیه در مارس ۶۲۸) و پدرش[13] (پس از فتح مکه در دسامبر ۶۲۹ یا ژانویه ۶۳۰) اسلام آوردند.

ابوبکر در وفاداری به محمد نه تنها با پیکر خود مشقات را پذیرفت و جانفشانی نمود بلکه همه دارایی خود را[14] نیز که بالغ بر چهل هزار درهم می‌شد وقف کرد تا بهای بردگانی را که مسلمان شده بودند بپردازد و آزادی آنها را بخرد. از جملهٔ چنین بردگان یکی هم بلال حبشی بود[15] که بعدها سِمَت مؤذن پیامبر را احراز کرد. درین ارتباط، سورهٔ «وَسَيُجَنَّبُهَا ٱلۡأَتۡقَى ٱلَّذِي يُؤۡتِي مَالَهُۥ يَتَزَكَّىٰ — و به زودی پرهیزکارترین مردم از آن دور داشته می‌شود، همان کسی که مال خود را در راه الله می‌بخشد تا پاک شود (سورهٔ لیل:۱۷–۱۸) در ستایش سخاوت ابوبکر آشکار شد.[16] محمد سخت منت‌دار این همه خدمات و رواداری‌های این دوست وفادار خود بود و شخصیت ملایم ولی سنگین، صلابت اخلاقی و شرافت و بزرگ‌منشی او را ارج می‌گزارد. گفته می‌شد که

---

[10] مسند ابویعلی ۳۶۲/۶؛ مستدرک حاکم ۷۰/۳؛ مجمع الزوائد هیثمی ۱۷/۶؛ الریاض النضره محب-الدین طبری ۹۵/۱؛ کنز متقی ۴۹۷/۱۲؛ جامع الاحادیث سیوطی ۸۹/۳۴

[11] المنهاج نَوَوی ۸۹/۷

[12] أُسد ابن اثیر ۳۶۲/۳–۳۶۵

[13] أُسد ابن اثیر ۴۷۷/۳–۴۷۸

[14] عثمانیه جاحظ ۳۵

[15] سِیَر ذهبی ۳۵۶/۲؛ تاریخ دمشق ابن عساکر ۶۶/۳۰؛ عثمانیه جاحظ ۳۲–۳۳؛ نهایة الأرب نویری ۱۳/۱۹؛ تاریخ الخلفاء سیوطی ۳۴

[16] شمار زیاد مفسرین باور دارند که این آیه در بارهٔ ابوبکر آشکار شد. (دیده شود: تفسیر ابن کثیر ۴۲۰/۸؛ الدر المنثور سیوطی؛ تفسیر طبری ۴۷۱/۲۴)

پیش از مسلمان شدن نیز ابوبکر حتی قطره‌یی می ننوشیده بود و همواره می‌گفت که باده‌گساری وقار مرد را زایل سازد.[۱۷]

اعتماد پیامبر بر ابوبکر چنان بود که هنگامی که عزم مهاجرت از مکه به یثرب (بعدها مدینه) کرد قصد خود را تنها با او در میان گذاشت و ابوبکر بدون کمترین درنگ و نگرانی از ترک زن و فرزند پاسخ داد «من نیز با تو روم!» درین مهاجرت ابوبکر یگانه همراه و همسفر محمد بود چون سایر اعضای جمعیت کوچک نخستین مسلمانان بعدها اقدام به مهاجرت کردند. بر حسب یک روایتِ معروف، آن دو یار از تعقیب قریشییان مدت سه روز در غار ثور یکجا با هم پنهان بودند. متون و احادیث[۱۸] مشعر بر آنند که ابوبکر خود را برای محمد سپر انسانی ساخته و نیش گرزه مارانی را که در آن غار به وفرت می‌زیستند به جان می‌پذیرفت. وی حتی فرزندان خود را نیز در راه محمد به خدمت گرفت، چنانکه پسرش عبدالله هر روز آنانرا از احوال و اخبار محیط پیرامون باخبر می‌ساخت و دخترش أسماء برای شان غذایی را که در میان دو کمربند خود پنهان می‌کرد می‌رساند (و به سبب آن به «أسماء ذات النِّطاقین»[۱۹] یا "اسمای دوکمربنده" معروف گشت). محمد در آن مخفیگاه گاه‌گاهی ترس و اضطراب را در سیمای دوست خود می‌دید، ازینرو به او می‌گفت «غمگین مباش، ای ابوبکر، الله با ماست!» همین روایت و همین گفته بعدها درین آیهٔ قرآنی جاویدانی شد: «إِلَّا تَنصُرُوهُ فَقَدْ نَصَرَهُ ٱللَّهُ إِذْ أَخْرَجَهُ ٱلَّذِينَ كَفَرُوا۟ ثَانِىَ ٱثْنَيْنِ إِذْ هُمَا فِى ٱلْغَارِ إِذْ يَقُولُ لِصَـٰحِبِهِۦ لَا تَحْزَنْ إِنَّ ٱللَّهَ مَعَنَا — اگر او (پیامبر) را یاری نکنید، به راستی که الله او را یاری کرد، آنگاه که کافران او را (از مکه) بیرون کردند، نفر دوم از دو نفری که در غار بودند به یار خود (ابوبکر) می‌گفت: اندوهگین مباش، یقیناً الله با ماست (سورهٔ توبه:۴۰)»

---

[۱۷] تاریخ دمشق ابن عساکر ۳۳۳/۳۰؛ سمط النجوم عصامی ۴۴۷/۲؛ کنز متقی ۴۸۷/۱۲؛ تاریخ الخلفاء سیوطی ۲۹

[۱۸] دلائل بیهقی ۴۷۷/۲؛ سِیَر ذهبی ۳۱۳/۲؛ الریاض النضره محب‌الدین طبری ۱۰۶/۱؛ کنز متقی ۴۹۴/۱۲

[۱۹] سِیَر ذهبی ۵۲۰/۳-۵۲۴؛ أسد ابن اثیر ۹/۶-۱۰؛ جمهرة نسب قریش ابن بکار ۳۷۳/۱-۳۷۵

همرهی و همسفری در هجرت از مکه به مدینه دوستی پیامبر و ابوبکر را مُهر قطعیت زد و ابوبکر نوعی روح همزاد محمد گشت. وقتی پیامبر پس از استقرار در مدینه جهاد در برابر کفار را آغازید ابوبکر در صف پیشین قرار داشت، به پیامبر مشوره می‌داد و شجاعانه در جنگ‌ها شرکت می‌کرد. در جنگ معروف بدر وی حتی در برابر پسر خود که هنوز اسلام نیاورده بود شمشیر زد. پدر و پسر بعدها با تلخی از آن جنگ فراموش نشدنی یاد می‌کردند. سیوطی[۲۰] گزارش می‌دهد که باری عبدالرحمان به پدر خود گفت «آنروز سوی تو آمدم اما سپس دوری گزیدم چون می‌نخواستم ترا هلاک سازم» و ابوبکر در پاسخ به پسر خود گفت «گر بدانستمی که نزدیکی ترا کشتمی!» این گزارش نشان می‌دهد که ابوبکر آماده بود برای تعالی اسلام حتی فرزند خود را قربان کند.

اینهمه اشتراکات با محمد از ابوبکر مؤمن‌ترینِ مؤمنان ساخته بود. دوستی میان آن دو که بدون شک بی‌شائبه بود با پیوند ازدواج میان محمد و عایشه دختر ابوبکر مستحکمتر گردید.[۲۱] به مناسبت همین خویشی بود که ابن‌ابی‌قحافه برای همگان «ابوبکر» یعنی «پدر دختر باکره» شد، چون عایشه یگانه دختر باکره‌یی بود که محمد به زنی گرفت زیرا زنان پخته و رسیده را بیشتر می‌پسندید و از همین رو بیشتر با بیوه‌ها یا مطلقه‌ها ازدواج می‌کرد. واژهٔ «بکر» در زبان عرب به معنی دومی «ماده شتر

---

[۲۰] تاریخ الخلفاء سیوطی ۳۳

[۲۱] منابع و متون در موضوع ازدواج محمد با عایشه از نوعی دو دلی و تردید ابوبکر سخن دارند و گزارش می‌دهند که بازتاب نخستینِ ابوبکر این پرسش بود که «آیا برایش مناسب است؟ (عایشه) که دختر برادرش است!» حتی ام‌رومان مادر عایشه فکر می‌کرد که عایشه خُردسال‌تر از آن بود که در حبالهٔ ازدواج درآید و به محمد پیشنهاد کرد «اگر خواهی دختری بزرگتر از او داریم!» ناراحتی ابوبکر ازین خواستگاری از آنرو بیش‌تر بود که پیش از آن عایشه را به مزاوجت پسری به نام جُبَیر بن مطعم وعده داده بود. (درین باره دیده شود منجمله: انساب بلاذری ۴۰/۲؛ مسند ابن حنبل ۵۰۱/۴۲؛ اُسد ابن اثیر ۱۸۹/۶؛ عثمانیه جاحظ ۲۵؛ تاریخ طبری ۲۱۲/۲) در کتابی که در پسین نوشته خواهد شد به اوضاع و شرایط ازدواج پیامبر با دختر ابوبکر برخواهیم‌گشت.

جوان» نیز آمده است. فصاحت و بلاغت عربی بی‌گمان دومعنایی بودن کلمهٔ «بکر» را که در هر دو معنی زیبندهٔ عایشه بود به بازی گرفته بود.

کمتر سایه‌یی توانسته بود صفای دوستی محمد و ابوبکر را تیره سازد، حتی ماجرای آتشزای افک (بهتان) که در آن عایشه متهم به زنا شده بود خللی در دوستی آنها پدید نیاورد. در آن گاه ابوبکر حتی دختر خود را زیر سیلی و مشت گرفت که چرا آبروی خود و آنها را چنان به بازی گرفته بود.[۲۲]

متون و نصوص اسلامی صمیمیت میان محمد و ابوبکر را خیلی تذهیب و طلاکاری کرده‌اند و چنانکه از احادیث تدوین شده منجمله توسط سیوطی و طبری پیداست، تصویر ذهنی خلیفهٔ اول را بس بزرگ نموده‌اند. ادبیات اهل تسنن شخصیت ابوبکر را با اسطوره‌سازی به حد «شبه پیغمبر» رسانده اند، چنانکه آمده است که در هنگام نزول وحی ابوبکر سخنان جبرئیل به محمد را می‌شنید اما او را دیدن نمی‌توانست.[۲۳] هدف این نویسندگان بی‌گمان آن بوده که پایهٔ ابوبکر را به سویهٔ رقیب بزرگش علی (که شیعیان او را همپایهٔ محمد – اگر نه بالاتر از او – قرار می‌دهند) بالا برند.

و اما، بیش از همه، نقش عمدهٔ سیاسی ابوبکر بود که او را به سطح پیامبر بالا می کشید چون اگر جنگ‌های بی‌امان «ارتداد» که ابوبکر به ابتکار خود و بی‌توجه به کنکاش نزدیک ترین مشاورینش راه انداخت نمی بود اسلام به زودی پس از مرگ محمد یکجا با پیمبر دفن می‌گردید. پیش از آن باری محمد در آستانهٔ جنگ احد (مارس ۶۲۵) به ابوبکر گفته بود «به میدان جنگ مرو، ترسم ترا آسیبی رسد، و گر تو نباشی اسلام آشفته گردد.»[۲۴] دو سال بعد از مرگ محمد روزهای بحرانی در لبهٔ پرتگاه نابودی قرار داشتن اسلام جزء تاریخ شده و دنیا دگرگون شده بود. مشت آهنین خلیفهٔ اول در حالی که «تیغ آختهٔ الله» را در چنگ داشت چنان با شدت بر دروازهٔ

---

[۲۲] دیده شود: *واپسین روزهای زندگی محمد*، صفحات ۱۴۷–۱۴۹

[۲۳] کتاب المصحف ابن ابی داود ۵۱؛ کنز متقی ۴۸۶/۱۲؛ تاریخ الخلفاء سیوطی ۵۰

[۲۴] تاریخ دمشق ابن عساکر ۳۱۶/۳۰؛ الکامل ابن اثیر ۲۶۴/۲؛ البدایه ابن کثیر ۳۴۷/۶؛ کنز متقی ۶۶۴/۵؛ نهایة الأرب نویری ۱۳۱/۱۹؛ جامع الاحادیث سیوطی ۲۵/۲۵

تاریخ کوفت که گزیری نبود جز آنکه چهار تاق بر روی اسلام باز گردد و مسلمانان را به سوی آقایی جهان راه دهد. با گذاشتن نام «نبی الرّده (پیامبر ارتداد)» بر ابوبکر، متون و احادیث سنییان نشان می‌دهند[۲۵] که ابوبکر را به مثابهٔ یک صحابی سادهٔ همانند سایر اصحاب پیامبر نمی‌شناختند، نه به سبب آنکه از نخستین ایمان آورندگان به اسلام بود بلکه بیشتر از آن رو که او را «همبانی» اسلام و تا حد زیادی «بازمخترع» آن می‌دانستند.

نویسندگان آن متون در بزرگ‌سازی ابوبکر مبالغه را به حد اعلی می‌رسانند، چنانکه ادعا می‌کنند که گویا پیامبر گفته بود که در روز قیامت همه بندگان در دادگاه خداوندی محاکمه خواهند شد جز ابوبکر،[۲۶] و از زبان عمر نقل کرده‌اند که گفته بود «ایکاش مویی بودمی روییده بر سینهٔ ابوبکر»[۲۷] و یا حتی اینکه «بوی باد مخرج ابوبکر خوشبوتر است از بوی مشک!»[۲۸]

علی‌رغم چنین مبالغه‌های بعضاً مسخره، هرگاه بر زندگی و کارنامهٔ ابوبکر نیک نظر اندازیم او را مردی با شخصیت مغلق و پر از تناقضات می‌یابیم. در عقب رفتار نرم و آرام او مرد با شهامتی نهفته بود که مصمم بودنش گاهی تا حد لجاجت و خیره‌سری می‌رسید، چون ابوبکر ملایم و خویشتن‌دار گاهی چنان خودسر و ستیزه‌جو می‌شد که حتی خودش از ناسازگاری خود در شگفت می‌ماند. ازینجاست که چگونگی ایستادن در برابر فاطمه و تسلیم ناپذیری در برابر اعتراضات بی‌شمار او،[۲۹] و مقاومت و پایداری در برابر احتجاجات همه اصحابی را که از او می‌خواستند از فرستادن اسامه به سوریه منصرف گردد، می‌توان حدس زد. سرزنش‌هایی که به خاطر راه اندازی جنگ‌های

---

[۲۵] تاریخ دمشق ابن عساکر ۳۹۵/۳۰؛ تاریخ الخلفاء سیوطی ۵۰

[۲۶] تاریخ دمشق ابن عساکر ۱۵۲/۳۰؛ سمط النجوم عصامی ۴۳۰/۲؛ کنز متقی ۵۵۸/۱۱؛ نهایة الأرب نویری ۲۳/۱۹؛ تاریخ الخلفاء سیوطی ۴۹

[۲۷] تاریخ دمشق ابن عساکر ۳۴۳/۳۰

[۲۸] تاریخ الخلفاء سیوطی ۴۹

[۲۹] دیده شود: کشمکش، پردهٔ سوم

«ارتداد» از اصحاب می‌شنید بر او اثر نداشت و آماده بود مسئولیت همه عواقب و پی-آمدهای آن تصامیم سیاسی را که مشاورینش مهلک و انتحاری می‌پنداشتند شخصاً بر عهده گیرد. وی خیلی وقت‌ها از خود می‌پرسید «مگر مرا می‌نشناسند؟ می‌ندانند که بی‌محابا محمد را زمانی امت و پیرو شدم که قبیله‌اش او را مسخره و منکوب کردندی و مطرود دانستندی؟» بعدها عمر در بزرگداشت پایداری و صلابت سلف خود چنین اذعان داشت: «ابوبکر خلایق را به راه آورد و ادب کرد، از آن بود که چون دَور مرا رسید و خلیفه شدم کارها مرا بس سهل بود.»[۳۰]

ابوبکر مردی بود با شخصیتی نکو عیار شده که بر خلاف عمر خشم گستاخانه نمی شناخت. در روابط و مناسبات با زن‌ها خویشتن‌دار و با پروا بود. زندگی خصوصی‌اش سر به راه و عاری از سرشادی و ماجراهای عشقی بود. وی در طول زندگی‌اش تنها با چهار زن در قالب ازدواج هنجارین روابط خصوصی داشت. نخستین ازدواجش با قتیله بنت عبدالعزیٰ بود که به طلاق انجامید و حاصل آن دختری به نام أسماء و پسری به نام عبدالله بود. سپس با دَعد بنت عامر که با کنیهٔ ام‌رومان می‌زیست ازدواج کرد و از او عایشه و عبدالرحمان را فرزند آورد. پس از اسلام آوردن با أسماء بنت عُمیس بیوهٔ جعفر ابن ابی‌طالب برادر علی ازدواج کرد و از او پسری به نام محمد دریافت که در سال دهم هجری که سال حجة الوداع بود زاده شد. واپسین بار هم با زن انصاری حبیبه بنت خارجهٔ خزرجی ازدواج کرد که این ازدواج ممثل شکران و سپاس او از مهربانی‌ها و مهمان‌نوازی‌هایی بود که هنگام رسیدنش به مدینه از پدر حبیبه دیده بود. حاصل این پیوند دختری به نام ام‌کلثوم بود که پس از مرگ ابوبکر به دنیا آمد.

از نگاه روابط و مناسبات با زنان، ابوبکر با محمد — که به زنان سخت راغب و زندگی شبستانش متلاطم و پرهیاهو بود — تفاوت کلی داشت. حتی فرزندان ابوبکر نیز ازین نگاه با پدر فرق داشتند. پیوند ازدواج برقرار کردن ابوبکر به سبب تقاضای عرف و نیاز زندگی بود ولی فرزندانش عاشق پیشه‌های درمان ناپذیر بودند و وسوسه‌های دل شیدا

---

[۳۰] کنز متقی ۵۲۷/۶؛ تاریخ الخلفاء سیوطی ۵۹

به سادگی آنها را با خود می‌کشاند. خلیفه از پسرش عبدالله که عاشق سینه چاک زوجهٔ دلربایش عاتکه بنت زید بود به گونهٔ خاص دلخوری داشت، به حدی که روزی از فرط خشم و ناخوشی از او خواست تا عاتکه را طلاق دهد.[۳۱] در سینهٔ پسر دیگرش عبدالرحمان[۳۲] نیز قلب عاشق سرگشته‌یی می‌تپید. عشقی که عبدالرحمان به لیلا بنت الجودی داشت او را تا حدی واله و فریفته ساخته بود که روزها را در سرودن اشعار سوزناک در هوس رسیدن به او می‌گذراند.[۳۳] ابوبکر هیچگاه سر درنیاورد که چگونه مرد خشک و زاهدمنشی چون او می‌توانست چنان فرزندان سرشاد و آزاده به بار آرد. خُلق و خصلت شوخ چشمی و سبکسری زاد و ذریات ابوبکر تا نسل‌ها ادامه داشت، چنانکه شمار زیاد نوادگان آن خلیفهٔ پارسا به رندی و مستانگی شهره بودند. محمد پسر عبدالرحمان دلبستگی خاصی به خم باده و قلقل مینا داشت که به سبب آن باری شدیداً تازیانه‌کاری شد،[۳۴] و نواسهٔ دیگرش عایشه بنت طلحهٔ مه‌لقا دختر ام‌کلثوم که بر زیبایی خود واقف بود در میان شاعران و عاشق‌پیشه‌گان روزگار خود غوغا برانگیخته بود.[۳۵]

آنروز در تنهایی آن اتاق و افتاده در بستر بیماری، صحنه‌های زندگی گذشته آذرخش-سان در برابر چشمان بستهٔ ابوبکر برق می‌زدند و گاهی بر لبانش لبخند و گاهی هم بر جبینش آژنگ می‌آوردند. آیا زمینگیری او از بار سنگین سالهای عمر رفته بود یا از بیماری ناشناخته‌یی که نیرو و توانش را ته کشیده بود؟ پیکر ابوبکر توان برداشت

---

[۳۱] انساب بلاذری ۱۰۸/۱۰–۱۱۰؛ الاستیعاب ابن عبدالبر ۱۸۷۶/۴–۱۸۸۰؛ اُسد ابن اثیر ۱۹۵/۳–۱۹۶، ۱۸۳/۶–۱۸۵؛ الاصابه ابن حجر ۲۵/۴–۲۶، ۲۲۷/۸–۲۲۸؛ البدایه ابن کثیر ۳۷۲/۶، ۳۸۹/۶؛ طبقات ابن سعد ۱۷۲/۳–۱۷۳، ۲۶۵/۸–۲۶۶ .

[۳۲] سیَر ذهبی ۶۷/۴–۷۴

[۳۳] الاغانی ابوالفرج اصفهانی ۳۵۶/۱۷–۳۶۰؛ تاریخ دمشق ابن عساکر ۵۶/۷۰–۶۰

[۳۴] انساب بلاذری ۱۰۴/۱۰

[۳۵] الاغانی ابوالفرج اصفهانی ۳۱۵/۳؛ تاریخ دمشق ابن عساکر ۲۴۸/۶۹–۲۶۰

کهولت ناشی از شست و سه سال زندگی را نداشت، اما پدرش که بیش از نود و هفت سال سن داشت و هنوز زنده بود از تندرستی کامل برخوردار بود. (وی چند ماه پس از مرگ پسرش درگذشت.[۳۶]) ابوبکر می‌دانست که پیمانهٔ عمرش لبالب شده و وقت رفتن فرا رسیده بود.

علت مرگ خلیفهٔ اول مانند علت مرگ پیغمبر موجد روایات و اظهارات گوناگون و متناقضی گشته است که تعیین عامل دقیق آنرا ناممکن می‌سازد. آیا ابوبکر به مرگ طبیعی مرد یا به اثر یک توطئهٔ سؤ قصد؟ در واقع، احتمال مرگ به اثر خورانده شدن زهر را چندین منبع پذیرفته شدهٔ سنی متذکر شده‌اند. از آن جمله، ابن سعد و طبری گزارش می‌دهند که یک سال پیش از مرگ کسی به ابوبکر غذایی شامل برنج یا حریره (نوعی آش) پیشکش کرده بود و وی آنرا یکجا با دوستش حارث بن کلده طبیب معروف مدینه صرف نمود. گویند که به مجرد به دهن گذاشتن اولین لقمه حارث بانگ برآورد «دست از طعام برگیر ای ابوبکر، زهری در آن ممزوج است که پس از یکسال مرگ آرد!» متون گویند[۳۷] که در واقع یک سال بعد ابوبکر و حارث ابن کلده هر دو یکجا با عَتّاب بن أسید نمایندهٔ خلیفه در مکه که او هم آنروز از آن خورش خورده بود در یک روز از جهان درگذشتند. وقتی اعضای خانوادهٔ خلیفه در روزهای بیماری از او پرسیدند که حکیمی از بهر درمان بر بالین او حاضر آرند، ابوبکر پاسخ داد «با حکیمی اندرین باب دیده ام.» این جمله که حاکی از تقدیرگرایی خلیفه

---

[۳۶] سِیَر ذهبی ۳۶۵/۲؛ تاریخ دمشق ابن عساکر ۴۶۱/۳۰؛ نهایة الأرب نویری ۱۴۵/۱۹؛ طبقات ابن سعد ۲۱۰/۳؛ تاریخ طبری ۳۵۳/۲

[۳۷] تاریخ ذهبی ۱۱۵/۳؛ تاریخ الخمیس دیار بکری ۲۳۶/۲؛ تاریخ دمشق ابن عساکر ۴۰۹/۳۰؛ أُسد ابن اثیر ۲۳۰/۳؛ المنتظم ابن جوزی ۱۲۹/۴؛ الریاض النضره محب‌الدین طبری ۲۵۹/۱؛ کنز متقی ۵۳۷/۱۲؛ تاریخ الخلفاء سیوطی ۶۵؛ طبقات ابن سعد ۱۹۸/۳؛ تاریخ طبری ۳۴۷/۲-۳۴۸

و مخالفت با تداوی و درمان است شاید اشاره به هشداری باشد که یکسال پیش ابن کلده به او داده بود.[38]

همانگونه که گمانهٔ خورانده شدن زهر به پیامبر توسط یک زن یهودی خیبر و مرگ او سه سال بعدتر به اثر آن[39] به مشکل قابل باور می‌نماید، همینگونه نیز گمانهٔ مرگ خلیفهٔ اول به اثر زهری که یکسال پیش به او داده شده بود بس شک‌برانگیز است. با در نظر داشت غیر موجه بودن چنین احتمالی، متون و نصوص از زبان عایشه[40] روایت دیگری نقل می‌کنند و همانگونه که در ارتباط مرگ پیامبر از سینه بغل در کنار زهر ذکر می‌گردد – بدون اینکه به یکی ازین دو روایت رجحان داده شود – در روایت دوم عایشه از مرگ طبیعی سخن می‌راند و نقل می‌کند که پدرش پس از تن شویی در روزی سرد به زکام مبتلا شد و به اثر تب شدید زمین‌گیر بستر گردید که همین عارضه پانزده روز بعد او را به گور کشاند.[41] از آنجا که می‌دانیم که ابوبکر در اواخر ماه اوت سال ۶۳۴ میلادی درگذشت، این روایتِ زکام را نیز به مشکل می‌توان باور کرد. «روزی سرد» در ماه تفتان اوت (اسد- سنبله/مرداد – شهریور) در صحرای سوزان عربستان؟ آیا این عقل را قبول افتد؟ و اما، گواهی فرد دیگری این روایت دوم را پایه می‌دهد و آن گواهی أسماء بیوهٔ ابوبکر است. نقل است که آن گاه که أسماء پیکر شوهر خود را غسل جنازه می‌داد از سردی مفرط شکایت داشت.[42] نکاتی چنین دال

---

[38] انساب بلاذری ۳۱۰/۱۱؛ مصنف ابن ابی شیبه ۹۳/۷؛ أُسد ابن اثیر ۲۲۲/۳؛ الریاض النضره محب‌الدین طبری ۲۵۹/۱؛ کنز متقی ۵۳۲/۱۲؛ تاریخ الخلفاء سیوطی ۶۰

[39] دیده شود: *واپسین روزهای زندگی محمد*، فصل ۱۴

[40] انساب بلاذری ۹۱/۱۰؛ تاریخ ذهبی ۱۱۵/۳؛ مستدرک حاکم ۶۶/۳؛ الاستیعاب ابن عبدالبر ۹۷۷/۳؛ تاریخ دمشق ابن عساکر ۴۰۹/۳۰؛ أُسد ابن اثیر ۲۳۰/۳؛ الریاض النضره محب‌الدین طبری ۲۵۸/۱؛ نهایة الأرب نویری ۱۲۸/۱۹؛ تاریخ الخلفاء سیوطی ۶۵؛ طبقات ابن سعد ۲۰۱/۳

[41] الاستیعاب ابن عبدالبر ۹۷۷/۳؛ اکتفاء کلاعی ۲۰۸/۲؛ نهایة الأرب نویری ۱۲۹/۱۹؛ المعجم الکبیر طبرانی ۶۱/۱ . روایت دیگری از ابن بکار نقل می‌کند که ابوبکر مبتلا به نوعی از بیماری سل بود.

[42] انساب بلاذری ۹۲/۱۰؛ سِیَر ذهبی ۵۱۹/۳؛ طبقات ابن سعد ۲۸۴/۸

بر مرگ ابوبکر در زمستان است و این خلاف اتفاق نظر تاریخ‌نگاران می‌باشد که آنرا در فصل تابستان ثبت کرده‌اند.

باری، هر چه بود، ابوبکر احساس می‌کرد که پایان زندگی‌اش نزدیک است، و از آنجا که فکرش همواره مشغول میراث سیاسی‌اش بود به این صرافت افتاد تا وصیتنامه‌یی املا کند و ترتیبات لازم را برای جانشینی خود بگیرد.[۴۳] ابوبکر نمی‌توانست این مسئله را پا در هوا بماند چون می‌دانست جنجال‌های بزرگی در پی خواهد داشت. وی به جانشینی دودمانی هرگز فکر نمی‌کرد و تصور این که خلافت را به پسرش واگذارد — با آنکه پسرش عبدالرحمان بطور اخص در جنگ یمامه از خود شجاعت و پایداری نشان داده بود[۴۴] – برای لحظه‌یی هم به ذهنش نمی‌توانست راه یابد. خلیفهٔ اول بر شهوت قدرت نیک آگاه بود و می‌خواست پسر خود را از آن دور نگهدارد، به خصوص آنکه پسر دیگرش عبدالله پیش از آن بهای لعنت فاطمه را پرداخته بود. (به یاد بیاوریم که عبدالله در هفته‌های اول زمامداری پدر خود ناگهان از جهان رفت.[۴۵])

ابوبکر گرچه در تب می‌سوخت، اما کماکان با مغز سرد می‌اندیشید. پس از عایشه خواست تا عبدالرحمان ابن عوف را که یکی از «عشرهٔ مبشره» (ده تن نوید داده شده به بهشت) بود فرا خواند، و چون ابن عوف آمد از او پرسید «عمر را چگونه مردی یابی؟» ابن عوف که ازین پرسش غافلگیر و در شگفت شده بود طفره‌آمیز پاسخ داد

---

[۴۳] همه منابع عربی تذکار یافته در فوق در شرحی که بر احتضار ابوبکر نوشته‌اند روایت از وصیتنامه‌یی دارند که ابوبکر اندکی پیش از مرگ خود املا کرد. درین ارتباط دیده شود، منجمله: انساب بلاذری ۷۶/۱۰–۹۸؛ الکامل ابن اثیر ۲۶۲/۲–۲۶۸ و أُسد ۶۶۲/۳–۶۶۵؛ المنتظم ابن جوزی ۱۲۵/۴–۱۳۳؛ تاریخ المدینه ابن شبه ۶۶۵/۲–۶۷۳؛ سمط النجوم عصامی ۴۶۷/۲–۴۷۰؛ اکتفاء کلاعی ۱۶۴/۲–۱۶۹؛ کنز متقی ۶۷۴/۵–۶۸۵؛ نهایة الأرب نویری ۱۲۸/۱۹–۱۳۰؛ تاریخ الخلفاء سیوطی ۶۵–۶۹؛ طبقات ابن سعد ۱۹۲/۳–۲۰۰؛ تاریخ طبری ۳۴۷/۲–۳۵۴

[۴۴] دیده شود همین اثر، صفحه ۹۴

[۴۵] دیده شود: کشمکش، صفحه ۱۷۷

«رأی من آن باشد که او بهتر از آنست که تو اش پنداری، اما گفتن باید که او را مردی درشت و پرخاشگر بینم.»
- «درشتی و پرخاشگری‌اش از آن باشد که مرا نرم و با مدارا بیند. باژگون آن نیز صادق است، چون آنگاه که مرا سرسخت و معاند بیند نرم و سازگار گردد. مرا یقین بر آنست که چون قدرت او را رسد سلوک و رفتارش تغییر یابد.»
ابن عوف پاسخی نداد. ابوبکر گفتش «توانی رفتن. مرا عثمان اندر فرست، با او سخن دارم، مگر تعهد خواهم از تو که اندر باب آنچه اینجا گفته آمدیم حرفی هم او را آگاهی نرسد!» ابن عوف پذیرفت و از اتاق بیرون شد. دیری نگذشت که عثمان ابن عفان درآمد و خلیفه همان از او پرسید. عثمان پاسخ داد «ای خلیفه، اندر باب کسی از من استفسار کنی که بهتر از من شناسی‌اش!» اما ابوبکر اصرار کرد: «برگوی! خواهم رأی تو دانم، ترا بر وی داوری چگونه است؟» عثمان پاسخ داد «رأی من آنست که عمر را باطن از ظاهر بهتر است.» ابوبکر خاموش ماند، سپس آهی از نهاد برکشید و گفت «کاش بدانستی، ای عثمان! مرا افسوس از آنست که ای‌کاش این امر (خلافت) هرگز بر عهده نگرفتمی!» عثمان با تعجب سوی خلیفه دید ولی چیزی نگفت. ابوبکر ادامه داد «چیزی بر هیچکس از آنچه اینجا گفته آمدیم آشکار مکن!»

چندین صحابی دیگر نیز فراخوانده شدند و نظر خود در بارهٔ عمر را ابراز داشتند. پاسخ‌ها متفاوت اما در کل موافق و سازگار بودند. گزینش نخستین دو تنی که برای استشاره خواسته شدند شاید از روی تصادف نبود چون عثمان بن عفان و عبدالرحمان بن عوف ثروتمندترین اصحاب پیامبر بودند و از سوی او «خزنتین من خزائن الله (گنجورهای خزانهٔ خدا)»[۴۶] خوانده شده بودند. اینکه ابوبکر نخست از همه تأیید آنها رابرای خلافت عمر جویا شد حاکی ازین بینش او بود که قدرت سیاسی بر بنیاد متین و مستحکم قدرت پولی استوار است.

[٤٦] سیرهٔ حلبی ۱۸۴/۳

ابوبکر از هر یک از اصحابی که برای استشاره فراخوانده شدند خواسته بود تا راز نگهدارند، اما سایر اصحاب که مورد مشوره قرار نگرفته بودند ازین کنکاش‌ها به آسانی حدس زدند که انتخاب عمر به مثابهٔ جانشین خلیفه در دستور کار بود، پس عده‌یی از آنها یک راست به خانهٔ خلیفه رفتند تا درین باره به او هشدار دهند. یکی از آنان – صحابی بلند پایه طلحه ابن عبیدالله – که یکی از «سابقون» (نخستین ایمان آورندگان به اسلام) و نیز یکی از عشرهٔ مبشره و پسر عم ابوبکر نیز بود[47] به خلیفه چنین گفت: «ما را خبر رسیده که ترا قصد آن باشد که پس از خویشتن عمر را خلیفه گماری. مگر بر ثقالت و وخامت چنین انتخابی آگاه نه‌ای؟ مگر خود ندیده‌ای که چگونه با خلایق درشتی دارد؟ گر در حضورت او را سلوک چنین است، در غیابت چون باشد؟ پروردگارت را چه جواب دهی چون از تو پرسد از چه رو قدرت بر عمر واگذاشتی آنگاه که می‌بدانستی که او را زشت‌خویی، درشتی و شرزگی تا چه حد بود؟»[48]

خلیفه با برافروختگی پاسخ داد «چه؟ مرا تخویف خواهی کردن؟ گر پروردگارم از من چنین پرسد خواهمش گفت "هرآینه بهترین را برگزیدم!" چنین است پاسخم! این را به سایرین نیز برسان!» طلحه و دیگران چون عزم قاطع خلیفه را دیدند یکان یکان خاموشانه محضر او را ترک کردند. با رفتن آنها خلیفه درک کرد که جانشینی عمر جنجال‌هایی را در پی خواهد داشت، ازینرو اندیشید که هرگونه آشوب و غوغا را همین اکنون در نطفه خنثی سازد، پس عایشه را فرمود تا عثمان را بی‌درنگ دوباره آواز دهد.

وقتی سومین جانشین آینده دوباره وارد اتاق شد ابوبکر از ناتوانی ناشی از بیماری نتوانست از جا بجنبد. سرش می‌چرخید، اما ابهت آن لحظه و وظیفه‌یی که باید انجام می‌داد ایجاب می‌کرد تا برخیزد، پس از عثمان خواست تا کمکش کند بر سر جای خود بنشیند. جهدی چنین برای مردی که بیماری و تلاطمِ دو سال حکمرانی رمق از تنش شپلیده بود بس پرمشقت بود.

---

[47] أُسد ابن اثیر ۴۶۷/۲-۴۸۱

[48] برخی مؤلفین چون بلاذری هر سه صفت را یکجا و پیهم به کار برده‌اند: «فظاظتهُ و غلظتهُ و شدتهُ» (انساب ۸۹/۱۰)

ابوبکر پس از لحظه‌یی که توانست نفس گیرد به عثمان گفت «یا ابن عفان! قلم و کاغذ برگیر چون خواهم وصیت خود بر تو املا گویم.» خلیفه بی‌گمان در آن لحظه به یاد می‌آورد که امتیاز املاگویی وصیتنامه از پیامبر دریغ شده بود چون آنگاه که محمد خواست وصیت خود را املا کند عمر او را با ادعای اینکه از شدت تب هذیان می‌گوید مانع شده بود.[49] اینک خلیفه خود در همان موقف و موقعیت قرار داشت، اما می‌دانست که این بار عمر به او اتهام هذیان نخواهد بست چون وصیت به نفع خود عمر بود.

عثمان رو در روی خلیفه نشست و ادوات کتابت را در برابر خود نهاد. خلیفه با آواز ضعیفی آغاز به املا گفتن کرد: «بسم الله الرحمن الرحیم. اینست آنچه ابوبکر ابن ابی‌قحافه در ایفای آخرین عهده در آنگاهی که از دنیا می‌رود و اولین عهده در آنگاهی که به آخرت واصل می‌گردد امت مسلمه را به گونهٔ وصیت گفتن دارد: مسلمین را آگهی باید که پس از خود عمر ابن خطاب ...» خلیفه ناگهان خموش شد. عثمان با اضطراب سر بلند کرد و دید خلیفه غش کرده بود. پس از لحظه‌یی مکث، عثمان به نوشتن ادامه داد و از خود نوشت «... مر شما را خلیفه و جانشین بگذاشتم، چون بهتر از وی می‌نیافتم ...» لحظه‌یی بعد ابوبکر به هوش آمد و چشمان خود را گشود، و چون دید عثمان قلم از صفحه برنداشته بود گفت «برخوان آنچه نوشتی!» عثمان جمله‌یی را که در چند لحظهٔ بیهوشی خلیفه نوشته بود برخواند. خلیفه ندا داد «الله اکبر! نیک بنوشتی، ای عثمان! شاید که از اغما مرا برگشتی نبودی پس وصیتی که خواستمی کردن تمام کردی چون گر من مردمی و از من وصیتی نبودی پس از من جماعت مسلمین را فتنه و منازعهٔ بزرگی درافتادی.» ابوبکر از تجربه سخن می گفت چون خود پس از مرگ پیامبر شاهد و درگیر مشاجرهٔ عظیمی بود که نزدیک بود به جنگ داخلی بیانجامد.

---

[49] دیده شود: واپسین روزهای زندگی محمد، فصل ۱۲

پس خلیفه به املای تکملهٔ وصیتنامه چنین ادامه داد: «به عمر گوش دارید وگر عادل بود — و مرا ظن چنین باشد — از او اطاعت کنید و اگر به عدل رفتار نکرد من از او بری باشم. او را با نیت خیر برگزیدم و به آنچه کردم باور دارم، و بر غیب جز خدا کسی دانا نیست. وَسَيَعْلَمُ ٱلَّذِينَ ظَلَمُوٓا۟ أَىَّ مُنقَلَبٍ يَنقَلِبُونَ — و کسانی‌که ستم کردند به زودی خواهند دانست به چه بازگشتگاهی باز می‌گردند (سورهٔ شعراء:۲۲۷) و السلام علیکم و رحمة الله»

چون عثمان از نوشتن فارغ شد ابوبکر خاتم از انگشت برکشید و آنرا به عثمان داد و گفت «آنچه بنوشتی با طغرای من ممهور کن!» سومین خلیفهٔ آینده انگشتری خلیفهٔ اول را گرفت و بر نقش «نعم القادرُ الله (خداوند برترین توانمندان است)» که بر آن حک شده بود خیره شد و پس از لحظه‌یی آنرا بر کاغذی که در دست داشت فشرد. چون وصیتنامه مُهر شد ابوبکر از عثمان خواست تا بی‌درنگ آنرا بر همگان برخواند تا هر که با گزینش عمر مخالف بود خود را در برابر عمل انجام شده یابد.

عمر هنگام برخوانی وصیتنامه با تبختر اینسو و آنسو می‌دید، گویی با زبان حال بر حاضرین بانگ می‌داد «یا ایهاالناس! نیک بشنیدید؟ خلیفه امور مسلمین پس از خود بر من واگذاشت، پس از فرمان خلیفهٔ تان اطاعت کنید!» شدید نام بردهٔ آزاد شدهٔ ابوبکر از بازوی او گرفت و آهسته در گوشش گفت «در پی من آ، خلیفه با تو سخن دارد» ابوبکر در بستر بیماری جانشین آیندهٔ خود را پذیرفت و او را بر مسئولیت‌های خطیرش در برابر خالق و مخلوق متوجه ساخت و به عدل و ترس از خدا نصیحت کرد. عمر خاموشانه و بی هیچ عکس‌العملی به موعظهٔ ابوبکر گوش می‌داد، به گونه‌یی که خلیفه شک کرد که گفتار او را می‌شنود یا نه، پس سخن کوتاه کرد و او را رخصت رفتن داد.

ابوبکر آنگاه که خود را تنها یافت دستان خود را به دعا بلند کرد و زارید «بار الها! در تفویض این مهم به عمر جز خیر و صلاح و پرهیز از فتنه نخواستم.»[۵۰] درین وقت زوجه‌اش أسماء بنت عمیس وارد شد و بر کنج بستر نشست و ابوبکر با او راز دل گفتن گرفت: «مرا جهد همه این بود تا بهترین را خلف گزینم، و سعی همه آنکه خیر همگان در نظر گیرم و فرزندان یا خویشاوندان خود بر دیگران ارجح ندانم. عمر مرا بهترین گزینه بود و التجا بر آن دارم که درین امر راه خطا نرفته باشم.»[51]

در واقع، علی‌رغم دندان‌خایی‌هایی اینسو و آنسو، انتخاب عمر به جانشینی خلیفه برای همگان امری طبیعی و بی‌چون و چرا بود زیرا ابوبکر تا حد زیادی ذهن مسلمانان را برای خلیفه شدن عمر آماده ساخته بود. وی که مانند پیامبر در دو سالِ پیش از شدت بیماری نمی‌توانست به مسجد رود از عمر خواسته بود تا به جای او نماز را امامت کند. آن دو دوست از مدت ها پیش و به خصوص از نخستین ساعات پس از مرگ پیامبر — آنچنانکه در جرگهٔ سقیفه و مراسم تفویض مقام در مسجد به مشاهده رسید — جفت همکار و همدل بودند.[52] در روز تاریخی جرگهٔ سقیفه عمر بیش از ابوبکر نگران بود که چه کسی جانشین پیامبر خواهد شد، به حدی که این وسواس او بدگمانی برخی اصحاب را برانگیخته بود، چنانکه علی گفتش «بینم که شیر می‌دوشی تا نصف آن را خود نوشی!»[۵۳]

در واقع هم عمر در طی دو سال حکمروایی ابوبکر موقف «نخست وزیر» و حتی هم «معاون خلیفه» را داشت.[۵۴] بر پایهٔ نوشتهٔ ابن اثیر و طبری[۵۵] وظیفهٔ رسمی او در

---

[۵۰] أُسد ابن اثیر ۶۶۶/۳؛ تاریخ المدینه ابن شبه ۶۶۷/۲؛ سمط النجوم عصامی ۴۶۸/۲؛ تاریخ الخلفاء سیوطی ۶۶؛ طبقات ابن سعد ۱۹۹/۳

[51] الکامل ابن اثیر ۲۶۷/۲؛ نهایة الأرب نویری ۱۵۳/۱۹؛ تاریخ طبری ۳۵۲/۲

[52] دیده شود: کشمکش، پردهٔ اول

[۵۳] انساب بلاذری ۲۶۹/۲؛ الامامه و السیاسه ابن قتیبه ۳۰؛ السقیفه و فدک جوهری

[٥٤] بر اساس اصطلاحی که ابن حجر به کار برده است (الإصابه ۶۱/۱) در طی مدت زمامداری ابوبکر عمر «الوزیر الأول (نخست وزیر)» او بود.

دستگاه خلافت ابوبکر رسیدگی به امور دادگستری و قضا بود اما در عمل در همه امور دست می‌یازید و نقش صدر اعظم را ایفا می‌کرد.[۵۶] عمر در کنار اینکه در موسم حج سال یازدهم هجری (نخستین سال خلافت ابوبکر) رئیس الحجاج بود[۵۷] در اتخاذ تصامیم مهم نیز نقش برازنده داشت، چنانکه با پافشاری همو بود که خلیفه به فاطمه دختر پیامبر هیچ میراثی قایل نشد. پسانتر، پس از جنگ یمامه که در آن ده‌ها تن قاری و حافظ قرآن کشته شدند،[۵۸] باز هم عمر بود که با پی بردن بر اینکه متن قرآن در خطر نابودی کامل قرار داشت پیشنهاد کرد تا همه آیات آشکار شده در مجموعهٔ مصحف واحدی گرد آورده شوند.

با اینهمه، درست نخواهد بود اگر برازندگی نقش عمر در دستگاه اولیهٔ خلافت را به معنی ناکارآیی ابوبکر در جایگاه خلیفه تعبیر کنیم. همه تصامیم عمده به ویژه در امور نظامی چون فرستادن اسامه ابن زید به سوریه یا تعیین سرنوشت خالد ابن ولید توسط ابوبکر گرفته می‌شد. خلیفهٔ اول می‌دانست که جانشین آینده‌اش بعضاً احساسات شخصی را بر منافع دولت اسلامی مقدم می‌داشت، تا حدی که عمر از این بابت دلخور بود و شکایتش تا مدت‌ها پس از مرگ ابوبکر ادامه داشت، چنانکه باری او را «دویبه سوء (موجود خبیث)»[۵۹] خوانده و حتی انتخاب او به خلافت را «فلته (خطا)»[۶۰] قلمداد نموده بود. وی بی‌گمان دیر درک کرد که دوستش حکمروای دست نشانده نبود و نمی شد او را بازیچهٔ خود ساخت.

---

[۵۵] الکامل ابن اثیر ۲۶۳/۲؛ تاریخ طبری ۳۵۱/۲ . همین معلومات در منابع دیگر نیز آمده است، به گونهٔ نمونه: المنتظم ابن جوزی۷۰/۴ و نهایة الأرب نویری ۱۴۴/۱۹ .

[۵۶] انساب بلاذری ۷۱/۱۰؛ طبقات ابن سعد ۱۸۶/۳؛ تاریخ طبری ۳۵۴/۲

[۵۷] تاریخ الخمیس دیار بکری ۲۰۰/۲؛ الریاض النضره محب‌الدین طبری ۲۳۱/۱

[۵۸] دیده شود همین اثر، صفحه ۱۰۱

[۵۹] شرح النهج ابن ابی الحدید ۲۸/۲

[۶۰] دیده شود: : کشمکش، صفحه ۱۱۰

ابوبکر بی‌گمان مردی با هیمنه بود، چنانکه پیامبر در بارهٔ او گفته بود «از همه یارانم ابوبکر پا برجا ترین است.»[61] روشن‌بینی و فراست ابوبکر به او اعتماد به نفس داده بود و شخصیت انعطاف پذیرش از او مردی موافق و سازگار ساخته بود. ابوبکر ابتدا خلافت را بار سنگینی بر دوش خود می‌دانست زیرا جانشینی پیامبر چنان دشواری‌ها و ماجراهای پایان ناپذیری برایش آفریده بود که بهای آنرا باید شخصاً می‌پرداخت؛ از آن جمله یکی هم فروریزی غمبار مناسباتش با فاطمه دختر نزدیکترین دوستش بود. آزرده ساختن فاطمه زخم کاری عمیقی بر دل و احساسش گذاشته بود که کماکان از آن خون می‌چکید و او را آزار می‌داد. ازینرو بود که چند بار عزم بر استعفا کرد تا این بار سنگین را از دوش خود براندازد، ولی با این همه سر انجام پس از مدتی با موقف خود عادت کرد. مقام خلافت که ابوبکر هرگز آرزوی آنرا نداشت همچون جامهٔ درشتی بود که پوستش را می‌آزرد و مانع حرکتش می‌شد، اما پس از چند ماهی گویی پارچهٔ آن جامه نرم شد و موفق اندامش بر تنش راست آمد.

مفهوم خلافت به مثابهٔ دستگاه مؤقت اعمال قدرت که ابوبکر می‌خواست هر چه زودتر از شر آن خلاص شود در جرگهٔ سقیفه به وجود آمد، اما رفته رفته در کورهٔ فتوحات جنگی دچار استحالهٔ کیمیاگرانه گردید. گسترش بی‌سابقهٔ جغرافیایی سلطهٔ خلافت طبعاً به بُعد زمانی آن نیز سرایت کرد و دستگاه خلافت را به یک نیروی پایا، یا به اصطلاح امروز به یک «نهاد» مبدل ساخت. ابوبکر در پایان دورهٔ حکمروایی دو ساله‌اش یک دولت جنینی دارای ارتش نیرومند و دستگاه اداری منضبطی را بنیاد نهاده بود. در این چنین یک دولت جنینی عمر عهده‌دار امور عدلی و قضایی و ابوعبیده ابن جراح مسئولیت امور مالی را به عهده داشت.[62] گذشته ازین دو، و اضافه بر عُمالی که در سرتاسر عربستان توظیف شده بودند، دسته‌یی از کاتبان که در آن جمله عثمان ابن عفان و زید ابن ثابت شامل بودند مسئول گردآوری اولین مجموعهٔ

---

[61] تاریخ دمشق ابن عساکر ۵۳/۲؛ المختصر ابن منظور ۱۷۳/۱؛ سیَر ذهبی ۳۷۴/۲؛ تاریخ ذهبی ۲۰/۳؛ جامع الاحادیث سیوطی ۲۳۷/۲۵؛ کنز متقی ۱۵۸/۱۰

[62] الکامل ابن اثیر ۲۶۷/۲؛ نهایة الأرب نویری ۱۵۳/۱۹؛ تاریخ طبری ۳۵۲/۲

مدون قرآن یا نخستین سند اساسی دولت نوپا گردیدند که چنین سندی در عربستان آنروز مانند همه جاهای دیگر اقدامی بنیادین و سنگ تهداب دستگاه حکومتی تلقی می‌شد.

ابوبکر با شخصیت کاربردگرایانه و حس دولتمداریی که در او از سایر اصحاب بیشتر و قوی‌تر بود قدرت حکمروایی را به گونهٔ غیرشخصی درک می‌کرد و مربوط به حیطهٔ عام و تابع منافع کافهٔ مردم می‌پنداشت که نمی‌توانست تابع هوا و هوس‌های خودخواهانهٔ فردی حکمروا باشد. در همین ارتباط حتی می‌توان گفت که او روحیهٔ جمهوری‌خواهانه داشت چون هیچگاه در صدد آن نشد تا با تفویض قدرت به پسرش دودمان سلطنتی بنیاد نهد زیرا می‌دانست که کرسی خلافت مقام مقدس و متعالی نه بلکه وظیفه‌یی بود که در بدل گرفتن مزد و حقوق اجرا می‌شد.

در واقع، ابوبکر پس از رسیدن به مقام خلافت به کار و بار بازارگانی خود همچنان ادامه داد تا آنکه عمر و ابوعبیده او را سرزنش کردند و به او حالی ساختند که سوداگری در بازار شایستهٔ شأن نوینش نبود. ابوبکر خود را مامور امور عامه می‌دانست که باید در برابر صرف وقت و نیرو در خدمت مردم معاش دریافت دارد، ازینرو پرسید «گر سوداگری نکنم نفقهٔ اهل و عیال را چون توانم کمایی کردن؟» پس در ابتدای کار برایش معاشی تعیین شد که نیازمندی‌های او را تکافو نمی‌کرد، چنانکه چند روزی پسانتر عمر به خانهٔ او رفت و گروهی از زنان را با استغاثه‌هایی منتظر خلیفه یافت. پس سراغ خلیفه را گرفت و او را در بازار بزّازان مشغول پارچه فروشی یافت. عمر از بازوی او گرفت و او را کنار کشیده گفت «اینجا چه می‌کنی؟ مگر ما را قرار این نبود که بیش ازین ترا با سوداگری کاری نیست؟ تو که خلیفهٔ رسولی!» ابوبکر پاسخ داد «این خلافت می‌نخواهم! آنچه از آن مزد گیرم نفقهٔ اهل و عیال را کفاف می‌ندهد! با سوداگری مرا کمایی حلال بسنده بود اما با خلیفه‌گری خرج دسترخوان پوره می نتوانم!» عمر در جواب گفت «خاطر اندوهگین مدار، معاش تو زیادت کنیم.»

– «افزون بر معاش زیاده، روزی یک گوسپند تمام خواهم.»

– «هر روز گوسپندی تمام؟ این بس زیاد باشد!»

– «این گفتگو نپذیرد!»

ابوبکر سرانجام آنچه را می‌خواست به دست آورد و شرطش پذیرفته شد. متون و منابع گویند که او را معاش سالیانهٔ شش هزار درهم مقرر گشت.[۶۳]

جا دارد درینجا در بارهٔ مدیریت مالی ابوبکر و مناسبات خاصی که با پول داشت سخنی چند آورده شود. وی با آنکه زمانی تاجر مرفهی بود در میان اصحاب پیامبر ثروتمندترین نبود چون این جایگاه – چنانکه دیدیم – به عثمان ابن عفان و عبدالرحمان ابن عوف تعلق می‌گرفت. با اینهم، ابوبکر ثروت قابل توجهی داشت که آنرا با احتیاط تمام در صندوقی در خانهٔ زوجه‌اش حبیبه بنت خارجهٔ خزرجی در سُنح[۶۴] چنان نگه می‌داشت که گویی می‌خواست آنرا از نگاهان خانواده و شاید هم از نگاه پیامبر پنهان دارد.[۶۵] وقتی سرانجام شش ماه پس از رسیدن به مقام خلافت در مدینه سکونت دایمی اختیار کرد نزدیکانش گفتندش تا بر صندوق گرانبهای خود در سُنح نگهبانی بگمارد اما ابوبکر نپذیرفت و اظهار داشت که قفل محکمی بر آن صندوق زده و قصد دارد آنرا به رهایشگاه خود در مدینه منتقل سازد.[۶۶]

روایات متعددی در احادیث آمده که حکایتگر مناسبات مبهم و دو پهلوی خلیفه با پول اند. برخی روایات بر طبع کریم او در برابر مسلمانان و به خصوص در قبال مستمندان تأکید می‌دارند[۶۷] و به سبب منصف بودن او در توزیع غنایم او را مورد ستایش قرار می‌دهند. ابوبکر در تقسیم غنایم میان همه اصناف مردم انصاف و عدالت را مراعات

---

[٦٣] در باب معاش خلیفه و افزایش‌هایی که در آن صورت گرفت از منابع ذیل استفاده شده است: انساب بلاذری ۶۹/۱۰-۷۲؛ سنن بیهقی ۵۷۴/۶؛ صحیح بخاری ۵۷/۳؛ الکامل ابن اثیر ۲۶۶/۲؛ جامع الاصول ابن اثیر ۵۷۴/۱۰؛ الریاض النضره محب‌الدین طبری ۲۵۵/۱-۲۵۷؛ کنز متقی ۶۰۳/۵؛ نهایة الأرب نویری ۱۳۲/۱۹-۱۳۳؛ تاریخ الخلفاء سیوطی ۶۳-۶۵؛ طبقات ابن سعد ۱۸۵/۳؛ تاریخ طبری ۳۵۴/۲-۳۵۵؛ مشکاة المصابیح تبریزی ۲۶۵/۳

[٦٤] معجم البلدان یاقوت ۲۶۵/۳

[٦٥] در بارهٔ صندوقچهٔ ابوبکر در سُنح دیده شود: کشمکش، صفحه ۱۱۲

[٦٦] الکامل ابن اثیر ۲۶۵/۲؛ کنز متقی ۶۱۴/۵

[٦٧] الکامل ابن اثیر ۲۶۵/۲؛ نهایة الأرب نویری ۱۳۱/۱۹

می‌کرد و به مرد و زن، آزاد و برده، و مؤمنین متقدم (که در همان آغاز به اسلام گرویده بودند) و متأخر (که خیلی بعدها اسلام آوردند) مقدار مساوی مال غنیمت را بخش می‌کرد.[۶۸] وقتی مسلمانان متقدم با اندیشهٔ اینکه تقدم در ایمان آوری آنانرا مستحق مکافات مادی بیشتر می‌ساخت از چنین مساوات میان متقدمین و متآخرین شکایت می‌بردند و اعتراض می‌کردند، ابوبکر آنانرا سرزنش نموده می‌گفت «شما نه از بهر مزد بل از بهر خدا اسلام آوردید. تقدم در ایمان را پاداش در آخرت گیرید، اندرین دنیا همه مسلمین مساوی و برابرند.»[۶۹] متون و احادیث همچنین از شیوهٔ سادهٔ زندگی خلیفه که گوشت خشک می‌خورد و لباس ساخته از پارچه‌های زمخت و خشن می پوشید روایت‌ها دارند.[۷۰] کوتاه سخن اینکه مقام خلافت برای ابوبکر راحت جسمی و امتیاز مادی در قبال نداشت. به گفتهٔ طبری[۷۱] خلیفهٔ اول به جانشین خود میراث ساده و بی پیرایهٔ یک شتر، برخی ظروف و پارچه قماشی که «آنرا بیش از پنج درهم ارزش نبود» به جا گذاشت.

سادگی شیوهٔ زیست ابوبکر به مرز ریاضت و مشقت می‌رسید. روزی زوجه‌اش از او خواست تا برایش نقل و شیرینی بخرد. وقتی خلیفه پاسخ داد که برای خرید تنقلات پول در اختیار ندارد زنش پاسخ داد «پروا نباشد، من از بهر آن پول اندوزم.» پس از چند روزی زن مقدار پولی را که پس انداز کرده بود به شوهر داد تا شیرینی که هوس کرده بود برایش بخرد. خلیفه پول را گرفت و آنرا در بیت‌المال گذاشت و زن را گفت که حتی پس انداز او متعلق به همه مسلمانان است.[۷۲] این روایت اگر از یکسو نهایت

---

[۶۸] الکامل ابن اثیر ۲۶۵/۲؛ نهایة الأرب نویری ۱۳۱/۱۹

[۶۹] الکامل ابن اثیر ۲۶۵/۲؛ نهایة الأرب نویری ۱۳۱/۱۹

[۷۰] تاریخ ذهبی ۱۱۹/۳؛ تاریخ دمشق ابت عساکر ۳۲۵/۳۰؛ تاریخ المدینة ابن شبه ۶۷۰/۲؛ کنز متقی ۵۴۱/۱۲؛ نهایة الأرب نویری ۱۳۳/۱۹؛ تاریخ الخلفاء سیوطی ۶۳؛ طبقات ابن سعد ۱۹۶/۳

[۷۱] تاریخ طبری ۳۵۴/۲ . همین معلومات در منابع ذیل نیز آمده است: حلیة الاولیاء ابونُعَیم ۳۰۸/۶؛ انساب بلاذری ۷۲/۱۰؛ الکامل ابن اثیر ۲۶۵/۲؛ المنتظم ابن جوزی ۷۳/۴؛ کنز متقی ۵۴۱/۱۲؛ نهایة الأرب نویری ۱۳۳/۱۹؛ تاریخ الخلفاء سیوطی ۶۳؛ طبقات ابن سعد ۱۹۶/۳

[۷۲] الکامل ابن اثیر ۲۶۵/۲؛ نهایة الأرب نویری ۱۳۴/۱۹

پاک‌نفسی ابوبکر را نشان می‌دهد، از سوی دیگر حکایتگر آنست که ابوبکر میان پول شخصی خویش و پول خزانۀ مسلمین تفاوت و تمایزی قایل نبود، چنانکه محب‌الدین طبری به صراحت این را تأیید می‌دارد،[۷۳] که این موضوع باعث بروز سرگشتگی‌ها و ابهامات زیادی می‌گردید. گذشته ازین، همۀ این روایات تصویر مردی را به دست می دهد که در صرف پول مشت بسته داشت و این خصلت در عرف و اخلاقیات اعراب که سخاوتمندی و دریادلی تا سرحد اسراف و ولخرچی را می‌ستودند و بزرگ می داشتند عیب و خدشۀ بزرگی به شمار می‌رفت.

از سوی دیگر روایات زیادی اندر باب عدم شفافیت ابوبکر در مدیریت پول‌های بیت-المال مسلمین نیز موجود است. هیچکس نمی‌دانست خلیفه پول خزانۀ عامه را چگونه به مصرف می‌رساند و حتی عمر و ابوعبیده که مسئول مالی دولت جنینی اسلامی بود نمی‌دانستند که ابوبکر چه مقدار پول را در صندوق شخصی خود پنهان نگه می‌داشت. وقتی خلیفه از جهان درگذشت عمر به معیت گواهانی که بی‌گمان به همین هدف فراخوانده بود صندوق معروف ابوبکر را کشود و با شگفتی تمام آنرا خالی یافت![۷۴] تنها کیسۀ کوچکی در صندوق بود که پس از تکاندن مذبوحانه از آن جز سکۀ بخت برگشتۀ یک دیناری چیزی بیرون نیفتاد![۷۵]

چه کسی شاید صندوق خلیفه را تهی کرده بود؟ گرچه می‌توان اندیشید که خلیفه خود همه محتویات صندوق را گرفته و میان فقرا و مستمندان بخش نموده بود، اما منابع زیادی بیان می‌دارند که ابوبکر در بستر مرگ از دخترش عایشه خواست مقدار پولی را که پس از احراز مقام خلافت کمایی کرده بود از صندوق برداشته و به امت مسلمه بازگرداند.[۷۶] ابن اثیر در گزارش مشابهی[۷۷] می‌نویسد که ابوبکر از عایشه خواست تا

---

[۷۳] الریاض النضره محب‌الدین طبری ۲۵۵/۱

[۷۴] تاریخ دمشق ابن عساکر ۳۲۰/۳۰؛ کنز متقی ۶۱۵/۵؛ نهایة الأرب نویری ۱۳۱/۱۹؛ تاریخ الخلفاء سیوطی ۶۴؛ طبقات ابن سعد ۲۱۳/۳

[۷۵] الکامل ابن اثیر ۲۶۵/۲؛ نهایة الأرب نویری ۱۳۱/۱۹

[۷۶] حلیة الاولیاء ابونُعَیم ۲۴۲/۶؛ انساب بلاذری ۷۸/۱۰

پس از مرگش قطعه زمینی را بفروشد تا وارثینش پولی را که خلیفه از بیت‌المال مسلمین گرفته بود به آنان باز گردانند. اگر خلیفه را حساب پاک بود چرا باید چنین درخواستی می‌کرد؟ بدین ترتیب احادیث گویی القأ می‌دارند که ابوبکر – که همیشه نگرانی پول داشت – در برابر اغوای آن آسیب‌پذیر بود. برخی نوشته‌ها هم پرهیزگاری و فقیرمشربی نامی و ستودهٔ خلیفه را به هیچ می‌گیرند: مگر محب‌الدین طبری اظهار نمی‌دارد که خلیفه و خانواده‌اش در هر روز یک گوسفند تناول می‌کردند؟[۷۸]

روز ۲۲ جمادی‌الثانی سال سیزدهم هجری (دوشنبه ۲۳ اوت ۶۳۴) ابوبکر با حالت نزار از خواب بیدار شد. او خود را خیلی خسته احساس می‌کرد چون با گذشت هر روز حال او بدتر می‌شد. کسان زیادی به عیادت او می‌آمدند. عایشه همواره در کنار او بود و از پدر پرستاری می‌کرد. آنروز ابوبکر هوای بازکردن بقچهٔ دل خود را داشت. عایشه همان گونه که در هنگام احتضار پیامبر یگانه همدم او بود اکنون نیز یگانه همدم بر بالین پدر محتضر خود بود.

- «دخترم، نزدیکتر آ!»

- «برگوی پدر، چه چیزی گفتن خواهی؟»

- «لحظهٔ مرگ نزدیک است و مرا می‌باید در باب میراثی که از من ماند حساب خویش پاک کردن. ترا باغ محصوری داده ام، خواهم که آنرا واپس دهی تا بخشی از میراث من مر برادران و خواهرانت را باشد.»

- «خواهرانم؟ اما من که جز أسماء خواهری بیش ندارم!»

- «آری نداری، ولی دیگری در راه است. زنم بار دارد و او را دختری در زهدان است.»[۷۹]

---

[۷۷] الکامل ابن اثیر ۲/۲۶۶

[۷۸] الریاض النضره محب‌الدین طبری ۱/۲۵۵

[۷۹] جمهرة نسب قریش ابن بکّار ۱/۱۳۵؛ تاریخ الخلفاء سیوطی ۶۷

در واقع هم پس از مرگ ابوبکر بیوه اش حبیبه بنت خارجه دختری زایید که نامش را ام‌کلثوم گذاشتند. همین ام‌کلثوم بود که بعدها عمر که همسن پدرکلانش بود از او خواستگاری نمود و ام‌کلثوم با نیرنگی او را رد کرد.[۸۰]

- «هر آنچه خواهی چنان خواهد شد، پدر. این مرا با تو عهد است!»

عایشه پرده‌یی از اندوه را دید که بر چهرهٔ پدرش فرود آمد.

- «دانی، دخترم، در دل آن دارم که ای کاش سه چیز از فرستادهٔ خدا پرسیدمی، و سه چیز کردمی که مرا کردن می‌بایست و هرگز نکردم، و سه چیز نکردمی که مرا نکردن می‌بایست و هیهات که کردم!»[۸۱]

- «آن سه چیزها چه باشد، ای پدر؟»

- «ای کاش از فرستادهٔ خدا پرسیدمی قدرت مر کی را برخ و استحقاق بود؟ گر این سوال را پاسخ بودی مشاجره و مناقشه‌یی راه نیفتادی و هرگز کسی نیازردی و کینه به دل نگرفتی. دو دیگر خواستمی از فرستادهٔ خدا پرسیدن که انصار را در قدرت برخ و استحقاق بود یا نه، و سه دیگر اینکه آیا عمه و برادرزادهٔ مادینه را در میراث استحقاق هست یا خیر.»

عایشه به فکر فرو رفت و روزی را به خاطر آورد که پیامبر می‌خواست جانشین خود را تعیین کند ولی عمر مانعش شد.

- «و چه بود آن سه چیز که کردن بایستی و هرگز نکردی؟»

- «مرا بایستی سر اشعث بن قیس، آن باغی ژولیده موی یمنی که اسیر و پیچیده در زنجیر آوردندش، از تن جدا کردمی که خبیث فتّانی‌ست.»

---

[۸۰] تاریخ الخمیس دیار بکری ۲۴۰/۳؛ المنتظم ابن جوزی ۱۲۴/۸؛ الریاض النضره محب‌الدین طبری ۲۲۹/۱

[۸۱] اظهار ندامت ابوبکر در بستر مرگ در منابع مختلف ذکر شده است، منجمله در: سِیَر ذهبی ۳۶۴/۲؛ عِقد ابن عبد ربه ۲۱/۵-۲۲؛ شرح النهج ابن ابی الحدید ۴۶/۲-۴۷؛ تاریخ دمشق ابن عساکر ۴۲۲/۳۰-۴۲۳؛ الامامه و السیاسه ابن قتیبه ۳۶-۳۷؛ السقیفه و فدک جوهری ۴۵؛ مروج الذهب مسعودی ۳۰۸/۲؛ تاریخ طبری ۳۵۳/۲

- «اما تو که خواهرت ام‌فروه او را به زنی دادی!؟»
- «چه اشتباهی کردم، هیهات!»

ندامت ابوبکر از نکشتن اشعث – آنچنان که شاید فکر شود – نه از روی آن بود که اشعث مردی عاصی و طاغی بود، چون چنانکه در طی برگ‌های این کتاب دیدیم دشمن سوگند خوردهٔ دیروز پس از شکست می‌توانست به نوکر سرسپرده مبدل شود. ندامت ابوبکر از آن بود که اشعث با سؤ استفاده از رابطهٔ یازنه‌گی خلیفه باعث شرمساری و سرافگندگی او شده بود. گفته می‌شود که پس از ازدواجش با ام‌فروه اشعث بی‌درنگ به نخاس‌خانهٔ شترفروشان رفت و هر شتری را که دید پشت زانو برید. وقتی مردمان چنین دیدند با خشم فریاد زدند «اشعث به کفر برگشته است» ولی اشعث بانگ برآورد «هرگز چنین نیست، بل از آن اینچنین کنم که ابوبکر چون خواهرش مرا به زنی داد این بزرگواری نداشت که ولیمه راه اندازد و خلایق را طعام دهد. گر این عرس در وطنم در یمن بودی می‌بدیدید چه سور و ضیافتی راه انداختمی! بیایید، یا ایهاالناس، بیایید و هر قدر خواهید گوشت گیرید و شکم سیر دارید! و شما، ای مالکان این شتران، همه بهای شتران‌تان از من ستانید!»[۸۲] با رویه‌یی چنین وی خسّت و ممسکی ابوبکر را بر همگان اعلام داشت و آبروی خلیفه را ریخت چون اعراب جوانمردی و نان دهی و مهمان پروری را برترین فضایل می‌شمردند و سنگ بنای اصول و مقررات رفتار شرافتمندانه می‌دانستند.

از سوی دیگر، خشم ابوبکر بر اشعث از آن بود که قتیله بنت قیس خواهر اشعث با عکرمه ابن ابوجهل در هنگام کارزار حضرموت ازدواج کرده بود. وقتی ابوبکر خبر این ازدواج را شنید از فرط غیظ تهدید کرد تا زن و شوهر هر دو را سنگسار کند و حتی زنده بسوزاند چون قتیله قبلاً با محمد ازدواج کرده بود و از آنجا که بیوهٔ پیامبر بود و حیثیت «ام‌المؤمنین» را داشت به هدایت صریح پیغمبر از ازدواج با شخص دیگری پس از مرگ او منع شده بود. ازدواج قتیله با عکرمه و چنین سرکشی از امر پیامبر

---

[۸۲] الإصابه ابن حجر ۲۴۰/۱؛ تهذیب المزی ۲۹۰/۳–۲۹۱

بسیاری‌ها را تکان داد اما عکرمه به زودی این توجیه را پیش کشید که پیامبر با قتیله هیچگاه زفاف نکرده و همبستر نشده بود،[۸۳] و بدین وسیله سعی کرد تا افتضاح را خاموش ساخته و غضب خلیفه را فرو نشاند. ابوبکر سرانجام خشم خود را فروخورد اما پر آشکار است که اهانتِ بعد از مرگ به پیامبر را هیچگاه نتوانست ببخشد. وی به سبب آنکه اشعث را مشوق این ازدواج ننگین و حرام می‌دانست بیشتر کینه به دل گرفت. با اینهمه او می‌دانست چگونه در موضوع رسوایی‌های زناشویی – آنگاه که پای منافع سیاسی در میان می‌آمد – چشمان خود را ببندد و دیده را نادیده انگارد، چنانکه دائماً بر بدرفتاری‌های مستدام خالد ابن ولید چشم می‌بست و افتضاح تجاوز او بر لیلا بنت منهال را نادیده گرفت.

عایشه به پرسش ادامه داد: «دو ای‌کاش دیگرت چه بود، ای پدر؟»

– «مرا می‌بایستی تا خود قیادت قشون داشتمی تا در ذوالقصه مقر گرفتمی و در حروب‌الرّده شرکت کردمی. می‌بباید خالد ابن ولید را به سوریه و عمر ابن خطاب را به عراق فرستادمی.»

شاید خلیفه فکر می‌کرد که با چنین تدبیری می توانست شعلهٔ حسادت عمر در برابر خالد ابن ولید را خاموش سازد. ابوبکر آه عمیقی کشید و ادامه داد «دخترم، ای‌کاش سه کار نکردمی، اما کنون دیر است و پشیمانی را سودی نیست.»

– «پدر، برگوی به من، چه بود آن سه کار؟»

– «در روز جرگهٔ سقیفهٔ بنی ساعده می‌بایستی بار این امر مهم بر دوش یکی از آن دو (منظور عمر و ابوعبیده بود) گذاشتمی. شایسته آن بودی که یکی از آنان خلیفه و من او را وزیر بودمی.»

این نخستین بار در بستر مرگ نبود که ابوبکر از پذیرفتن کرسی خلافت اظهار ندامت می‌نمود. وی در جرگهٔ سقیفه عمر و ابوعبیده را برای احراز مقام جانشینی پیغمبر پیشنهاد کرده بود اما هر دو با این عذر که ابوبکر خود برای چنان مقامی شایسته‌تر و

---

[۸۳] أسد ابن اثیر ۶/۲۴۰–۲۴۱ .

مستحق‌تر بود پیشنهاد او را نپذیرفته بودند.[84] ابوبکر آن لحظهٔ سرنوشت ساز در مسجد را به خاطر آورد که خشک و میخکوب در برابر منبر ایستاده بود و عمر در کنارش ابرام داشت تا بیعتی را که در دل هرگز نمی‌خواست از مردم بپذیرد. پس از آن او چندین بار استعفای خود را پیش کرده بود اما کسی آنرا نپذیرفت. برخی اصحاب پیامبر جز او کسی را نمی‌خواستند و خلیفه اکنون از خود می‌پرسید که آیا این رواداری برای او امتیاز و عطیه بود یا لقمهٔ زهرآگینی که او را داده بودند تا نخست از همه آنرا بچشد ... این گردونهٔ جهنمی را که سرنوشت به چرخش آورده بود نمی‌شد ایستاند.

خلیفه با آهی به سخنان خود ادامه داد: «مرا می‌نبایستی فجائه را چنان زنده سوختاندن!» در برابر چشم ذهنش آن راهزن بخت برگشتهٔ دست و پا بسته در کام شعله‌های آتش نمایان شد. تداعی تصویر پیکر خاکستر شدهٔ فجائه وجدان خلیفه را می‌آزرد. زنجیرهٔ اندیشه‌اش به جنگ‌های بی‌امانی کشید که در طی مدت کوتاه حکمروایی‌اش در سرتاسر عربستان افروخته شده بود. چشم ذهن نخستین خلیفهٔ محمد از پشته‌های کشته‌هایی که تخت فرمانروایی او بر آنها بنا یافته بود کنده نمی شد.

ابوبکر چشمان خود را بست و با آواز شکسته ادامه داد: «هیهات، هیهات و وادریغا! با فاطمه مرا نبایستی چنان کردن!» او با چشم ذهن فاطمه را یکبار دیگر در عقب پردهٔ سپیدی در مسجد می‌دید که او را لعنت می‌کرد، سپس او را در روزی که برای آشتی به خانه‌اش رفته بود دید که روی خود را سوی دیوار برگردانده با او حرف نمی‌زد و حتی سویش نگاه نمی‌کرد.[85] قطرات اشک از گونه‌های ابوبکر لولیدن گرفت. از آن زخم بر دلش دو سال می‌گذشت اما درد آن همچنان چون روز نخست بود. ولی باید به خود می‌آمد و آخرین وصایا را به خانوادهٔ خود می‌رساند، پس به عایشه گفت تا زنش أسماء و پسرش عبدالرحمان را فراخواند. وقتی زن و فرزندش وارد شدند ابوبکر

---

[84] دیده شود: کشمکش، صفحات ۸۷–۸۹

[85] دیده شود: کشمکش، صفحات ۱۸۲–۱۸۳

به آنها گفت: «آنچه از شما از بهر جنازه‌ام خواهم اینست که تو، ای زن، جنازهٔ مرا شستشو دهی.» زنش گفت «مگر به تنهایی چنان توانم؟» ابوبکر پاسخ داد «آری، توانی! عبدالرحمان ترا مدد رساند. او آب بریزد و تو ام بشوی.» احادیث[86] بیان می دارند که ابوبکر از فرط حیا نمی‌خواست کسی جز زنش تن برهنهٔ او را ببیند. «پس از غسل جنازه مرا دو جامهٔ کهنه بر تن کنید و بر آن جامهٔ سوم که نو باشد پوشانید. دانم که زندگان قبای نو را بیش از مردگان محتاجند، مگر جامهٔ نو از بهر آن خواهم که المِهلة (آنچه از تن تراود) را بهتر به جذب اندر کشد.»[87]

ابوبکر لحظه‌یی خاموش شد و به فکر فرو رفت، سپس در حالیکه گریه راه گلویش را گرفته بود ادامه داد: «مرا در حضیرهٔ البقیع مدینه به خاک مسپارید. خواهم در حجرهٔ فرستادهٔ خدا در کنار او دفن گردم.»[88] او در آن لمحه بیش از هر زمان دیگر نیاز داشت مانند زمانی که در غار ثور در کنار دوست عزیزش بود خود را در کنار او احساس کند و صدای او را در گوش دلش بشنود که می‌گفت: «لَا تَحۡزَنۡ إِنَّ ٱللَّهَ مَعَنَاۖ – اندهگین مباش، الله با ماست.»

شامگاه روز دوشنبه ۲۲ جمادی‌الثانی سال سیزدهم هجری (۲۳ اوت ۶۳۴) بود که نخستین جانشین محمد رسول الله پس از دو سال و اندی خلافت به عمر شست و سه سالگی به پیامبر پیوست. حاضرین شنیدند که در لحظه‌یی که جان از تن برون می‌داد زیر لب آهسته زمزمه کرد «تَوَفَّنِي مُسۡلِمٗا وَأَلۡحِقۡنِي بِٱلصَّٰلِحِينَ – مرا مسلمان بمیران و به شایستگان ملحق فرما (سورهٔ یوسف:۱۰۱)»[89]

---

[86] انساب بلاذری ۹۲/۱۰؛ تاریخ دمشق ابن عساکر ۴۳۷/۳۰؛ طبقات ابن سعد ۲۸۴/۸؛ تاریخ طبری ۳۴۸/۲-۳۴۹

[87] انساب بلاذری ۹۳/۱۰؛ تاریخ دمشق ابن عساکر ۴۳۱/۳۰؛ کنز متقی ۵۳۷/۱۲؛ جامع الاحادیث سیوطی ۲۱۵/۲۵؛ تاریخ طبری ۳۴۹/۲

[88] کنز متقی ۵۳۷/۱۲؛ تاریخ الخلفاء سیوطی ۶۸؛ طبقات ابن سعد ۲۰۹/۳؛ تاریخ طبری ۳۴۹/۲

[89] انساب بلاذری ۸۷/۱۰؛ تاریخ طبری ۳۴۹/۲

بر اساس هدایت خلیفهٔ متوفی تشییع جنازهٔ او همان شب صورت گرفت. عمر که اکنون خلیفه شده بود نماز جنازه را امامت کرد. در دفن شبانهٔ ابوبکر، عبدالرحمان پسر خلیفهٔ متوفی، عثمان ابن عفان، طلحه ابن عبیده و عبدالرحمان ابن عوف حاضر بودند. هیچ حدیث یا روایتی از حضور یا شرکت علی در تشییع جنازهٔ ابوبکر یاد نکرده است. ابوبکر را به تأسی از خواست خودش در سمت راست قبر پیغمبر دفن کردند به گونه‌یی که نمادپردازانه سر او را به ارتفاع شانهٔ پیامبر قرار دادند.[۹۰]

بامداد روز بعد عمر در حالی که دِرّه (تازیانهٔ) معروف خود را در دست داشت[۹۱] به مسجد رفت، بر منبر بالا شد و با آواز بلند و نافذی که داشت جمعیت مسلمانانی را که در پای منبر جمع شده بودند مورد خطاب قرار داد: «شما را دو حرف گفتن دارم، آنرا نیک به خاطر دارید چون تکرار حرف مرا پسند ناید: حرف اول اینست که اعراب شترانی را مانند که آنانرا در پی ساربان راه افتیدن بباید!» سپس درّهٔ خود را بلند کرد و ادامه داد «سخن دوم این که مرا به نام رب کعبه سوگند است که دانم چگونه شماها را همگام نگه دارم!»[۹۲] موجی از زمزمه و نجوای شگفتی و ناباوری مسجد را درنوردید. این چنین لحن تهدید و ارعاب چرا؟ مسجدیان خطابهٔ سراسر تواضع و فروتنی ابوبکر را که دو سال پیش در همین جا در نخستین روز احراز مقام خلافت ایراد کرده بود به یاد آوردند که اعلام داشته بود «ای مردم! من ولی (سرپرست) شما انتخاب شده‌ام اما بهترین شما نیم!» عمر حتی خشم و آزردگی بر چهرهٔ مسجدیان را

---

[۹۰] کنز متقی ۵۳۷/۱۲؛ تاریخ الخلفاء سیوطی ۶۸؛ طبقات ابن سعد ۲۰۹/۳؛ تاریخ طبری ۳۴۹/۲

[۹۱] وفیات الأعیان ابن خلکان ۱۴/۳؛ الریاض النضره محب‌الدین طبری ۳۱۴/۲؛ طبقات ابن سعد ۱۲۷/۷

[۹۲] الکامل ابن اثیر ۴۳۲/۲؛ تاریخ طبری ۳۵۵/۲؛ طبقات ابن سعد ۱۲۷/۷ . «درّة عمرية (تازیانهٔ عمر)» آوازهٔ افسانوی داشت و گفته می‌شد که هیبت آن از شمشیر حجاج بن یوسف والی ستمگر عراق بیشتر بود.

ندید یا نادیده گرفت. پس ازین خطابهٔ زورگویانه جمعیت مسجد پراگنده گردید و حتی مراسم عام بیعت چنانکه در زمان ابوبکر صورت گرفته بود تشریفات بیجا دانسته شده انجام نیافت.[93] مسلمانان چه بیعت می‌کردند یا نمی‌کردند، عمر اکنون خلیفه بود!

پس از دو سال انتظار، آنکه سرگیر و پاگیر عمر بود چهره در نقاب خاک کشیده بود و اکنون او بود که آقایی و فرمان‌روایی می‌کرد و تنها او بود که تصمیم می‌گرفت. اکنون می‌توانست قصد دیرینهٔ خود مبنی بر عزل خالد بن ولید را عملی سازد. برکناری آن سپهسالار نخستین تصمیم سیاسی خلیفهٔ جدید در اولین ساعات رسیدنش به قدرت بود.[94] وی مصمم بود که خالد دیگر هرگز در رأس لشکری قرار نخواهد گرفت. تصور رساندن فرمان عزل خالد به دست آن سپهسالار مغرور برای عمر لذت‌بخش و شادی‌انگیز بود چون حس درماندگی او را زایل می‌ساخت. عمر در سراسر دورهٔ حکمروایی ابوبکر کینهٔ خالد را در دل پرورانده بود، نه تنها به سبب فجایعی چون قتل مالک ابن نویره که انجام داده بود بلکه به سبب حسادت در برابر فتوحات جنگی او که به او لقب «سیف‌الله المسلول» را کمایی کرده و آوازه و محبوبیت او را به حد تهدید کننده بالا برده بود.[95] برای عمر فرقی نمی‌کرد که خشم مردم را برانگیخته و دورهٔ خلافت خود را با تسویهٔ حساب‌های شخصی آغاز می‌کرد.

پس عمر در نخستین روز دورهٔ خلافت خود نامه‌یی به ابوعبیده که با خالد ابن ولید در سوریه بود نوشت و در آن چنین دستور داد: «گر خالد مقر آید که عظیم خطایی بکرده و مالک را که مسلمان بود به قتل رسانده او را به سالاری سپه کماکان نگهدارم، اما گر او را اقراری چنین نباشد و خطای خود نپذیرد پس تو ای ابوعبیده بر همه افواج سپهسالاری!» خشم عمر در برابر خالد چنان بود که نتوانست از اضافه کردن چاشنی تحقیر و سلب مالکیت به دستوری که صادر کرده بود خودداری کند: «در چنین حالی،

---

[93] دیده شود: کشمکش، پردهٔ اول، صحنهٔ هفتم

[94] سِیَر ذهبی ۲۳۱/۳-۲۳۲؛ الکامل ابن اثیر ۲۶۸/۲؛ البدایه ابن کثیر ۲۳/۷؛ اکتفاء کلاعی ۲۱۷/۲؛ نهایة الأرب نویری ۱۵۴/۱۹؛ تاریخ طبری ۳۵۵/۲

[95] الکامل ابن اثیر ۲۶۸/۲؛ نهایة الأرب نویری ۱۵۴/۱۹

ترا ای ابوعبیده، فرمایم تا خالد را عمامه از سر فروگیری و از هر آنچه مایملک اوست نصف آن ضبط و مصادره داری و در بیت المال مسلمین نهی.» عمر برای توجیه این دستور خود این حجت را پیش کشید که خالد نه تنها خونریز و قسی‌القلب بود بلکه مرد فاسدی نیز بود که به مال غنیمتی که مسلمین به دست می‌آوردند دستبرد زده و از اعطای آن به اشخاص بدنامی چون اشعث باک و پروایی نداشت.[۹۶] عمر بر خالد اتهام بست که از چنین پول‌ها دربار شاهانهٔ انباشته از سرداران جنگی و شاعران مدیحه سرا آراسته بود که در مدح بهادری‌هایش مشغول شعرپردازی بودند.[۹۷]

پس از آنکه نامهٔ خلیفهٔ جدید به سوریه رسید و خالد از محتویات آن آگاهی یافت برای استشاره سراغ خواهر خود فاطمه را گرفت که زن خردمندی بود و با برادر بس نزدیک. فاطمه به او گفت «ترا بهتر از من آگاهی بر آنست که عمر از تو عظیم کینه در دل دارد، پس هرگز هیچ حرف این نبشتهٔ او را نباید باور کردن! آنچه نوشته است جز حیله و مکر نباشد. او از تو اعتراف خواهد وگر مقر آیی یا نیایی ترا عزل کند. و اما گر به آنچه گوید اعتراف کنی و مقر آیی، یقین دان که حکم قصاص بر تو جاری کند و جان تو ستاند.» خالد ابن ولید جبین خواهر را بوسید و مراتب سپاس و شکران خود را از مشورهٔ بس خردمندانهٔ او ابراز داشت، سپس به ابوعبیده پیام فرستاد «عمر را گوی که هرگز شناعتی مرتکب نشده‌ام.» ابوعبیده پاسخ داد «پس مرا هیچ گزیری نباشد جز آنکه مثال خلیفه امتثال دارم. بدان ای خالد که از همین دم از همه وظایف و مناسب معزولی و مرا دستور است تا فرماندهی همه سپاه به دست گیرم و مزید بر آن نیمهٔ هر آنچه مایملک توست ضبط و مصادره دارم!» خالد کوتاه جواب داد: «چنین باد! هر آنچه گوید چنان کن!»[۹۸]

---

[۹۶] سِیَر ذهبی ۲۳۲/۳

[۹۷] سِیَر ذهبی ۲۳۲/۳؛ الکامل ابن اثیر ۲۶۸/۲؛ جمهرة نسب قریش ابن بکّار ۴۹۶/۱-۴۹۷؛ تاریخ طبری ۳۵۵/۲

[۹۸] الکامل ابن اثیر ۲۶۸/۲؛ تاریخ طبری ۳۵۵/۲

انتقام‌گیری عمر خالد را مرعوب نساخت. وی جنگاوری سرد و گرم چشیده بود و بارها در مضیقه‌های بس بدتر و تنگ‌تری قرار گرفته بود، اما وقتی ابوعبیده به تأسی از فرمان خلیفه یک لنگهٔ کفش او را گرفت و او مجبور شد تنها با لنگهٔ باقیمانده راه پیماید حس انزجار و بیزاری‌اش جوش زد.[۹۹] اما ابوعبیده را دستور بود، مگر خلیفه نگفته بود "نیمهٔ هر آنچه دارد"!؟

عمر پس از آنکه عزل‌نامهٔ خالد را ارسال داشت به مسجد رفت. اینجا اکنون قلمرو او بود، دربار در همین جا دایر می‌شد. وی نمی‌دانست که چند سال بعدتر در همین مسجد خنجر در شکم او فرو خواهد رفت. خلیفهٔ جدیدِ پنجاه و اند ساله لحظه‌یی درنگ کرد تا این لمحهٔ آرامش و شادی را مزه کند و دربارهٔ عنوانی که می‌خواست به خود دهد بیندیشد. عنوان «خلیفه» به نحوی او را راضی نمی‌ساخت چون کلمهٔ «جانشین» معنی ضمنی وابستگی و معاون و مادون بودن را در خود مضمر داشت. وی عنوانی می‌خواست که بیانگر قدرت و سلطهٔ غیر اشتقاقی و غیر وابسته به دیگری باشد، عنوانی که بیانگر جلال و عظمت باشد. لقب «امیر المؤمنین» به ذهنش خطور کرد و او را خوش آمد، با خود گفت «"امیر المؤمنین" خواهم بود.» با این اندیشه لبخندی از رضایت بر لبانش نقش بست.

ناگهان آواز ناهنجاری رشتهٔ تفکرات شیرینش را بهم زد و صدای نوحه و گریه از خانهٔ عایشه در کنار مسجد به گوشش رسید. زنان در سوگ ابوبکر که روز پیشتر به خاک سپرده شده بود آنجا گرد آمده و کنون ندبه و زاری داشتند. آن همه غوغا برای عمر طاقت‌فرسا بود چون لحظهٔ عیش و سور او را منغض می‌کرد. با برافروختگی به خانهٔ عایشه شتافت، در بیرون در ایستاد و نعره زد «بس کنید این همه غوغا و فریاد را!» در عقب دروازه عایشه آواز رعدآسا و خشمگین عمر را شنید، اما آنرا وقعی نگذاشت چون زنان حرم پیامبر با مداخلات موذیانهٔ او آشنا و عادی بودند و اکثراً با آن با بی‌اعتنایی و

[۹۹] تاریخ دمشق ابن عساکر ۲۶۸/۱۶؛ البدایه ابن کثیر ۲۳/۷

حتی تحقیر و انزجار برخورد می‌کردند.[100] به جای خاموشی، زنان چیغ و فریاد را از سر گرفتند.

از سر گیری فغان و فریاد زنان عمر را از خشم دیوانه ساخت. چه!؟ امیرالمؤمنین حتی نمی‌توانست این چند زن را خاموش سازد؟ وی هشام بن ولید برادر کوچکتر خالد ابن ولید را فراخواند و گفتش تا درون خانهٔ عایشه رفته ام‌فروه خواهر ابوبکر را برون کشد. عایشه که سخنان او را از پس در می‌شنید در آستانهٔ در ایستاد و با خشم و آزردگی فریاد زد «ای پسر خطاب، ترا می‌نگذارم درون خانه‌ام پا گذاری!» عمر دو سال پیش با صحنهٔ مشابهی مقابل شده بود، آن گاه که با گروهی از اصحاب برای حمله به خانهٔ فاطمه دختر پیغمبر رفته بود. در آنروز فاطمه با سر برهنه در برابرش ایستاده و فریاد برآورده بود «چگونه چنین جرئت کنی؟! مگر می‌ندانی دختر کیستم؟» اکنون عمر عایشه را با همان وضع در آستانهٔ در ایستاده در دفاع از خانهٔ خود دید. او همانگونه که در آنروز دختر پیغمبر را به هیچ گرفته بود اکنون دختر خلیفهٔ سلفش را به هیچ گرفت و حتی تمکین نکرد پاسخ او را دهد. رو به سوی هشام بن ولید نوباوه کرده امر کرد «ترا گویم! برو به اندرون و ام‌فروه را همین دم برون آر!» هشام به داخل رفت، از بازوی عمهٔ عایشه گرفت و او را کشان کشان بیرون آورد. عمر با خشم گفتش «به شما نگفتم خموش باشید؟ نگفتم داد و فریاد بس کنید؟ اما شما را زهرهٔ آنست که چیغ و نعره بلندتر از پیش از سر گیرید!» پیش از آنکه ام‌فروه فرصت پاسخ یابد ضربات درّهٔ عمر بر پیکر او فرود آمد. ام‌فروه از درد چیغ کشید و به خود پیچید. زنانی که در خانهٔ عایشه گرد آمده بود ناگهان خموش شدند و از وحشت عمر در کوتاه مدت همه پراگنده گردیدند.[101]

---

[100] دیده شود: *واپسین روزهای زندگی محمد*، صفحات ۱۵۹–۱۶۰

[101] انساب بلاذری ۹۵/۱۰؛ الکامل ابن اثیر ۲۶۳/۲؛ الاصابه ابن حجر ۴۲۷/۶؛ تاریخ المدینه ابن شبه ۶۷۶/۲؛ کنز متقی ۷۳۱/۱۵؛ جامع الاحادیث سیوطی ۳۴۸/۲۸؛ طبقات ابن سعد ۲۰۸/۳؛ تاریخ طبری ۳۴۹/۲–۳۵۰

عمر در حالی که لبخند کشاده‌یی بر لبان او نقش بسته بود راه خود را از میان جمعیت سیل‌بینان که با نگاه‌های مملو از ترس – و برخی هم با تحسین – او را می‌پاییدند کشود و به مسجد برگشت. کسان زیادی در آن لحظه با حرمان ابوبکر را به یاد آوردند و جای او را خالی دیدند.

عمر با مباهات گردن افراشت چون همین دم دورهٔ خلافت خود را با عملی ظفرمندانه آغازیده بود ... او زنان را خاموش ساخته بود ...

# منابع مورد استفاده

## الف) منابع عربی

منابع در پاورقی‌ها به گونه‌یی داده شده اند پس از نام مختصر اثر و مؤلف آن، عدد اول اشاره به جلد و عدد دوم اشاره به صفحهٔ کتاب منبع است.

در پایین در راست (با خط زیرین) شکل مختصر نام منبع چنان که در پاورقی‌ها نشان داده شده و در چپ نام مکمل اثر مورد استفاده با مشخصات کتاب‌شناختی آن ارائه گردیده است:


| | |
|---|---|
| الاتقان سیوطی | الاتقان فی علوم القرآن – جلال الدین السیوطی، قاهره، دارالسلام، ۲۰۰۸ |
| الاخبار ابن بکّار | الأخبار الموفقیات – زبیر بن بکار، بیروت، عالم الکتب، ۱۹۹۶ |
| الاحتجاج طبرسی | الاحتجاج – ابو منصور احمد ابن علی ابن ابی طالب الطبرسی، نجف اشرف، دار النعمان للطباعه و النشر، ۱۹۶۶ (۲ جلد) |
| ارشاد القلوب دیلمی | ارشاد القلوب – الدیلمی، تهران، دار الاسوه للطباعه و النشر، ۲۰۰۳ |
| اساس البلاغه زمخشری | اساس البلاغه – محمود ابن عمر الزمخشری، بیروت، دار الکتاب العلمیه، ۱۹۹۸ (۲ جلد) |
| الارشاد مفید | الارشاد فی معرفه حجج الله علی العباد – محمد ابن محمد النعمان العکبری الشیخ المفید، بیروت، دارالمفید، ۱۹۹۳ (۲ جلد) |
| الاستیعاب ابن عبدالبر | الاستیعاب فی معرفه الاصحاب – ابن عبدالبر، بیروت، دار الجیل، ۱۹۹۲ (۴ جلد) |
| أُسد ابن اثیر | أُسد الغابه فی معرفه الصحابه – عزالدین ابن اثیر، بیروت، دارالفکر، ۱۹۸۹ (۶ جلد) |

الاصابه ابن حجر — الإصابه فی تمییز الصحابه - ابن حجر العسقلانی، بیروت، دارالجیل، ۱۹۹۱ (۸ جلد)

اغانی ابوالفرج اصفهانی — کتاب الاغانی – ابوالفرج الاصفهانی، بیروت، دارالفکر، (۲۴ جلد)

الکافی کلینی — اصول الکافی – الکلینی، تهران، دار الکتب الاسلامیه، ۱۹۴۳

اکتفأ کلاعی — الاکتفاء بما تضمنه من مغازی رسول الله – أبو الربیع الکلاعی، بیروت، عالم الکتب، ۱۹۹۷ (۲ جلد)

الامامه و السیاسه ابن قتیبه — الامامه و السیاسه - ابن قتیبه، بیروت، دارالأضواء، ۱۹۹۰ (۲ جلد)

انساب بلاذری — انساب الاشراف – البلاذری، بیروت، دارالفکر، ۱۹۹۶ (۱۳ جلد)

بحار الانوار مجلسی — بحار الانوار – المجلسی، بیروت، مؤسسه الوفاء، ۱۹۸۳

البدایۀ ابن کثیر — البدایه و النهایه - ابن کثیر القریشی، بیروت، دار احیأ التراث العربی، ۱۹۸۸ (۱۴ جلد)

بلاغات النسأ ابن طیفور — بلاغات النسأ – ابوالفضل ابن طیفور، قاهره، مکتبه مدرسه والده عباس الاول، ۱۹۰۸

البیان جاحظ — البیان و التبیین – ابو عثمان الجاحظ، قاهره، مکتبه الخانجی، ۱۹۹۸ (۴ جلد)

تاریخ ابن خلدون — دیوان المبتدأ والخبر فی تاریخ العرب و البربر – ابن خلدون، بیروت، دارالفکر، ۱۹۸۸ (۸ جلد)

تاریخ بغداد — تاریخ بغداد – ابوبکر الخطیب البغدادی، بیروت، دار الکتب العلمیه، ۱۹۹۶ (۲۴ جلد)

تاریخ الخلفأ سیوطی — تاریخ الخلفأ - جلال الدین السیوطی، قاهره، مکتبه نزار مصطفی الباز، ۲۰۰۴

تاریخ الخمیس دیار بکری — تاریخ الخمیس فی احوال النفس النفیس – دیار بکری، بیروت، دار صادر، ۱۹۷۳ (۲ جلد)

تاریخ دمشق ابن عساکر — تاریخ مدینه دمشق – ابوالقاسم ابن عساکر، بیروت، دارالفکر، ۱۹۹۵ (۸۰ جلد)

تاریخ ذهبی — تاریخ الاسلام و وفیات المشاهیر و الاعلام – شمس‌الدین

الذهبی، بیروت، دارالکتاب العربی، ۱۹۹۳ (۵۲ جلد)

تاریخ المدینه ابن شبه: تاریخ المدینه المنوره – ابن شبه، جده، محمود احمد، ۱۹۷۹

تاریخ یعقوبی: التاریخ – الیعقوبی، بیروت، شرکه العالمی للمطبوعات، ۲۰۱۰

تأویل مختلف الحدیث ابن قتیبه: تأویل مختلف الحدیث - ابن قتیبه، بیروت – دوحه، المکتب الاسلامی مؤسسه الاشراق، ۱۹۹۹

تفسیر ابن کثیر: تفسیر القرآن العظیم – ابوالفدأ ابن کثیر القریشی، بیروت، دار طیبه للنشر والتوزیع ، ۱۹۹۹ (۸ جلد)

تفسیر ابوحیّان: البحر المحیط فی التفسیر – ابوحیّان الاندلسی، بیروت، دارالفکر، ۲۰۱۰ (۱۱ جلد)

تفسیر بغوی: معالم التنزیل فی تفسیر القرآن – ابو محمد البغوی، ریاض، دار طیبه، ۱۹۹۷ (۸ جلد)

تفسیر بیضاوی: انوار التنزیل و اسرار التأویل – نصیرالدین البیضاوی، بیروت، دار احیأ التراث العربی، ۱۹۹۷ (۱۵ جلد)

تفسیر رازی: مفاتیح الغیب، التفسیر الکبیر – فخرالدین الرازی، بیروت، دار احیأ التراث العربی، ۱۹۹۹ (۲۰ جلد)

تفسیر زمخشری: الکشاف عن حقائق غوامض التنزیل – محمود ابن عمر الزمخشری، بیروت، دار الکتاب العربی، ۱۹۸۶ (۴ جلد)

تفسیر طبری: جامع البیان عن تأویل ای القرآن – بیروت، مؤسسه الرساله، ۲۰۰۰ (۲۴ جلد)

تفسیر قرطبی: الجامع لأحکام القرآن – ابو عبدالله شمس الدین القرطبی، قاهره، دار الکتب المصریه، ۱۹۶۴ (۲۰ جلد)

تفسیر مجاهد: تفسیر – مجاهد ابن جبر، قاهره، دار الفکر الاسلامی الحدیثه، ۱۹۸۹ (۲ جلد)

تهذیب الکمال المزی: تهذیب الکمال فی اسماء الرجال – ابو الحجاج المزی، بیروت، مؤسسه الرساله، ۱۹۸۰ (۳۵ جلد)

ثقات ابن حبان: کتاب الثقات – ابن حبان، حیدر آباد، دائره المعارف العثمانیه، ۱۹۷۳ (۹ جلد)

ثمار القلوب ثعالبی: ثمار القلوب فی المضاف والمنسوب – ابو منصور الثعالبی،

قاهره، دارالمعارف، ۱۹۸۵

جامع الاحاديث سيوطی — جامع الاحاديث - جلال الدين السيوطی ، قاهره، ذکی، ۲۰۰۲ (۱۳ جلد)

جامع الاصول ابن اثير — جامع الاصول فی احاديث الرسول - مجدالدين ابن اثير، دمشق، مطبعه الملاح، ۱۹۷۰ (۱۲ جلد)

جمهرة النسب كلبی — جمهرة النسب - هشام بن محمد بن السائب الكلبی، بيروت، عالم الكتب/مكتبه النهضه العربيه، ۱۹۸۶

جمهرة انساب ابن حزم — جمهرة انساب العرب – ابن حزم الاندلسی، قاهره، دار المعارف، ۱۹۸۲

جمهرة نسب قريش ابن بكار — جمهرة نسب قريش وأخبارها – زبير بن بكار، بيروت، دار الكتب العلميه، ۲۰۱۰ )۲ جلد)

**حلية** الأولياء اصفهانی — **حلية** الأولياء و طبقات الأصفياء – ابو نُعَيم الاصفهانی، بيروت، دار الفكر، ۱۹۹۶ (۱۰ جلد)

الدرجات الرفيعه مدنی — الدرجات الرفيعه فی طبقات الشيعه – المدنی، قم، مكتبه بصيرتی، ۱۹۷۶

الدر المنثور سيوطی — الدر المنثور - جلال الدين السيوطی، بيروت، دارالفكر، ۱۹۹۳ (۸ جلد)

دلائل بيهقی — دلائل النبوه و معرفه احوال صاحب الشريعه – ابوبكر البيهقی، بيروت، دار الكتب العلميه، ۱۹۸۸ (۷ جلد)

سنن ترمذی — الجامع الصحيح / سنن – محمد ابن عيسى الترمذی، قاهره، شركه و مطبعه مصطفى البابی الحلبی، ۱۹۷۸

صحيح بخاری — الجامع الصحيح المختصر – بخاری، بيروت، دار ابن كثير / دار اليمامه، ۱۹۸۷ (۶ جلد)

صحيح مسلم — الجامع الصحيح – امام مسلم، بيروت، دار احيأ الكتب العربيه، ۱۹۹۱، (۵ جلد)

رسائل نسائی — ثلاثه رسائل حديثيه – النسائی، زرقأ (اردن)، مكتبه المنار، ۱۹۸۷

روح المعانی الاوسی — روح المعانی فی تفسير القرآن العظيم - شهاب الدين الآلوسی،

| | |
|---|---|
| | بیروت، دار الکتب العلمیه، ۱۹۹۴ (۱۶ جلد) |
| روض سهیلی | الروض الانف فی شرح السیره النبویه، بیروت، دار احیا التراث العربی، ۲۰۰۰ (۷ جلد) |
| الریاض النضره محب‌الدین طبری | الریاض النضره فی مناقب العشره - محب‌الدین الطبری، بیروت، دار الکتب العلمیه، ۱۹۹۴ (۴ جلد) |
| السقیفه و فدک جوهری | السقیفه و فدک – الجوهری، کربلا، العتبه الحسینیه المقدسه، ۲۰۱۰ |
| سمط النجوم عصامی | سمط النجوم العوالی فی أنباء الأوائل والتوالی – العصامی، بیروت، دار الکتب العلمیه، ۱۹۹۸ (۴ جلد) |
| سنن ابن ماجه | الصحیح (سنن ابن ماجه) – ابن ماجه، بیروت – دمشق، دارالفکر (۲ جلد) |
| سنن ابو داود | سنن – ابو داود السجستانی، بیروت، دارالکتب العلمیه، ۱۹۹۶ (۴ جلد) |
| سنن بیهقی | السنن الکبری - ابوبکر البیهقی، بیروت، دار الکتب العلمیه، ۲۰۰۳ (۱۱ جلد) |
| سنن دارقطنی | السنن – الدارقطنی، بیروت، الرساله، ۲۰۰۴ (۵ جلد) |
| سنن نسائی | السنن الکبری – النسائی، بیروت، مؤسسه الرساله، ۲۰۰۱ (۱۰ جلد) |
| سِیَر ذهبی | سِیَر اعلام النبلأ - شمس الدین الذهبی، قاهره، دارالحدیث، ۲۰۰۶ (۱۸ جلد) |
| سیرهٔ ابن اسحق | کتاب السیر والمغازی (السیره) - ابن اسحق، بیروت، دارالفکر، ۱۹۷۸ |
| سیرهٔ ابن حبان | السیره النبویه و اخبار الخلفأ – ابن حبان، بیروت، الکتب الثقفیه، ۱۹۹۶ (۲ جلد) |
| سیرهٔ ابن هشام | السیره النبویه – ابن هشام، قاهره، مکتبه مصطفی الحلبی، ۱۹۵۵ (۲ جلد) |
| سیرهٔ ابن کثیر | السیره النبویه (ملخص البدایه و النهایه) – ابن کثیر القریشی، بیروت، دار المعرفه للطباعه و النشر، ۱۹۷۶ |

| | |
|---|---|
| سیره الحلبیه | السیره الحلبیه – نورالدین الحلبی، بیروت، دار الکتب العلمیه، ۲۰۰۶ (۳ جلد) |
| شرح السنه بغوی | شرح السنه - ابو محمد البغوی، بیروت – دمشق، المکتب الاسلامی، ۱۹۸۳ (۱۵ جلد) |
| شرح نواوی | المنهج، شرح صحیح مسلم – ابو زکریا النواوی، دار احیأ التراث العربی، ۱۹۷۲ (۱۸ جلد) |
| شرح النهج ابن ابی الحدید | شرح نهج البلاغه – ابن ابی الحدید، قاهره، دار احیأ الکتب العربیه، ۱۹۵۹ (۲۰ جلد) |
| الشعر و الشعرأ ابن قتیبه | الشعر و الشعرأ – ابن قتیبه الدینوری، بریل، ۱۹۰۴ |
| صحیح ابن حبان | الصحیح – ابن حبان، بیروت، مؤسسه الرساله، ۱۹۸۸ (۱۸ جلد) |
| صفه الصفوه ابن الجوزی | صفه الصفوه – قاهره، دارالحدیث، ۲۰۰۰ (۲ جلد) |
| تاریخ طبری | تاریخ الامم والملوک – ابو جعفر الطبری، بیروت، دار الکتب العلمیه، ۱۹۸۶ (۵ جلد) |
| طبقات ابن سعد | الطبقات الکبری – ابن سعد، بیروت، دار صادر، ۱۹۶۸ (۸ جلد) |
| العالم زرکلی | العالَم – خیرالدین زِرِکلی، بیروت، دار العلم للملایین، ۲۰۰۲ |
| عثمانیه جاحظ | العثمانیه – ابو عثمان الجاحظ، بیروت، دار الجیل، ۱۹۹۱ |
| العقد الفرید ابن عبد ربه | العِقد الفرید – ابن عبد ربه الاندلسی، بیروت، دار الکتب العلمیه، ۱۹۸۳ (۹ جلد) |
| عیون الاخبار ابن قتیبه | عیون الاخبار – ابن قتیبه الدینوری، بیروت/قاهره، دار الکتاب العربی/دار الکتب المصریه، ۱۹۲۵ (۴ جلد) |
| عیون الاثر الیعمری | عیون الاثر فی فنون المغازی و الشمائل و السیر - ابن سید الناس الیعمری، بیروت – دمشق – مدینه، دار ابن کثیر – مکتبه التراث، ۲۰۰۸ (۲ جلدی) |
| غزوات ابن حُبَیش | کتاب الغزوات – ابوالقاسم ابن حبیش، قاهره، ۱۹۸۳ |
| فتح الباری ابن حجر | فتح الباری بشرح صحیح بخاری - ابن حجر العسقلانی، |

| | |
|---|---|
| | بیروت، دارالمعرفه، ۱۹۵۹ (۱۳ جلد) |
| فتح الباری ابن رجب | فتح الباری شرح صحیح البخاری — زین الدین ابن رجب، قاهره — مدینه، مکتب تحقیق دار الحرمین، ۱۹۹۶ (۹ جلد) |
| فتوح البلدان بلاذری | فتوح البلدان — بلاذری، بیروت، مؤسسه المعارف للطباعه و النشر، ۱۹۸۷ |
| فتوح الشام الأزدی | فتوح الشام — ابو اسمعیل محمد ابن عبدالله الأزدی، بیروت، ۱۸۵۴ |
| فتوح الشام واقدی | فتوح الشام — الواقدی، بیروت، دار الکتب العلمیه، ۱۹۹۷ (۲ جلد) |
| فضائل الصحابه ابن حنبل | فضائل الصحابه — ابن حنبل، بیروت، مؤسسه الرساله، ۱۹۸۳ (۲ جلد) |
| فضائل الصحابه نسائی | فضائل الصحابه — النسائی، بیروت، دار الکتب العلمیه، ۱۹۸۴ |
| الفوائد المجموعه شوکانی | الفوائد المجموعه فی الأحادیث الموضوعه — الشوکانی، بیروت، دار الکتب العلمیه |
| الکامل ابن اثیر | الکامل فی التاریخ — عزالدین ابن اثیر، بیرت، دار الکتاب العربی، ۱۹۹۷ (۱۰ جلد) |
| کتاب الحَیَوان جاحظ | کتاب الحَیَوان — ابو عثمان الجاحظ، مکتبه الحلبی، قاهره ۱۹۶۶ (۴ جلد) |
| کتاب الرده واقدی | کتاب الرده — الواقدی، بیروت، دارالغرب الاسلامی، ۱۹۹۰ |
| کتاب المصاحف | کتاب المصاحف — ابن ابی داؤد السجستانی، الفاروق الحدیثه، قاهره، ۲۰۰۲ |
| کتاب سُلَیم | کتاب سُلَیم ابن قیس — سلیم ابن قیس الهلالی، قم، مطبعه الهادی، ۱۹۵۸ |
| کتاب الوفاة نسائی | کتاب الوفاة — النسائی، قاهره، مکتبه التراث الاسلامی |
| کنز متقی | کنز العمال فی سنن الاقوال والافعال — المتقی الهندی، بیروت، مؤسسه الرساله، ۱۹۸۱ |
| مثالب العرب | کتاب مثالب العرب — هشام بن محمد بن السائب الکلبی، بیروت، دار الهدی، ۱۹۹۶ |

| | |
|---|---|
| مجمع الزوائد هیثمی | مجمع الزوائد و منبع الفوائد – نورالدین الهیثمی، قاهره، مکتبه القدسی، ۱۹۹۴ (۱۰ جلد) |
| محاضرة الأبرار ابن عربی | محاضرة الأبرار ومسامرة الأخیار – محیالدین ابن عربی، بیروت، دار الکتب العلمیه، ۲۰۰۱ |
| المحبر بغدادی | المحبر - محمد ابن حبیب البغدادی، بیروت، دار الآفاق الجدیده، ۲۰۰۹ |
| المحلی ابن حزم | المحلی بالآثار – ابن حزم الاندلسی، بیروت، دارالکتب العلمیه، ۲۰۰۳ (۱۲ جلد) |
| مختصر ابن منظور | مختصر تاریخ دمشق – ابن منظور، بیروت – دمشق، دارالفکر ۱۹۸۴ (۲۹ جلد) |
| المختصر ابوالفدأ | المختصر فی تاریخ البشر – ابوالفدأ، قاهره، المطبعه الحسینیه المصریه، ۱۹۰۷ (۴ جلد) |
| مرقاة المفاتیح قاری | مرقاة المفاتیح شرح مشکاة المصابیح - علی القاری، بیروت، دارالفکر، ۲۰۰۲ (۹ جلد) |
| مروج الذهب مسعودی | مروج الذهب و معادن الجوهر – ابو الحسن المسعودی، بیروت، دار الفکر، ۱۹۷۳ (۲ جلد) |
| مستدرک الوسائل طبرسی | مستدرک الوسائل – حسین النوری الطبرسی، قم، مؤسسه آل البیت لاحیأ التراث، مطبعه سعید |
| مستدرک حاکم | المستدرک علی الصحیحین – ابو عبدالله الحاکم النیشابوری، بیروت، دار الکتب العلمیه، ۱۹۹۰ (۴ جلد) |
| مسند ابویعلیٰ | المسند – ابو یعلی الموصلی، بیروت، دارالمأمون للتراث ، ۱۹۸۹ (۱۶ جلد) |
| مسند ابن حنبل | المسند – ابن حنبل، بیروت، مؤسسه الرساله، ۱۹۹۹ (۵۰ جلد) |
| مشکاه المصابیح تبریزی | مشکاه المصابیح – ولیالدین ابو عبدالله التبریزی، بیروت – دمشق، لمکتبه الاسلامی، ۱۹۸۵ (۳ جلد) |
| مصنف ابن ابی شیبه | المصنف فی الاحادیث و الآثار – ابوبکر ابن ابی شیبه، ریاض، مکتبه الرشد، ۲۰۰۴ (۱۶ جلد) |
| مصنف عبدالرزاق | المصنف فی الحدیث – عبدالرزاق الصنعانی، بیروت، المکتب الاسلامی، ۱۹۸۲ (۱۱ جلد) |

| | |
|---|---|
| المعارف ابن قتیبه | المعارف – ابن قتیبه الدینوری، قاهره، الهیئه المصریه العامه للکتاب، ۱۹۶۰ |
| المعجم الاوسط طبرانی | المعجم الاوسط – ابوالقاسم الطبرانی، قاهره، دار الحرمین، ۱۹۹۴ (۱۰ جلد) |
| معجم البلدان یاقوت | معجم البلدان – یاقوت الرومی، بیروت، دارالفکر (۵ جلد) |
| المعجم الکبیر طبرانی | المعجم الکبیر – ابوالقاسم الطبرانی، موصل، مکتبه العلوم و الحکم، ۱۹۸۳ (۲۰ جلد) |
| معجم ما استعجم بکری | معجم ما استعجم من أسماء البلاد والمواضع – ابو عبید البکری، بیروت، عالم الکتب، ۱۹۸۲ (۴ جلد) |
| معرفه السنن والآثار بیهقی | معرفه السنن والآثار – ابوبکر البیهقی، قاهره، دار الوفا، ۱۹۹۱ (۱۵ جلد) |
| المغازی واقدی | کتاب المغازی – الواقدی، بیروت، دار العالمی، ۱۹۸۹ (۳ جلد) |
| مقنعه مفید | المقنعه – محمد ابن محمد النعمان العکبری الشیخ المفید، قم، مؤسسه النشر الاسلامی، ۱۹۹۰ |
| الملل و النحل شهرستانی | الملل و النحل – الشهرستانی، بیروت، دارالمعرفه، ۱۹۸۳ (۲ جلد) |
| المنتظم ابن‌الجوزی | المنتظم فی تاریخ الملوک و الامم – ابن الجوزی، بیروت، دار الکتب العلمیه، ۱۹۹۲ (۱۹ جلد) |
| المُنَمَق بغدادی | المُنَمَق فی أخبار قریش – محمد ابن حبیب البغدادی، بیروت، عالم الکتب، ۱۹۸۵ |
| المُوَطأ امام مالک | المُوَطأ – مالک ابن انس، بیروت، دار احیأ التراث العربی، ۱۹۸۵ |
| النهایه ابن اثیر | النهایه فی غریب الحدیث و الأثر – مجدالدین ابوالسعادات ابن اثیر، جده، دار ابن الجوزی، ۲۰۰۰ (۵ جلد) |
| نهایة الأرب قلقشندی | نهایة الأرب فی معرفه انساب العرب – ابوالعباس احمد القلقشندی، بیروت، دار الکتاب اللبنانی، ۱۹۸۰ |
| نهایه الأرب نویری | نهایه الأرب نویری فی فنون الادب – ابو زکریا النواوی، قاهره، دار الکتب و الوثائق القومیه، ۲۰۰۲ (۳۳ جلد) |
| الوافی صفدی | الوافی بالوفیات – صلاح الدین الصفدی، بیروت، دار الإحیا |

| | |
|---|---|
| | التراث، ۲۰۰۰ (۲۹ جلد) |
| وفاء سمهودی | وفاء الوفا باخبار دار المصطفی – نورالدین السمهودی، بیروت، دار الکتب العلمیه، ۱۹۹۸ (۴ جلد) |
| وفیات الاعیان ابن خلکان | وفیات الاعیان و انباء ابناء الزمان – ابن خلکان، بیروت، دار صادر، ۱۹۹۴ (۷ جلد) |

### آثار معاصرین:

| | |
|---|---|
| اطلس حروب الرّده | اطلس حروب الرّده فی عهد خلیفه الرشید ابی بکر الصدیق – سامی بن عبدالله بن أحمد المغلوث، ریاض، مکتبه العبیکان، ۲۰۰۸ |
| تفسیر ابن عاشور | التحریر و التنویر – الطاهر ابن عاشور، تونس، الدار التونسیه للنشر، ۱۹۹۷ (۳۰ جلد) |
| حروب الرّده | حروب الرّده – الیاس شوفانی، بیروت، دار الکنوز العربیه، ۱۹۹۵ |
| عبقریات اسلامیه | عبقریات اسلامیه، جلد ۲ از مؤسسه العقاد الاسلامیه – محمود عباس عقاد، بیروت، دار الکتاب العربی، ۱۹۷۱ |
| عصر الخلفاء الرّاشده | عصر الخلفاء الرّاشده – اکرم ضیا العمری، ریاض، مکتبه العبیکان، ۲۰۰۸ |
| المفصل جواد علی | المفصل فی تاریخ العرب قبل الاسلام – جواد علی، دار الساقی، ۲۰۰۱ (۲۰ جلد) |

منابع مورد استفاده

ب) منابع غربی

ABDERRAZIQ, A., *L'Islam et les fondements du pouvoir*, intro. Et trad. de l'arabe Abdou Filali-Ansary, Paris, La Découverte-CEDEJ, 1994.

AMIR-MOEZZI, M. A., *Le Coran silencieux et le Coran parlant. Sources scripturaires de l'islam entre histoire et ferveur*, Paris, CNRS, 2011.

– (dir.), *Dictionnaire du Coran*, Paris, Robert Laffont, 2007.

ATHAMINA, K., « The pre-islamic roots of the early muslim caliphate. The emergence of Abû Bakr », *Der Islam*, vol. 76, n₀ 1, 1999, pp. 1-32.

BAKHIT, M. A. (DIR.), *Proceedings of the Second Symposium the History of Bilad al-Sham during the Early Islamic Period up to 40 A.H./640 A.D.*, Amman, université de Jordanie, 1987.

CAETANI, L., *Annali dell'Islam*, Milan, Ulrico Hoepli, 1905-1926.

CANIVET, P. et REY-COQUAIS, J.-P. (dir.), *La Syrie de Byzance à l'Islam : $VII^e$-$VIII^e$ siècles,* Publications de l'Institut français de Damas, n° 137, 1992.

CHEDDADI, A., *Les Arabes et l'appropriation de l'histoire. Émergence et premiers développements de l'historiographie musulmane jusqu'au $II^e$-$VIII^e$ siecle*, Arles, Sindbad/Actes Sud, 2004.

CRONE, P. et Hinds, M., *God's Caliph. Religious Authority in the First Centuries of Islam*, Cambridge, Cambridge University Press, 1986.

DÉCOBERT, C., « L'autorité religieuse aux premiers siècles de l'islam », *Archives de sciences sociales des religions*, n° 125, 2004, p. 23-44.

DONNER, F., *The Early Islamic Conquests,* Princeton, Princeton University Press, 1981.

–, *Narratives of Islamic Origins. The Beginnings of Islamic Historical Writing,* Princeton, Darwin Press, 1998.

HAKIM, A., « Frères et adversaires : Abû Bakr et 'Umar dans les traditions sunnites et shî'ites », *in* M. A. Amir-Moezzi, M. M. Bar-Asher et S. Hopkins (éd.), *Le Shî'isme imamate quarante ans apres. Hommage a Etan Kohlberg*, Turnhout, Bibliothèque de l'École des hautes études, 2006, pp. 237-267.

HIBRI (EL-), T., *Parable and Politics in Early Islamic History. The Rashidun Caliphs*, New York, Columbia University Press, 2010.

JABALI, F., *The Companions of the Prophet. A Study of Geographical Distribution and Political Alignments*, Leyde, Brill, 2003.

KAEGI, W. E., *Byzantium and the Early Islamic Conquests,* New York, Cambridge University Press, 1992.

KENNEDY, H., *The Prophet and the Age of the Caliphates. The Islamic Near East from the 6th to the 11th Century*, Longman, « A History of the Near East », 2004.

–, *Caliphate. The History of an Idea*, Basic Books, 2016.

KISTER, M. J., « Social and religious concepts of authority in Islam », *Jerusalem Studies in Arabic and Islam*, n° 18, 1994, p. 84-127.

KISTER, M. J., « Social and religious concepts of authority in Islam », *Jerusalem Studies in Arabic and Islam*, n° 18, 1994, pp. 84-127.

LAMMENS, H., « Le "triumvirat" Abû Bakr, 'Umar et Abû 'Ubayda », in *Mélanges de la Faculté orientale de Beyrouth*, t. 4, 1910, p. 113-144.

–, *Le Berceau de l'islam. L'Arabie occidentale a la veille de l'Hégire*, Rome, Institut biblique pontifical, 1914.

–, *Le Califat de Yazîd 1er*, Extrait des *Mélanges de la Faculté orientale de Beyrouth*, Beyrouth, Imprimerie catholique, 1921.

MADELUNG, W., *The Succession to Muhammad. A Study of the Early Caliphate*, Cambridge-New York, Cambridge University Press, 1997.

MOULINE, N., *Le Califat. Histoire politique de l'islam*, Paris, Flammarion, 2016.

NEVO, Y. ET KOREN, J., *Crossroads to Islam. The Origin of the Arab Religion and the Arab State*, New York, Prometheus Books, 2003.

PRÉMARE, A.-L. (de), *Les Fondations de l'Islam. Entre écriture et histoire*, Paris, Seuil, 2002.

ROBINSON, C. F., *Islamic Historiography*, Cambridge, Cambridge University Press, 2003.

ترجمهٔ فرانسوی قرآن که مورد استفاده قرار گرفته است:

MASSON, D., Le Coran. Traduction française, Paris, Gallimard, « La Pléiade », 1967.